ITナビゲーター

2024年版

野村総合研究所
ICT・コンテンツ産業コンサルティング部

INFORMATION
TECHNOLOGY
NAVIGATOR

2024

東洋経済新報社

市場構造の把握や市場規模の推計にあたり、NRIでは以下のアンケート調査を独自に実施しました。

「情報通信サービスに関するアンケート調査」
調査方法：インターネットアンケート（Webアンケート）
調査対象：日本国内に居住する年齢が15歳〜69歳のインターネットユーザー
実施：2023年7月
有効回収数：3097

「ITの利活用に関するアンケート調査」
調査方法：インターネットアンケート（Webアンケート）
調査対象：企業にお勤めでIT機器やサービスの導入に関与しているインターネットユーザー
実施：2023年7月
有効回収数：2550

はじめに

2023年の夏は暑かった――。

もはや、猛暑という表現でも足りない。外出には熱中症のリスクを伴い、夏休み中の子どもたちを安心して外で遊ばせることも難しくなった。国内の各所で観測史上最高気温が記録され、世界的にみても、「2023年7月は観測史上最も暑い夏」という報告がなされた[1]。グテーレス国連事務総長は夏の記者会見において、「地球温暖化の時代は終わり、地球沸騰（global boiling）の時代が来た」と述べ、地球温暖化は新たな段階を迎えている[2]。雨が降れば、地理的条件によっては線状降水帯が発生し、台風が来たわけでもないのに深刻な冠水に至るケースが日本各地で多発した。

地震や台風といった自然災害の増加が問題提起されて久しいが、日々の天気までもがわれわれに災害級のダメージを与えている。誰もが「地球がおかしい」という危機感を抱いたことだろう。今年の猛暑や大雨、台風の被害は甚大であったが、気候変動問題に対する共通認識を醸成する機会にはなったのかもしれない。

ICT産業は、地球環境や人間社会の持続可能性（サステナビリティ）にどう貢献できるだろうか。主要な事業者はすでに、データセンターや通信設備の省エネ化、再生可能エネルギーへの転換といった取り組みを積極的に進めているが、そもそもICT産業は、エネルギー産業や製造業と比較して環境負荷が大きい産業ではないことから、サステナビリティの議論

---

1) 世界気象機関（https://public.wmo.int/en/media/press-release/july-2023-set-be-hottest-month-record）
2) UN News（https://news.un.org/en/story/2023/07/1139162）

の主題とはなりにくい。それでも、ICT産業にはできることがあり、リーダーシップを発揮するポテンシャルを秘めている。

　本書『ITナビゲーター』は、ICT市場の主要な変化と未来に対する見立てを定点的に俯瞰する位置づけとして、年1回発刊している。この「2024年版」においてもICT産業の主要なトレンドを網羅したが、加えて「サステナビリティ」への問題意識から章を割き、ICT産業が環境や社会のサステナビリティにどう貢献できるのかについて論考した。

本書の構成

　昨年の2023年版において、これまでの各産業を個別市場に区分し詳細に分析する構成から、産業単位での大きな方向性を「MESSAGE」として語り、その後、個別市場を分析するという構成に変更した。

　だが、「通信産業」「メディア産業」などといった産業の定義は、ICT産業全体の未来を見通す上ではほとんど意味をなさなくなっている。通信事業者がメディアになることも、メディアがコンテンツ提供者となることもいまや日常的であり、そこに境界線は存在しない。

　そこで今年は、消費者に近いテーマから、提供事業者に近いテーマへとレイヤーで区分し、「デジタルライフの未来」「インフラ・プラットフォームの未来」「データ流通とガバナンスの未来」「サステナビリティ経営の未来」という4章の構成とした。そして、これらを「PartⅠ」とした。毎年予測している市場規模については、すべて「PartⅡ」にまとめた。

　PartⅠの各章では、未来を洞察する上で重要な変化の兆しを取り上げ、その現状と今後の見通しを示すとともに、そのような未来にどう対応するかの提言を行った。

PartⅡは毎年推計している市場規模をアップデートして集約し、辞書的に活用いただく際に参照しやすくした。

　これからのICT産業がどう変化し、読者を取り巻く事業環境に影響するのか、そしてその変化にどのように対応していくべきなのか、本書がそれを考える際の材料になれば幸いである。

2023年11月

株式会社野村総合研究所
ICT・コンテンツ産業コンサルティング部長
亀井　卓也

ITナビゲーター2024年版　目次

Part I
2030年のICT産業はどうなるか？

Part II
2030年のICT市場規模はどうなるか？

Part Ⅰ

2030年の
ICT産業は
どうなるか?

第 1 章

デジタルライフの未来

誰がコンテンツをつくるのか

 グローバル化により魅力が増すコンテンツ市場

　コンテンツ市場は堅調に拡大している。経済産業省によると、世界のコンテンツ市場の規模は、新型コロナウイルス感染症（以下、コロナ）の影響により2020年は一時的に縮小したものの、2021年以降の成長率はそれ以前の水準まで回復し、2025年には1兆ドルにまで成長する見込みである[1]（図表1.1-1）。

　その背景にはやはりデジタルコンテンツ市場の急速な拡大がある。2016年から2020年まで年平均成長率15.5％で拡大しており[2]、オンラインでのコンテンツ流通が進行し、消費者は、その居場所にかかわらず世界各国のコンテンツを気軽に楽しめるようになっている。「TikTok」をはじめとするSNSのフィードには、世界各国からの投稿が流れており、投稿のフォーマットやBGMが国境を越えて流行することも多い。デジタルチャネルによってコンテンツのグローバル流通がより活発になる中、世界各国のコンテンツ関連企業がグローバルなビジネス展開に力を入れている。

　韓国の場合、コンテンツの海外輸出に向けた動きがいっそう活発化している。韓国文化体育観光部によると、2021年の韓国のコンテンツ輸出額は124.5億ドルで[3]、2016年と比較して2倍に成長している。2010年前後の日本や米国市場をターゲットとした輸出戦略を経て、近年の「Netflix」のドラマ「イカゲーム」や、K-POPグループ「BTS」「BLACKPINK」の世界的ヒットからも明らかなとおり、いまや韓国コンテンツは国際的地位を確立している（図表1.1-2）。

　中国は、国産アニメーションの海外展開に積極的である。2015年に制作、日本では2018年に公開された3Dアニメーション映画「西遊記之大聖帰来」

1)　経済産業省「コンテンツの世界市場・日本市場の概観」2021年。
2)　注1と同じ。
3)　韓国文化体育観光部「2021年版コンテンツ産業白書」。

図表1.1-1　世界のコンテンツ市場規模予測

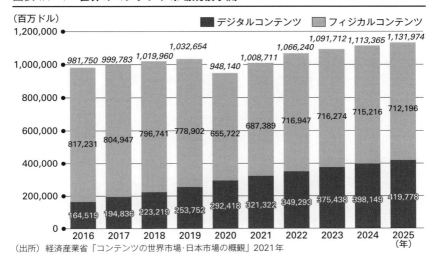

（百万ドル）

凡例: ■ デジタルコンテンツ　□ フィジカルコンテンツ

年	デジタルコンテンツ	合計
2016	164,519	981,750
2017	194,836	999,783
2018	223,219	1,019,960
2019	253,752	1,032,654
2020	292,418	948,140
2021	321,322	1,008,711
2022	349,293	1,066,240
2023	375,438	1,091,712
2024	398,149	1,113,365
2025	419,778	1,131,974

フィジカルコンテンツ値: 817,231 / 804,947 / 796,741 / 778,902 / 655,722 / 687,389 / 716,947 / 716,274 / 715,216 / 712,196

（出所）経済産業省「コンテンツの世界市場・日本市場の概観」2021年

図表1.1-2　韓国コンテンツ産業輸出額

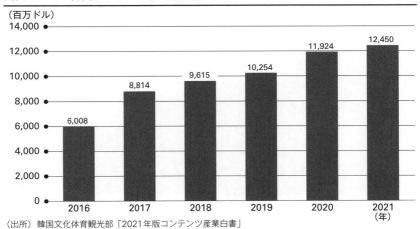

（百万ドル）

年	輸出額
2016	6,008
2017	8,814
2018	9,615
2019	10,254
2020	11,924
2021	12,450

（出所）韓国文化体育観光部「2021年版コンテンツ産業白書」

は、世界60カ国以上で上映され、興行収入は200億円を超えていたという[4]。アニメーション制作は国策であり、制作会社に対する税制優遇や奨励金のほ

---

4) NHK「どうなる？日本のマンガ・アニメ～中国 急成長の衝撃～」https://www.nhk.or.jp/gendai/articles/4257/（2023年9月19日閲覧）。

か、3DのCGアニメーション制作に活用できるモーションキャプチャー施設の整備など、高品質なアニメーションを制作できる環境を整えている。2023年には、アニメーションドラマ「Art College 1994」がベルリン国際映画祭コンペティション部門にノミネートされ、国際的な評価の高さがうかがえる。

　日本企業もグローバルマーケットへの展開を進めている。講談社は2023年、米国市場向けに漫画アプリ「K MANGA」の提供を開始した。また、TBSホールディングスは、2022年に制作会社「THE SEVEN」を新たに設立し、海外市場をねらったハイエンドな映像コンテンツの企画・開発に注力する姿勢をみせている。

　他方、中東では、海外からのコンテンツ輸入や最先端のコンテンツ企業の誘致の動きが加速している。アラビア語での映像配信プラットフォームとしては世界最大である「Shahid」は2022年、東映アニメーションやアニプレックスとのパートナーシップを拡大し、日本アニメのラインアップを拡充した。中東各国政府のコンテンツ産業を育成しようという方針を追い風に、宗教上の制約から他国の参入が容易ではなかった中東においても国内外のコンテンツ企業の交流が活発になり、市場がグローバルに開かれつつ、急速に拡大していることがうかがえる。

　コンテンツ市場にビジネスチャンスを見出しているのは従来のコンテンツメーカーだけではない。自社キャラクターをはじめとする知的財産（IP）のビジネス化を模索する企業も増加している。製菓会社のギンビスは近年、「たべっ子どうぶつ」のIP活用に注力している。カプセルトイや一番くじなどのグッズへのライセンス事業を展開したり、全国各地でポップアップショップを展開したり、動物園や水族館とのコラボレーションイベントを開催したりと、ファンを拡大しつつ、既存ファンからさらにマネタイズする手段としてIPビジネスを展開している。

　このように、コンテンツ市場はグローバル化に伴って堅調に拡大しており、その魅力はますます高まっている。

 ## 倍速消費の進展とディスラプターの登場

　グローバル全体で魅力が増すコンテンツ市場について述べたが、その構造は

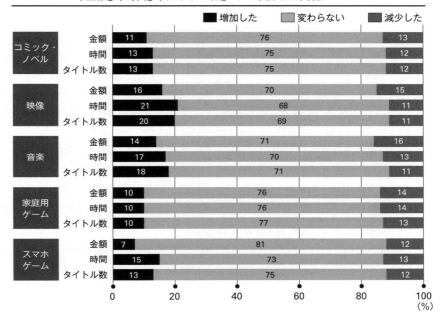

図表1.1-3　メディア別・コンテンツ消費の
「金額」「時間」「タイトル数」の1年前との変化

		■ 増加した　■ 変わらない　■ 減少した

メディア	項目	増加した	変わらない	減少した
コミック・ノベル	金額	11	76	13
	時間	13	75	12
	タイトル数	13	75	12
映像	金額	16	70	15
	時間	21	68	11
	タイトル数	20	69	11
音楽	金額	14	71	16
	時間	17	70	13
	タイトル数	18	71	11
家庭用ゲーム	金額	10	76	14
	時間	10	76	14
	タイトル数	10	77	13
スマホゲーム	金額	7	81	12
	時間	15	73	13
	タイトル数	13	75	12

大きく変わりつつある。消費者サイド、供給者サイドそれぞれで変化が起こっている。

　消費者サイドでは、コロナの流行鎮静化が市場に影響を与える要素としてまず想起されるだろう。NRI（野村総合研究所）が2020年5月に発表したレポート[5]にあるように、コロナの影響によって消費者のコンテンツ消費量の増加とチャネルのデジタル化の進展が起きた。

　では、コロナの流行鎮静化によってコンテンツの消費量は減少に転じたのだろうか。アンケート結果に基づくとそうではない。NRIが実施したアンケート調査（「情報通信サービスに関するアンケート調査」2023年7月）では、1年

5) 野村総合研究所「ゲーム、VR、マンガ・本・書籍に対する人々の行動と意識の変化：アフターコロナのコンテンツ市場再成長の機会を逃してはいけない〜新型コロナウイルス感染拡大による消費者の行動変容がICTメディア・サービス産業に及ぼすインパクトと対応策（3）コンテンツ〜」https://www.nri.com/-/media/Corporate/jp/Files/PDF/keyword/proposal/20200519_03.pdf（2023年9月19日閲覧）。

前と比べ、各メディアでコンテンツ消費の「時間」「タイトル数」が増加した人のほうが、それらが減少した人より多い。一方、「金額」は減少した人のほうが多く、昨年（2022年）も指摘した「倍速消費」の進展がコロナ後も続いていることがわかる（前ページの図表1.1-3）。

なお、家庭用ゲームのみコンテンツ消費の「時間」「タイトル数」が減少した人のほうが多くなっており、特に「巣ごもり消費」の恩恵を受けていた反動で市場縮小の方向に動いていると考えられる。ここからいえることは、コロナ後もコンテンツ消費は「倍速消費」の傾向を持ちながら拡大するものの、「巣ごもり消費」からは離脱が起きており、オフラインでのコンテンツ消費体験を用意することの重要性が高まっているということである。

また、供給者サイドでは、そんな「倍速消費」の傾向に適応したディスラプターが登場している。第一のディスラプターはプラットフォーマーだ。具体的には、Netflixや「アマゾン（プライム・ビデオ）」「カカオ（ピッコマ）」など、単体のIPで稼ぐのではなく、他社からの調達含め大量のコンテンツを確保し、それらを使って顧客を囲い込み、主にサブスクリプションサービスで収益を得る事業者である。「倍速消費」が広がり、コンテンツの量が消費者にとって重要になりつつある中、プラットフォーマーはデータを使ったコンテンツの量産体制を整えつつある。Netflixはユーザーデータの分析をもとに最適な監督やキャスティング、ストーリー設定を割り出し、オリジナルコンテンツ「ハウス・オブ・カード」を制作した話は有名だが、Netflixはそのようなオリジナルコンテンツの数を年々増加させている[6]（図表1.1-4）。

これらからいえるのは、「プラットフォーマーがIPの供給源としてのコンテンツメーカーを必要としなくなりつつある」ということである。つまり、これまではコンテンツの質がより重視されていたため「顧客接点＝プラットフォーマー」「IP制作＝コンテンツメーカー」という分業体制が成立していたが、コンテンツの量が重視され量産が重要になったことで、後者もプラットフォーマーが担うようになってきたのである。

そのようなプラットフォーマーの存在は、クリエイターにとってはより多くの人に自分の作品を届けるための舞台であり、データに基づいて作品を深めて

---

6) Statista「number of original content titles released by Netflix」.

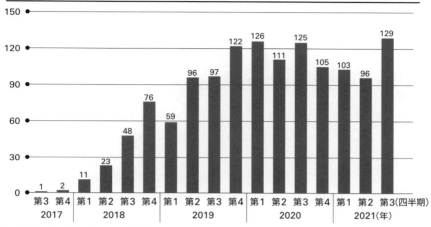

図表1.1-4　**Netflixのオリジナルコンテンツ数**

（出所）Statista「number of original content titles released by Netflix」

いけるパートナーであることから、コンテンツ産業においてプラットフォーマーの存在感は今後も高まり続けるだろう。

　第2のディスラプターは、生成AIやクリエイタープラットフォームといった個人クリエイターを後押しするテクノロジーである。ChatGPTをはじめとする生成AIが社会や経済に大きな影響を与えることは言をまたないが、コンテンツ業界にも大きな影響がある。その1つが個人クリエイターによるコンテンツ制作をより簡単にすることである。ゲームの例を挙げると、リアルタイムで3Dを生成するソフトウェア「Unreal Engine」を利用して個人が開発したアドベンチャーゲーム「Omno」はクラウドファンディングで約10万ユーロの資金を集め[7]、2021年にSteamでリリースされた。また、従前から存在する「X（旧ツイッター）」やYouTubeに加え、Pixivが運営する「Fanbox」や「Fantia」などクリエイターが直接顧客に作品を届け、収益を得られるプラットフォームも増えてきている。

　これら2つのディスラプターに共通しているのは、コンテンツメーカーが従

7）　EPIC GAMES「『Omno』を生み出したインスピレーション秘話」https://www.unreal engine.com/ja/developer-interviews/the-unbelievable-inspiring-story-behind-omno（2023年9月19日閲覧）。

来担ってきたコンテンツを創る・作る・届けるといった機能を代替するということである。機能代替が進む中、2030年のコンテンツメーカーはどのような存在になるのだろうか。

コンテンツ需給の構造変化による業界の再編

ディスラプターによる既存のコンテンツメーカーの機能代替が進んだ2030年には、コンテンツ業界の構造は図表1.1-5のように再編されると考えられる。

既存のコンテンツメーカーのうち、従来のポジションを維持したまま生き残ることができるのは、ディスラプターにはない差別化要素を持つ業界全体のトップメーカーと、ニッチ分野のトップメーカーのみとなるだろう。独自の強みを持たないその他の既存メーカーは、制作会社化するなどビジネスモデルを転換して生き残るか、トップメーカーへの吸収・合併や廃業を余儀なくされる。結果、コンテンツメーカーの業界構造は、業界トップと一部のニッチトップのみになる（図表1.1-6）。

コンテンツメーカーへの提言：科学的でOMOな熱狂創出の実現

上述した事業環境を踏まえ、コンテンツメーカーはどのような行動を取ればいいのか。淘汰されないためには、プラットフォーマーやテクノロジーといったディスラプターには果たせない、コンテンツメーカーならではの価値を実現し続ける必要がある。すなわち、コンテンツの大量生産・大量伝達ではない熱狂創出のためのコンテンツ作りである。ただし、単に面白い作品を生み出そう、というだけでは従来と変わらない。データに基づいた「科学的な熱狂創出」が欠かせない。この科学的な熱狂創出に必要な要素を3つ述べたい。

顧客接点の確保

1つ目は、オンライン・オフラインを含めたあらゆる方面での顧客接点の確保である。それらの接点を組み合わせ、作品の世界観を感じられるような体験をプロデュースすることができれば、プラットフォーマーや個人クリエイター

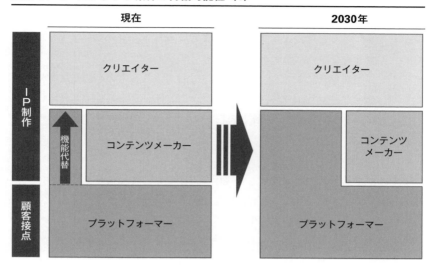

図表1.1-5 **コンテンツ業界の再編可能性（1）**

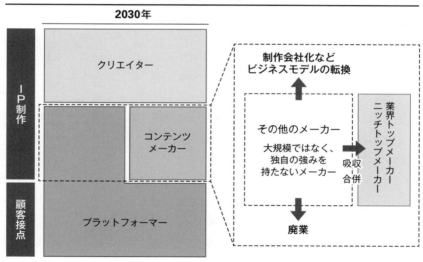

図表1.1-6 **コンテンツ業界の再編可能性（2）**

には生み出せないような熱狂を創出できる。象徴的な事例が「ポケモン」で、ご存知のとおりもともとはゲームだったが、いまは睡眠管理アプリからテーマパークにまで進出している。2023年7月に発表されたスマホアプリ「Pokémon

Sleep」はこれまでの「ポケモン」シリーズのように、冒険しながらポケモンを捕まえるのではなく、実際に睡眠を取ることで「ポケモン」を仲間にし、育てるアプリである。重要なのは睡眠時間というこれまでコンテンツ業界がアプローチできていなかった時間を取りにいっているという点で、生活のあらゆるタイミングで顧客を「ポケモン」に触れさせるようなねらいがあると考えられる。「薄く広く」の消費が浸透する中においてIP同士の可処分時間の奪い合いが激化してきており、従来の余暇時間以外も含めてユーザーにIPに触れてもらえる顧客接点を持つことが作品世界を顧客に伝え、熱狂してもらう上で重要になってきている。

　また、オフラインの顧客接点も今後重要度が高まってくる。その理由は、先述のとおり「巣ごもり消費」からの離脱により顧客がオフライン体験を求めていること、オフライン体験を提供できているプラットフォーマーや個人クリエイターがまだほとんどいないということである。オフラインの顧客接点というとハードルが高いように聞こえるが、必ずしも自社で保有する必要はなく、オフライン接点を持つプレイヤーと提携することも考えられる。「ポケモン」は2023年からユニバーサル・スタジオ・ジャパンでコラボレーショングッズやパレードなどを展開するほか、2021年からよみうりランド内で「Pokémon WONDER」というイベントを開催している。これはよみうりランド敷地内の森で「ポケモン」を探すというイベントであり、まさに作品世界を体験できるようなイベントとなっている。

　さらに、オフラインの顧客接点はイベントだけに限らない。IPに関連するグッズの購入も考えられる。たとえば、女子高校生のバンド活動を描いた「ぼっち・ざ・ろっく！」にハマって楽器を買う、同じくキャンプ活動を描いた「ゆるキャン△」にハマってキャンプ用品を買うという行動である。現在、コンテンツメーカーはIPに関連する商品まで企画しきれておらず、ユーザーはコンテンツメーカーとは関係のない楽器やキャンプ用品を購入している場合が多い。コンテンツメーカーが楽器やキャンプ用品メーカーとコラボレーション商品などを企画できれば、IPに対するユーザーの愛着を高められる上、リベニューシェアなどによってIPそのものの売り上げ以外の収益を生むことにもつながる。このように、オンライン・オフライン含めて顧客に作品を感じてもらう接点を用意することが、プラットフォーマーや個人クリエイターには難

しい熱狂創出につながる。

科学的なしくみの構築

科学的な熱狂創出に必要な2つ目の要素は、データを使った科学的な熱狂創出のためのしくみを持つことである。具体的には、顧客の熱狂度やカスタマージャーニー上での現在の立ち位置をデータに基づいて把握し、各顧客に最適な施策を投下することで熱狂度を高めるようなしくみである。データを分析する部隊や基盤といったハードウェアの部分と、熱狂を測り、それを施策につなげるためのKPI設計といったソフトウェアの部分に分けて説明する。

ハードウェアの部分では、前述したオンライン・オフライン両面のあらゆる接点でのユーザーの行動を把握するために、統合的なデータ取得・分析基盤が必要になる。バルスが提供するデータ分析基盤「SPWN Portal」では、チケット発行やEC、動画サービスをワンストップで提供することで、イベント参加記録やグッズ購入履歴、動画視聴履歴を統合し、ユーザーのカスタマージャーニーをオンライン・オフライン両面で明らかにすることができる。統合したデータを活用することで、たとえばオフラインでイベント参加まで行うヘビー層の属性を分析し、そのような属性のライト層にイベント参加をレコメンドしたり、ライト層からヘビー層になったユーザーの過去の行動履歴を分析して理想のカスタマージャーニーを設計し、サイト設計やレコメンドを行ったりと、能動的に熱狂創出のために施策を行えるようになる。

ソフトウェアの部分では、熱狂を正しく測定するためのKPIの設計と測ったKPIをもとに施策を検討・改善するしくみの設計が必要になる。たとえば、作品全体の売り上げをKPIに置くのではなく、ゲームやアプリでよく採用されるような個人単位の指標（継続率、訪問回数、プレイ時間、単価）を組み合わせて熱狂度の指標として設定し、それに基づいてPDCAサイクルを設計するということである。たとえば、WOWOWではサイトへのアクセス、再生ログ、メルマガの開封履歴など、個々に使っていたさまざまなデータを統合し、顧客の熱狂を総合的に捉えるような取り組みを行っている。

時代の潮流に適合したコンテンツへの対応

科学的な熱狂創出に必要な3つ目の要素は、生成AIに代表されるような最

新テクノロジーを活用し、時代の潮流に適合したコンテンツを作ることである。これにより、顧客には新しい「熱狂の消費先」を用意することができるし、独立を試みるクリエイターには個人では実現が難しいコンテンツの制作サポートを提供することができる。

新たな「熱狂の消費先」としては、たとえば、決められたスクリプトやエンディングではなく文章や結末がリアルタイムで生成される恋愛シミュレーションゲームやステージが自動生成されるRPG、作者による執筆を待つことなく読者の好みの方向に結末を生成してくれるコミック、その日の気分でAIが作曲してくれるその人のためだけの音楽——など、さまざまなコンテンツの出現が予想される。実際、生成AIを用いてゲーム中のキャラクターに自然な会話をさせるNVIDIAの「Avatar Cloud Engine（ACE）for Games」や、大規模言語モデルを利用した言語生成と感情分析機能を実装した「沙耶の唄 AIアプリ」などが登場し始めている。

他方、クリエイター支援という文脈では、講談社がクリエイター支援・育成組織「講談社クリエイターズラボ」を展開している。組織には、ゲーム・シネマ・メタバース・IP開発など複数のラボがあり、ゲームクリエイターズラボでは、好きなゲームを作りたいクリエイターを現在常時募集している。ラボメンバーになった際には、講談社から半年ごとに500万円の支給を受けることができ、さらには講談社による作品のパブリッシング、講談社内のモーションキャプチャスタジオを自由に使用することができる。また、メタバースラボでは、講談社の月刊誌「アフタヌーン」に連載中の漫画「ダーウィン事変」とCGクリエイターの育成に注力するCGWORLDがコラボレーションした3DCGコンテストを開催しており、講談社の保有する人気漫画タイトルを活かしたテクノロジー人材の発掘も行っている。生成AIなどのテクノロジーがディスラプターとなり、個人クリエイターの独立を促進すると前述したが、そのようなテクノロジーを自社内に取り込むことで、むしろクリエイターとこれまでより協力的な関係性を構築できるかもしれない。

オンライン・オフラインの顧客接点、それらを統合的に扱うデータ活用のしくみ、テクノロジーを活かしたコンテンツ制作の3要素について述べたが、共通することは獲得に一定の投資が必要ということである。これまでのコンテンツメーカーはどちらかというとIPの目利きやマスマーケティング能力が提供

価値であり、どちらかというと設備より人への投資が多かったかもしれない。これからの時代は、顧客接点、統合データ基盤、テクノロジーなど、設備や技術に対する投資が必要になる上、それらを扱う人材も当然新たに必要になる。険しい道のりのように聞こえるが、いま投資しなければ、上述のようにプラットフォーマーや個人クリエイターに侵食され、挽回がより難しくなる。2030年には今よりもコンテンツをつくる主体は増えるだろうが、コンテンツメーカーには熱狂を創る主体としてあり続けるための道を選択してほしい。

政府への提言：進出先の事業基盤を整備する「第2次クールジャパン戦略」

　日本政府は2010年に経済産業省製造産業局に「クール・ジャパン室」を設置し、「クールジャパン戦略」として、日本のアニメや漫画などのポップカルチャー、伝統芸能文化などを海外に売り込み、海外需要の獲得と関連産業の雇用創出を目指した。その投資は2013年に官民ファンドとして設立されたクールジャパン機構（海外需要開拓支援機構）のもとで進められているが、2021年度末の時点で同機構は累積赤字が309億円に上る。同戦略の取り組み自体は、日本の観光立国の促進など評価されるべきところもあったが、設立当初に目指した姿を実現できているとは言い難い。

　クールジャパン戦略は、日本のコンテンツを海外に売り込み、認知を高める施策の実践には長けていたが、はたして適切なコンテンツを、適切な国・地域に売り込めていたのかには疑問が残る。つまるところ、過去のコンテンツを網羅し、各国・地域の潜在顧客に求められているコンテンツを時流やトレンドも見ながら選定する、コンテンツの目利き力に課題があったといえる。

　国のコンテンツ政策としてよくベンチマークや比較対象となる韓国では、韓国コンテンツ振興院（Kocca）が政策の頭脳となり、韓国産コンテンツの成長と発展を支援している。Koccaではグローバル進出が大前提となっており、海外の主要市場にビジネスセンターを配置し、法制度、資金、マーケティングなど、コンテンツ展開の障害や課題となる部分を支援する。コンテンツ事業者側も、グローバル進出を前提としたコンテンツ作りを展開しており、官民一体となって、いかにしてコンテンツをグローバルに売り出すのかを追求している。日本と韓国とでは内外の環境が異なるため、一概に真似することはできない

が、グローバルに対する韓国のこのような取り組みと比べると、わが国は、依然として国内需要に依存してしまっており、グローバルの視点が不足していることは否めない。

2030年のコンテンツ・IP業界はグローバルファーストの時代に突入しており、提供するコンテンツの高クオリティとデータに基づく精緻なマーケティングの両立が提供企業側に求められる。そのような時代の到来が迫る中、海外でも高い品質のコンテンツ制作が可能になってきており、マーケティングを国として取り組む韓国や、グローバルなプラットフォーマーを多数抱える欧米に比べ日本は周回遅れにある。過去に日本のコンテンツが積み上げてきた海外に対する優位性という貯金はすでに底をつきつつあると考えるべきであり、日本政府には、「第2次クールジャパン戦略」の策定を新たに求めたい。

第2次クールジャパン戦略は、コンテンツ制作に携わる事業者が、より自由かつ大胆にグローバルの市場に打って出られるようなしくみの構築に注力すべきと考える。海外に国産コンテンツをただ売り込むのではなく、展開先の国・地域の企業も巻き込んだ、マーケティング力とコンテンツ力を出し合った制作を実現するためのテストベッド環境の構築と企業誘致など、日本の高いコンテンツ制作ノウハウ・知見を保持しながら、海外マーケットに追従していけるような戦略的活動が必要ではないか。

本章では、コンテンツ業界における構造変化（中堅クラス事業者の縮小）を仮説として提示しているが、第2次クールジャパン戦略として大手事業者とは異なる事業者のビジネスモデルや新たな雇用が創出できれば、より多くの事業者が生き残った状態で2030年を迎えられるのではないかと考える。

暗号資産のこれまで

　「ビットコイン」をはじめとする暗号資産は、2008年に発表されたサトシ・ナカモト（仮名であり、2023年現在も本人が特定されていない）による論文「Bitcoin：A Peer-to-Peer Electronic Cash System」からその歴史が始まり、2023年時点では暗号資産という概念は一定の知名度を得るに至ったが、これまでの15年では、「web3」の概念をも含め、暗号資産のしくみの普及は限定的で、ほとんどの暗号資産保有者は投機目的なのが現状である（web3については本書2章1節にて解説する）。そうした投機目的に合わせるかのごとく、世界中の暗号資産の値動きや取引高を公開しているCoinMarketCapには、2023年8月時点で9000種類を超える暗号資産が登録されているものの、世界最大の暗号資産取引所であるBinanceでさえ350種類程度しか扱っておらず、しかも、暗号資産としてきちんとした運営目的や思想が評価されているのはそのうち100種程度と、まさに混沌とした状況が生じている。

　加えて、多額の資金が動く市場が形成されているにもかかわらず、その管理体制やセキュリティは杜撰といわざるを得ないほどの失敗を多く生み出してきた。2014年のマウントゴックス事件では、当時世界最大のビットコイン取引所であったマウントゴックスが保有していた顧客からの預かり資産を含む約85万ビットコイン（当時のレートで約470億円）が消失した。マウントゴックスが東京にオフィスを構えていたこともあって、資金の返還を求め多くの外国人顧客が同社の前で抗議活動を行い、それが当時のニュースで報じられたことが、皮肉にも日本で暗号資産が注目されるきっかけにもなった。

　その後も、2018年には国内大手取引所のCoincheck（コインチェック）での暗号資産「NEM」の約580億円相当の流出事件や、2022年の米国取引所FTXトレーディングによる顧客資産の流用・詐欺事件（後に同社は経営破綻）など、暗号資産が本来目指した社会的な変革や貢献を示す前に、負の側面ばか

りが取り上げられ、一般消費者が寄り付きづらくなっている。

　しかし、暗号資産とともに生まれたブロックチェーンやトークンに関する技術は日進月歩を遂げており、その技術を用いることで、現在の法定通貨や金融システムではカバーしきれない新たな経済流通を生み出す可能性、すなわち「トークンエコノミー」の実現が期待されている。

　本節では、トークンエコノミーの構成要素やその技術的背景を解説するとともに、将来的な実現可能性についても論じる。

 ## トークンによる権利の可視化

　暗号資産とweb3世界におけるトークン（以下で述べるトークンはすべてweb3世界におけるトークンを指す）は同一のものとして語られることも多いが、本節では「暗号資産はトークンの一種」と定義する。

　本来、トークンとは「何らかの価値を持ったモノに対して、所有・利用など行使可能な『権利』を、移動・譲渡可能な状態にしたデジタル上の識別子」を指している。暗号資産は、その発行元が構築しようとしている社会システムやブロックチェーン技術上の機能、その設計そのものの価値を権利化したものである。

　トークンの大きな特徴は、トークンを生み出すために必要な技術はすべてオープンソースであることから、知識があれば誰でも新たなトークンを生み出せる点にある。この特徴により、①「権利」を非常に容易に流通させることが可能になることから、これまでも取引されてきた「権利」はよりスピーディかつ低コストに、②従来ではやりとりに必要なコストが見合わなかった小さな権利もトークンの形で可視化・流通できるようになる。

　具体的には、①であれば、多くの書類作業や人件コストを必要とする不動産売買などでは、ブロックチェーン技術による権利の譲渡経路の証明や「スマートコントラクト」と呼ばれる権利の譲渡手続きの自動化処理により、従来よりも権利の譲渡が簡便になる。②の場合は、個人の所有物の所有権、平たくいえば「自分が持っている家具や家電が使える権利」までも個人間で売買できるようになる。

　このように、トークンはこれまでの社会システムではなし得なかった細かなレベルでの1個人・1事業体の経済的・社会的立場の形成支援や、そればかり

でなく、社会システムの形成が未熟な新興国の自立まで支援できるといった大きな可能性を秘めており、それが世界的に注目を集めている背景といえる。

　この権利の譲渡の概念が大きく広まった要因として、NFT（Non Fungible Token）の果たした役割は大きい。NFTはデジタルアートや有形資産の分割所有権など、元来所有権の主張が難しいモノに対してブロックチェーン技術により譲渡経路や発行元の証明を明らかにすることで、本来生じるべき価値を可視化したものである。暗号資産の場合、「無形の何かに対する権利」の可視化という点で理解しづらさがあったが、NFTはアートや実際に存在する場所の一部も権利の対象になり得ることを示し、それが一般消費者にとっても馴染みやすかったのだと推測される。

 ## トークンエコノミーの構成要素

　上述してきたさまざまな権利をトークンを介して取引できるよう市場化したのが、いま注目を集める「トークンエコノミー」である。トークンエコノミーは、大きくは、①コンテンツの調達　②トークンの設計、③ブロックチェーンプログラミング、④マーケットでの流通——の4要素で構成される。

　①のコンテンツの調達とは、文字どおり権利の発生する元となるモノ（コンテンツ）の調達を指す。コンテンツには、前述したようにありとあらゆるモノが含まれる。

　②のトークンの設計とは、調達したコンテンツの何を権利とするトークンを発行するのか、そのトークンをどういう条件、どの規格で発行するのかの設計を指す。わかりやすい例でいえば、アーティストが制作した楽曲をコンテンツとした際、楽曲すべてに対してNFT（権利）を発行することもできれば、楽曲の音符1つ1つに発行することもできる。故・坂本龍一氏の作曲した楽曲「Merry Christmas Mr.Lawrence-2021」は、音源の右手のメロディ595音それぞれがNFT化・販売され、発表当時大きな話題となった[1]。暗号資産においても設計は重要な要素で、その暗号資産の発行の上限量や価値が維持される発行サイクルのしくみの設計、および権利の対象が所有者にどのようなリター

---

1)　https://lp.adam.jp/ryuichi-sakamoto-595nfts.html

ンをもたらすかなどの設計が、発行後の話題性や集客力、暗号資産の価格に大きく影響を与える。

③のブロックチェーンプログラミングとは、②のトークンの設計に従って、ブロックチェーン上でのトークンの動き方をプログラミングする過程を指す。現在ビットコインに次いで取引量の多い暗号資産である「イーサリアム」は、「スマートコントラクト」と呼ばれる権利譲渡を自動執行するプログラミングを可能にする規格を有しており、NFTはイーサリアムのブロックチェーンや規格を利用してプログラミング・発行されている。

④のマーケットでの流通とは、発行されたトークンが取引されるマーケットでの権利の流通を指す。このマーケットが利用者に提供する利便性は、マーケットが取り扱うトークンの発行に非常に大きな影響を与える。たとえば、NFTのマーケットプレイス（流通プラットフォーム）である「OpenSea」が、②のトークンの設計や③のブロックチェーンプログラミングを同プラットフォーム上のユーザーインターフェイスで簡単に実行可能にしたことで、多くの利用者が、予備知識なくNFTの生成、販売をできるようになり、市場が急拡大した。

暗号資産取引所も同様で、その取引所でしか扱われていない暗号資産や預けた暗号資産に対して還元される金利、長期の取引利用者に対するエアドロップ（新規発行トークンの無料割り当て）に手厚い取引所には人が集まり、②や③がユニークでweb3らしさのあるトークンが多く上場し、取引が活性化していく。

このように4要素すべてを満たした権利の譲渡の世界が広がっていくことで、トークンエコノミーの認知は今後高まっていく。

トークンエコノミーによる構造変化の可能性

トークンエコノミーの台頭は前述のとおりさまざまな社会変革の可能性を示しており、暗号資産や、その一種である「ステーブルコイン」などは既存の法定通貨を置き換えるともいわれている。しかしその実現には、まだ多くの課題があり、その課題解決のために年数を要することから、本節では、より身近な例として、一部のビジネスにおいて大きな構造変化やインパクトをもたらす可能性について触れたい。

まず、トークンの特徴である権利の可視化と譲渡の簡便化は、誰でもトークン化、スマートコントラクトで権利譲渡を自動・高速化できるため、現在ある契約仲介業務が置き換わる可能性がある。作成が難しい権利書も、ブロックチェーン上に譲渡記録が残るため改ざんなどのリスクが小さいことから制約事項も簡潔な内容になり得る。とはいえ、それによって現在そうした業務を担っている事業者や士業の個人事業主がすべて廃業に追い込まれるかというとそうではなく、高価値の権利の取引では、詐欺や設計ミスなどのトラブル防止のため、トークンの譲渡条件やプロセスをプロの目線で管理・監督する業務を担う事業者が今後も必要になるだろう。将来がこのように発展した場合、契約仲介事業者の今後の差別化要素は、いかに洗練・自動化されたブロックチェーンプログラミングができるか、いかにトークンに適したマーケットに流通させられるかにある。

　また、交わされた契約や約束事の履行の徹底にも活用される可能性がある。たとえば、延滞や「雲隠れ」で問題化している奨学金や慰謝料などをスマートコントラクト上の契約として縛ることで、支払う側が支払い行為を拒否した場合や音信不通時にも、支払う側の資産の処分や譲渡、銀行口座内預金の自動振替などにより支払いを補填するしくみを構築できるのではないか。

　ただし、条件があまりに強い縛りであったり、あらゆるやりとりをスマートコントラクト化したりするのは、管理社会化や、ルールの穴を突いた「抜け道ビジネス」の横行が懸念される。しかし、少子化などで今後人手不足が深刻化するおそれのある日本にとって、社会システムの効率化・自動化を進めていくことはきわめて重要である。後述するように、2023年現在、日本はトークン業界において最も注目度の高い国の1つとなっており、自由な部分と規制のバランスに配慮しながら、世界に先んじてトークンエコノミーに取り組んでいくことを期待したい。

トークンエコノミーの国内外での盛り上がり

　ブロックチェーン技術をもとにしたトークンの誕生から15年を要したものの、トークンエコノミーがようやく盛り上がってきた背景・理由として、グローバルな視点と日本の視点の2つがある。

まずグローバルな視点としては、トークンエコノミーとして提唱されてきた概念や思想が、数多くのブロックチェーン技術の発展およびその規格の開発により実現できる範囲が大きく広がっており、技術的にトークン化できない権利が減ってきたことが大きい。事実、イーサリアムの規格として発表された規格数は約6000[2]と日々増えており、NFTアートの権利を別のユーザー（美術館など）に一次的に貸し出す規格（ERC-4907）や、NFTを複数組み合わせて1つのNFTとして扱う規格（ERC-6551）など、さまざまな権利譲渡のパターンに対応できるようになってきている。さらに、NFTだけでなく、暗号資産の技術を積極的に組み入れ通貨管理技術やセキュリティを向上させることで、中央銀行デジタル通貨（CBDC：Central Bank Digital Currency）の出現も現実味を帯びてきている。

　一方、日本の視点では、前述した2022年に発生した米国取引所FTXトレーディング破綻の際、日本拠点であるFTX Japanの被害は、金融庁のもとで顧客資産が厳格に管理監督されてきたことで、グローバルでは被害は巨額だったのに対し、非常に限定的な被害にとどまった。そのため、暗号資産関連企業のアンクリーンな経営に対する監視傾向が高まりつつあったグローバルの情勢から日本の市場が注目されるきっかけともなった。

　また、日本政府もトークンも含めたweb3の発展には期待を寄せており、デジタル庁の発表した「デジタル社会の実現に向けた重点計画[3]」においてもweb3について言及しているほか、2023年7月に東京都内で行われた国内最大級のweb3カンファレンス「WebX」でも、萩生田光一自民党政務調査会長による開会挨拶、および岸田文雄首相による基調講演があった[4]。

トークンエコノミーの課題

　以上のように、トークンエコノミーは、技術的にも進化し注目度も高まっているが、実装にはいくつかの大きな課題がある。

　最も大きな課題は、一般消費者への浸透、いわゆる「マスアダプション」で

2）　https://eips.ethereum.org/erc
3）　https://www.digital.go.jp/policies/priority-policy-program
4）　https://webx-asia.com/ja/agenda/

ある。グローバルでみても最も議論が絶えない課題であり、マスアダプションの実現方法について有識者が日々意見を発表している。トークンの概念が一般消費者に浸透しないということは、それを利用したい消費者が少なく、結果、トークンの多様性も限定され、トークンが一般社会や生活に及ぼす影響が限定的になってしまうことを意味する。そのため、トークンエコノミーの発展にはマスアダプションは避けて通れない壁である。グローバルではさまざまな手法の普及活動が試行されているが、過去のICTの適用にも鑑みると、各国それぞれの事情に合わせたマスアダプションの手法が存在するはずである。

　日本では、決済業界を振り返ると、日々の生活シーンにいかに必要不可欠となったかがマスアダプションにおいて重要になっている。たとえば、JR東日本の「Suica」は、人々の移動に不可欠な電車利用の利便性を大きく高めたことで、そのしくみを理解していなくても老若男女問わず利用するサービスとなった。また、近年でいえば、キャッシュレス決済の導入コストに悩まされてきた小規模小売事業者では導入コストが安い「PayPay」などのQR・バーコード決済が普及し、来店顧客のキャッシュレス化を促進した。

　生活シーンの大きな改善や社会課題の解決には、トークンを介したこのようなキラーユースケースを示すことがマスアダプションには必要不可欠である。

　ところが、日本に限らずトークン自体の問題として、「買って終わり」が非常に多いことが挙げられる。たとえばNFTは、ブロックチェーン上での譲渡の履歴や金額等を記録できることから、NFTが転売（二次流通）されたとしても、スマートコントラクトを介してNFTの発行元にその転売益の一部が還元される機能を本来備えている。ただし、現時点でNFTは「ファントークン」のような、購入してもそのまま保有するだけの「会員証」のようになってしまっている。NFTの発行元が、二次流通を活発化するようなコンテンツの調達や権利の設計を行えれば、多くのコンテンツホルダーや利用者の関心が集まり、エコノミーとしてより発展できるであろう。

トークンエコノミーは本当に実現・普及するのか

　本節では、トークンおよびトークンエコノミーの特徴や可能性について述べてきたが、出自や背景を考えると、これらの本質は、現代社会における弱者の

救済をいかに行うかの模索であると筆者は考える。インフラが未整備、または崩壊した新興国では全国民の生活を支える新しいインフラとして機能する可能性もあり得るし、いわゆる先進国においても、貧困家庭がトークンの小さな権利を売り出したり、あるいはトークンを通して他人から支援を受けたりできる可能性がある。暗号資産の概念と技術ばかりが先行してしまったことで、現在トークンは、「怪しい投機商品」とみられることも多いが、社会に対して価値のある貢献機会が増えることで、トークン全体への見方も変わっていくはずである。

　その萌芽は、グローバルでは、前述したCBDCのようなデジタル法定通貨（CBDCは国家が一元管理する発行物であり、そうした管理を必要としないトークンや暗号資産とはだいぶ異なるが、「デジタル上の価値の一例」として挙げた）の普及や、ブロックチェーン技術を使ったさまざまなサービスの誕生にみられる。日本でも、NTTドコモが2022年11月に「トークンを含むweb3関連事業へ最大6000億円を投資する」と発表したり[5]、ソニーは2023年6月にブロックチェーン基盤「Astar Network」を生み出した渡辺創太氏のweb3事業会社Startale Labsとの約5億円の資本業務提携を発表したり[6]と、国内を代表する大企業のweb3事業への参入が相次いでいる。

　直近20年ほどにおいては、新しいことを自由にやるためにベンチャー企業で働くことは1つの社会トレンドだったように思う。しかし、トークンやweb3全体の不安定さをきちんと管理監督し、安全性を担保していける大企業ならではのアプローチが、これからのweb3時代において新しいことを成し遂げる土壌になるかもしれない。

　2030年に向けて、日本の大企業が先陣を切ってweb3の世界のマスアダプション、トークンエコノミーの発展を進め、これらが現代社会で苦しむ人々の生活の支えや持続可能な社会の基盤となっている姿に期待したい。

---

5)　https://www.docomo.ne.jp/info/news_release/2022/11/08_01.html
6)　https://www.sonynetwork.co.jp/corporation/release/2023/pr20230628_0101.html

第 **2** 章
インフラ・プラットフォームの未来

2.1 web3の現在地とこれから

web3のマスアダプションとは

　第1章2節では、われわれのライフスタイルを変える可能性のあるトークンエコノミーについて述べた。本節ではその実現に向けた技術的・社会的プラットフォームである「web3」を深く掘り下げたい。

　NRI（野村総合研究所）ではweb3を、「『信頼できる第三者』を介在させず参加者相互の分散型の合意形成によってすべての取引の監査証跡管理が可能なブロックチェーンという技術を基盤とする技術的・社会的プラットフォーム」[1]と定義している。

　大企業や政府による意思決定プロセスは一般に「中央集権型」である。これに対してweb3のプロジェクトのプロセスは「非中央集権型」で、「プロトコル」と呼ばれる自動化されたプログラムが情報や価値の流通を管理する。プロトコルはプロジェクトのユーザーが開発・変更する権限を持つケースが多く、ユーザー自身がエコシステム（生態系）の一員となり、基本的には透明性・公平性が担保されている。

　それだけに、ユーザー自身の責任も大きく、そこで被った経済的損失は基本的に自己責任となる。web2、つまりこれまでのインターネットサービスにおいては、サービスのクレジット（信頼）の拠り所が企業・政府といった第三者であるのに対し、web3の場合のクレジットの拠り所は、自身を含むプロジェクトに参加するユーザーによって作られたプロトコル、という大きな違いがある。

　web3のサービスが広く普及することを「web3のマスアダプション」といい、その実現に向けては、ユーザーがweb2で享受している第三者（企業・政府）と同等のクレジットをプロトコルにも感じることができるのか、簡単にい

---

1)　https://www.nri.com/jp/knowledge/glossary/lst/alphabet/web3

えば、「いま信頼されている組織やサービスと同じように、web3上の組織やサービスは信頼に足るのか」が最も重要である。

本節では、

- 世界の国・地域におけるweb3のマスアダプションの現状
- web3エコシステムにおける大企業の動向
- web3の技術動向

――を、マスアダプションに欠かせない「クレジット」の視点から分析し、日本政府および民間企業が取り組むべき方向性を提言する。

世界の国・地域における web3のマスアダプションの現状

web3サービスの利用に必要となる暗号資産の保有率を世界の国・地域ごとに分析することで、それぞれのマスアダプションの現状が把握できる。

シンガポールの暗号資産決済企業であるTriple-Aは、各国のレポートやブロックチェーン上のデータを活用し、各国の暗号資産保有データを公開している[2]。同社によると、2023年時点での暗号資産保有者は約4億2000万人で、アジアが2億6000万人と過半数を超えている。普及率が最も高い国はアラブ首長国連邦（UAE）の27.7％で、ベトナム（20.5％）、サウジアラビア（17.5％）、シンガポール（13.9％）と続く。

地域別のトレンド：先進国

先進国と発展途上国・新興国とで、マスアダプションにどのような違いがあるのかをもう少し深掘りするため、Triple-Aのデータを先進国（OECD加盟38ヵ国）と発展途上国・新興国に分け、国民1人当たりGDPの規模ごとにプロットした（図表2.1-1、図表2.1-2）。

まず次ページの図表2.1-1に示したように、先進国については、国民の経済的豊かさと暗号資産普及率（マスアダプション）に相関関係はなかったが、以下のⒶⒷのトレンドが確認できる。

---

2) Cryptocurrency Ownership Data　https://triple-a.io/crypto-ownership-data/

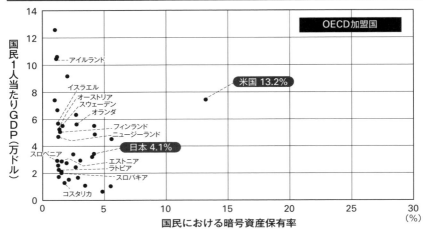

（出所）Triple-A「Cryptocurrency Ownership Data」、World Bank Open Dataなどをもとに作成

Ⓐ 全体的に暗号資産の保有率（マスアダプション率）が低い

　米国を除く先進国で普及率が10%を超えている国はなく、マスアダプションのフロンティアとは言い難い。先進国では中央集権的なサービス（企業・政府）に対するクレジットが相対的に高く、自己責任が求められるプロトコルへクレジットが移譲される機運は小さいと考えられる。

Ⓑ 米国の暗号資産普及率は13%と他国と比較して突出して高い

　米国では政府をはじめとする中央集権的なサービスへのクレジットは比較的低く、国連の「World Population Review」[3]によると、「米国における政府に対する信頼（Trust in Government）」は31%とOECD加盟国の中で7番目に低い[4]。ただし、米国の場合、クレジットの低さではなく、暗号資産関連のプロダクトが開発・成長しやすいビジネス環境であることがマスアダプションの高さになっているのではないか。

　ブロックチェーン業界の市場分析を行うオランダのBlockdataによると、

3）https://worldpopulationreview.com/
4）https://worldpopulationreview.com/country-rankings/trust-in-government-by-country

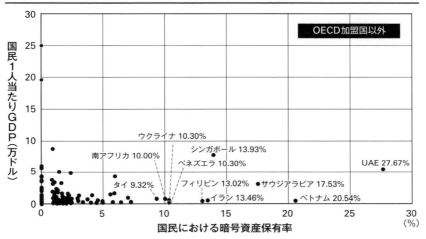

図表2.1-2　発展途上国・新興国における暗号資産普及率の比較

（出所）Triple-A「Cryptocurrency Ownership Data」、World Bank Open Dataなどをもとに作成

2021年にブロックチェーン関連のスタートアップ企業が資金調達した金額は231億ドルで、そのうち111億ドルが米国企業であった[5]。また、web3専門の求人サイト「Web3 Jobs」[6]によると、web3エンジニアの給与は1800万〜2900万円（12万5000〜20万ドル）であり、特に北米の給与水準が高いとされる[7]。ベンチャーキャピタル（VC）などの豊富な資金をもとに優秀な人材がスタートアップ企業に集積し、技術革新が生まれやすい環境だといえる。また、暗号資産は株式や債券といった金融商品と比較して売買が容易なため、スタートアップ企業が資金調達の際に発行した暗号資産が「気軽に投資できる商品」としてweb3業界を超えて米国の一般国民にも広がったと想定される。

地域別のトレンド：発展途上国・新興国

　発展途上国・新興国については、暗号資産のマスアダプションが米国を超えている国がある（図表2.1-2）。

　プロダクトの開発環境・資金調達環境で劣る発展途上国・新興国でなぜ暗号

5）　https://www.blockdata.tech/blog/general/blockchain-venture-funding-per-country
6）　https://web3.career/
7）　https://web3.career/web3-salaries

資産が普及しているのかを、Ⓐ Ⓑ Ⓒのグループごとに考察する。

Ⓐ 政府がマスアダプションを積極的に進める国 （UAE、シンガポールなど）

　原油や鉱産物など豊富な資源を持つ国の一部は、他国よりも暗号資産の発行・保有・流通のルールを寛容にすることで、web3企業の誘致や投資を呼び込もうとしている。たとえばUAEは2022年3月、暗号資産に特化した世界初の規制機関Virtual Asset Regulatory Authority: VARA（https://www.vara.ae/en/）をドバイに設立した。また、「Law No. (4) of 2022 Regulating Virtual Assets in the Emirate of Dubai（通称VAL）」では、暗号資産の発行・流通に関連する幅広い業態に対するライセンスを規定している[8]。

　そしてUAEはさらにドバイを中心に法人税の優遇や、外国人による起業条件などが緩和される「フリーゾーン」という経済特区を設けることで、海外からの投資・起業をweb3業界で誘致しやすい環境を整えている[9]。UAEのweb3業界団体であるCrypto Oasis[10]の「Crypto Oasis ECOSYSTEM REPORT 2023 Spring Edition」によると、2023年3月末時点で1800以上の関連団体が暗号資産のエコシステムを形成している[11]。

　一方、シンガポールでは、中央銀行にあたるMonetary Authority of Singapore：MAS（https://www.mas.gov.sg/）が暗号資産の規制を管轄している。2019年1月には世界に先駆けてデジタル決済における暗号資産（仮想通貨）を対象とした規制の枠組み「Payment Service Act」[12]を発表した。これは、暗号資産を取り扱う事業者に対してマネーロンダリング防止（AML）およびテロ資金供与防止（CFT）などの準拠を求める規制で、施行から半年で約300社がライセンスを申請するなど話題となった[13]。また、2023年8月には世界初のステーブルコイン規制のフレームワークを発表しており[14]、消費者

8）https://www.vara.ae/en/licenses-and-register/licensed-activities/
9）https://www.mlit.go.jp/totikensangyo/kokusai/kensetsu_database/uae/page2.html
10）https://cryptooasis.ae/
11）https://cryptooasis.ae/ecosystem-report-2023/
12）https://www.mas.gov.sg/regulation/acts/payment-services-act
13）https://www.coindeskjapan.com/111654/

保護と産業の成長のために必要な環境の整備に力を入れている。

　こうした取り組みからシンガポールは「アジアでの暗号資産の中心地」と呼ばれ、web3メディアの「CoinDesk」が発表した「Crypto Hubs 2023」で2位にランクインした[15]。国単位でランクインした唯一の候補であることをみると、政府の一貫した規制フレームワークが評価されていると考えられる。

Ⓑ ゲームを中心に消費者の間でマスアダプションが進む国
　 （ベトナム、フィリピン、タイなど）

　アジアの国々が多いものの、これらはシンガポールと異なり一般市民の間で暗号資産の利用、特に「X to Earn」と呼ばれる特定の活動を通じて報酬を得るアプリケーションが広がっている。

　ブロックチェーンの分析・セキュリティサービスを提供するChainalysisの「The 2022 Geography of Cryptocurrency Report」によると、フィリピン人の推定25％、ベトナム人の23％が「Play to Earn」という「遊んで稼ぐゲーム」の利用経験があるとされる[16]。暗号資産の市場価格の分析機能を提供するCoinMarketCap[17]のPlay To Earn部門の市場価値ランキングによると、2023年8月時点で、「Axie Infinity」というゲームが発行する暗号資産「AXS」が約7億ドルで世界1位で、このゲームはベトナムのweb3スタートアップ企業Sky Mavis[18]が開発している。また、Axie Infinityユーザーの40％が、一時期フィリピンを拠点としていたといわれる。フィリピンの平均月収は3万～4万円とされ、経済的なインセンティブが暗号資産を一般に訴求した様子がうかがえる。

　加えて、東南アジアは世界的にもモバイルゲーム市場が急速に拡大している市場でもある。AllCollectの調査によると、2021年時点で東南アジアのオンラインゲームユーザーは2億5000万人とされ、地域のスマートフォン所有者の3

14）https://www.mas.gov.sg/news/media-releases/2023/mas-finalises-stablecoin-regulatory-framework
15）https://www.coindeskjapan.com/191496/
16）https://go.chainalysis.com/rs/503-FAP-074/images/2022%20Geography%20of%20Crypto%20Report_FINAL-JP.pdf
17）https://coinmarketcap.com/ja/
18）https://skymavis.com/

分の1は1週間に1度以上ゲームをプレイしている[19]。そのため、「遊んで稼ぐゲーム」が受け入れられやすい市場環境と、地域発のweb3企業がローカライズしたゲームを提供するという「クレジット」が重なることで政府の支援なしにマスアダプションが進んだと想定される。

　ただし、消費者保護のルールが未整備な領域は大きなリスクもはらんでいる。前述のAxie Infinityは2022年3月にゲーム専用のブロックチェーンがハッキングされ、総額6億2000万ドルが盗まれる事件が発生した[20]。顧客資産を預かるブロックチェーン運営企業に対するセキュリティ対策や盗難事件における補償にかかわるルールはなく、ユーザーの自己責任となっている。加えて2022年末からの市場の冷え込みによってゲームの報酬として受け取れるトークンの価格が下落し、ユーザー数が減少した。web3アプリケーションの利用状況を分析するDappRadar[21]によると、2021年末のピーク時には毎日7200万以上のユーザーが確認されたが、2023年8月時点では約18万に減少している[22]。

◎ 自国通貨、経済の信用が高くない国（ベネズエラ、イランなど）

　ベネズエラは2014年頃の原油価格下落による経済の打撃に加え、欧米諸国の経済制裁などの影響もあって自国通貨の価値が急速に下落するハイパーインフレーションに陥った。2021年以降、経済成長率はプラスに転じたが、インフレ率は2022年の予測値で200%台[23]と自国通貨の価値が安定していない。自国通貨に対するクレジットが低いために、ビットコインをはじめとする暗号資産を保有する動きが広がったのではないか。

　イランも欧米諸国を中心とする制裁によって石油の輸出が難しくなり、代替産業として処理能力の高いサーバーを設置し、ビットコインのブロックチェーンにデータを保存することで報酬を得る「ビットコインのマイニングビジネス」が広がったといわれている[24]。

---

19) https://allcorrectgames.com/insights/the-gaming-market-in-southeast-asia/
20) https://www.coindeskjapan.com/145560/
21) https://dappradar.com/
22) https://dappradar.com/dapp/axie-infinity?range-ds=30d&range-ha=all
23) https://www.statista.com/statistics/371895/inflation-rate-in-venezuela/
24) https://www.elliptic.co/blog/how-iran-uses-bitcoin-mining-to-evade-sanctions

最後に暗号資産の普及率を地域別に分析すると、米国を除く先進国では普及していておらず、発展途上国・新興国が政府支援・市場形成の両面でマスアダプションのフロンティアである。日本の暗号資産の普及率は4%強と、業界へのクレジットはまだ未成熟だが、他の先進国と比較して遅れているとはいえない。特にゲーム市場に着目すると、経済的なインセンティブでX to Earnが流行した東南アジアほど経済格差は大きくないが、日本のゲーム市場は米国・中国に次いで第3位の規模にあり[25]、ゲームを通してマスアダプションが進む可能性が期待できる。

web3エコシステムにおける大企業の動向

今日では世界的な大企業もweb3技術を用いた取り組みを始めている。前述のように、特に先進国においては、大企業がweb3エコシステムに参入しマスユーザーの受け皿となることがクレジットの付与に直結するため、web3マスアダプションを考える上では欠かせない。ただし、その企業がweb3というトレンドに乗って一時的な収入を得ようとしているのか、あるいはweb3技術を通じて新たな価値や体験を生み出そうとしているのかはよく見極める必要がある。

たとえば、「ブランドNFTを販売する」だけでは一過性の話題作りでしかなく、web3エコシステムにクレジットを付与しているとは言い難い。他方、大企業のweb3への取り組みは、「web3技術を活用して何をしようとしているのか」に注目し、マスアダプションにつながるのかどうかを見極めたい。

以下に大企業のweb3エコシステムの動向をもとに、マスアダプションに向けて前進している業界や有力なユースケースを整理する。

web3への進出に積極的なファッション業界

web3業界への世界的なビッグネームの進出が特に活発なのがファッション業界である。ファッション業界のプレイヤーのweb3への進出は「web2やリアル世界で慣れ親しんだコンテンツ」そのものがクレジットとなり得る。ゆえ

---

25) https://pickups.jp/global/53194/

に、web2やリアル世界で人気なコンテンツがweb3で展開されるだけでも話題性が高く、web3内外にユーザーは広まる。さらに、そのコンテンツにweb3技術を用いて新たな価値が付与できれば「一過性ではない」企業の取り組みとしてより多くのユーザーを巻き込むことが可能となるだろう。

ファッション業界からweb3へ進出する企業の中でも最も積極的で成功しているのがNIKEである。実際、2023年6月に米国のコインベースが公開したレポート「THE STATE OF CRYPTO: CORPORATE ADOPTION[26]」によると、NIKEは大企業の中で最も多くのNFTコレクションを公開しており、その数は14に上る。2位である「TIME」誌の7つに大きく差をつけている。

2021年にはバーチャルスニーカー等のNFTコレクションを扱うプロジェクトRTFKT[27]を買収したことでweb3コミュニティで大きな存在となったほか、2022年11月には新たなweb3プラットフォーム「.SWOOSH[28]」を立ち上げた。相場が冷え込んでいる2023年であっても、.SWOOSHで新しいスニーカーNFTコレクションが販売されると100万ドル以上の売り上げを達成するほどその人気と信頼性は高い。また、.SWOOSHは2023年6月に世界的なスポーツゲームブランドである「EA Sports」との提携を発表しており、NIKEのスニーカーNFTを何らかの形でEA Sportsのゲーム環境と連携することを示唆している。

圧倒的な人気（クレジット）を誇るNIKEスニーカーというコンテンツを武器に、NIKEは、web3技術・コミュニティをうまく活用しながら、コンテンツのクレジットをさらに高めている事例である。2023年8月現在で累計取引高トップのNFTコレクション「Bored Ape Yacht Club[29]」をはじめとして、グローバルでメジャーなNFTは比較的高単価なこともあって、ラグジュアリー系のファッションブランドにおいてもweb3への進出が加速している。

一方、LVMHグループでは、ルイ・ヴィトン、ティファニー、タグ・ホイヤーがweb3への取り組みを開始している。グループとして初の取り組みは、

---

26) https://assets.ctfassets.net/c5bd0wqjc7v0/6ZxyPKS945KFnSVH0vPEuW/e7fb24
    2895b1919581993d18db876738/The_State_of_Crypto_-_Corporate_Adoption_-_
    Coinbase.pdf
27) https://rtfkt.com/
28) https://www.swoosh.nike/
29) https://boredapeyachtclub.com/

ルイ・ヴィトン生誕200周年を記念して2021年8月に公開されたブロック
チェーンゲーム（BCG）「LOUIS THE GAME」だった。2023年6月には新
たなNFTコレクション「VIA トレジャー・トランク[30]」が発表され、約4万
1724ドル、約584万円のNFT（SoulBound Token：SBT）が抽選で販売され
た2023年8月時点では、115個のNFTの発行が確認できる。

　さらに、そのVIA トレジャー・トランクホルダー限定で「VIA スピー
ディー40」の購入権が付与された。一次販売価格が500万円以上と高額な
NFTでも、抽選を経て100個以上のNFTを売ることを可能にしたのは、ひと
えにルイ・ヴィトンのブランド力（クレジット）によるものだろう。ブランド
自体がクレジットであるため、展開されるのがリアル世界・web2・web3の
いずれであっても、ブランド体験が重要であれば、ユーザーはごく自然にその
体験を購入しようとするに違いない。

　また、LVMHは、LVMHが取り組むべき課題へのソリューションを革新的な
アイデアに基づき提供するスタートアップ企業を表彰する「LVMHイノベーショ
ンアワード[31]」も開催している。2023年の第7回では、「Immersive Digital
Experiences Innovation Award（デジタル没入体験部門賞）」に、web3技術
を用いたCRM（顧客管理）プラットフォームを開発するAbsolute Labsを表
彰した[32]。

　Absolute Labsのプラットフォーム「Wallet Relationship Man-agement
Platform（WRM）」を用いることで、アドレス分析に基づくブランドNFTの
価格戦略オペレーションを効率化したり、マーケティングキャンペーンを自動
化したりできるようになる。LVMHがデジタル空間における没入体験やラグ
ジュアリー体験を提供するためにweb3技術を重要視していることがうかがえ
る。LVMHグループは、自身の取り組みに加え、関連するweb3ソリューショ
ンにも投資をしていることから、マスアダプションに向けて重要な役割を果た
している。

---

30) https://jp.louisvuitton.com/jpn-jp/stories/louis-vuitton-via
31) https://www.lvmh.com/group/lvmh-commitments/leadership-entrepreneurship/
　　the-lvmh-innovation-award-initiative-lvmh/
32) https://www.lvmh.com/news-documents/news/save-your-wardrobe-wins-2023-
　　lvmh-innovation-award-grand-prize-at-viva-technology/

CRM機能をブロックチェーンへ

　ブロックチェーンの透明性やトレーサビリティを活用して、より精度の高いユーザー情報を集められるとして、CRMへの活用が注目されている。実際に、ブロックチェーン技術を用いてCRMの一部の機能を外部に切り出そうとする動きもみられる。スターバックスは2022年12月にweb3技術を活用したリワードプログラム「Starbucks Odyssey[33]」のβ版のテストを開始した。Starbucks Odysseyでは、顧客はブランドやコーヒーへの理解を深めるタスクやゲームに参加することでポイントやNFTが付与され、それらで限定イベントやコーヒー農園ツアーなどへの参加権が獲得できる。スターバックスはこういう形で自社のファンが集い交流し、コーヒーへの愛を共有できるデジタル体験をStarbucks Odysseyで提供したいとしている。

　Starbucks Odysseyで注目すべきは、それが「web3エコシステムへ参入するための新規事業」ではなく、既存のロイヤルティプログラム（リワードプログラム）を拡張する機能という点である。つまり、ターゲットは既存顧客であり、そのロイヤルティを高めるためにブロックチェーンは有用である、というのがスターバックスのブロックチェーンへの評価である。

　ロイヤルティプログラムをweb3に拡張することで、スターバックスは顧客の購買情報以外にもタスクやゲーム履歴など、web3体験に基づく顧客情報を獲得できる。このようにweb3技術を活用したCRMは拡張性が高く、スターバックスが今後Starbucks Odysseyを活かしてどのような施策を展開していくのかが注目される。

　これまでweb2企業が抱えていた個人情報の一部をユーザーに帰属させると、ユーザーはリアル世界・web2体験の延長線上としてweb3体験が継続できることから、ブロックチェーン技術のCRMへの活用というユースケースはweb2企業とweb3エコシステムの両方へクレジットを付与するといってもよい。ブロックチェーン技術によりCRM展開する企業が増えれば、ブロックチェーン上で扱われる情報も増えてユーザー間取引が活発化し、それに伴いweb3エコシステムも活発化される可能性がある。web3エコシステムを活用したCRMがマスアダプションへ向けた1つのユースケースになり得る。

---

33) https://odyssey.starbucks.com/

既存金融プレイヤーの参入

web3における金融サービスであるDeFi（分散型金融）の情報プラットフォームである「DefiLlama[34]」によると、2023年8月末時点でのDeFiの預かり資産（Total Value Locked：TVL）は380億ドルであり、2021年の2450億ドル[35]に対して一定のインパクトを与え得る規模を誇る。

現在のDeFiは、前述したAMLの整備およびプロトコルやアプリケーションの堅牢さがともに不十分であり、その結果、ハッキングや資金流出が起こるなど、クレジットが高いとは言い難い。

しかし、既存金融プレイヤーの参入によって、web3技術を活用しながらセキュアな取引や決済環境も整えられ、エコシステムのクレジットを高めることになるだろう。

実際、2022年末から2023年にかけて既存金融プレイヤーのweb3業界での動きも目立つようになってきた。特に、パブリックブロックチェーン（オープン型のブロックチェーン）を活用した金融取引や決済に関するテスト開始の動きに注目したい。

2022年11月、JPモルガン・チェースはシンガポールのMASとともに、パブリックブロックチェーン上でDeFiを用いた取引テストを初めて実施した[36]。このテストはイーサリアムレイヤー2[37]であるPolygon上のDeFiアプリケーションである「AAVE[38]」のスマートコントラクトをベースに、トークン化されたシンガポールドル・日本円の預金とトークン化された国債取引（Live cross-currency transaction）が行われた。これはおそらく、大手銀行のパブリックチェーンによる最初のDeFi取引であるとされている。このテストを足掛かりに、既存金融とweb3金融のコラボレーションが促進されることが期待される。

---

34) https://defillama.com/
35) https://www.bcg.com/ja-jp/publications/2023/future-of-fintech-and-banking
36) https://www.mas.gov.sg/news/media-releases/2022/first-industry-pilot-for-digital-asset-and-decentralised-finance-goes-live
37) ブロックチェーンプラットフォームはネットワーク規模が大きくなると処理速度が遅くなる。これを「スケーリング問題」というが、規模の大きなイーサリアム上でスケーリング問題を回避し、処理速度を高めるためのしくみ。スケーリング問題については後述する。
38) https://aave.com/

また、VISAはこれまでもweb3に関するリサーチやブロックチェーン技術を活用した実証実験に取り組んできており、web3への関心の高さがうかがえる。2022年12月には、イーサリアムレイヤー2である「StarkNet」で自動定期支払いを実行するアプリケーションを構築しテストした、としている[39]。

　現在、ブロックチェーン上での決済には一般的にその都度トランザクションを発行する必要があり、毎月定額を支払うような自動定額支払いには向かない。今回VISAが構築したアプリによって自動定額支払いが一般化すればさまざまなユースケースが期待できる。また、VISAはイーサリアムの最新アップデートを理解できるエンジニアの採用を始めるなど、web3サービス展開へ向けた準備が着々と進んでいることが示唆される。

インフラや技術によるクレジットの底上げをねらう
日本の大企業

　前述のとおり、日本においては完全にパブリックなエコシステムよりも大企業が提供するエコシステムのクレジットのほうが高く、本来のピュアなweb3的思想に基づいた訴求だけではマス層は取り込めないことも想定される。

　一方で、ファッション業界やブロックチェーン技術をCRMに活用する取り組みなど、世界的にはweb3技術によって新しい価値や体験を提供する動きもみられるため、この流れから「遅れまい」とする日本企業は多い。クレジットの担保とweb3技術の活用という2つの側面を考慮すると、日本の場合、大企業のクレジットを活用しながらweb3技術の利点を訴求することがマスアダプションに向けては重要となる。現在、その動きの中心にいるのが通信事業者である。

　大企業のクレジットを活用しながら、既存顧客との接点を活用してweb3未経験の顧客をweb3の入り口である「ウォレット」に押さえようという動きがある。KDDIは、2023年3月より「αU wallet」の提供を開始し[40]、NTT Digitalは2023年中の「トークンウォレット」のリリースを発表している[41]。αUは

---

39) https://usa.visa.com/solutions/crypto/auto-payments-for-self-custodial-wallets.html
40) https://alpha-u.io/
41) https://www.docomo.ne.jp/info/news_release/2023/07/11_00.html

「メタバース・web3サービスプラットフォーム」と表現されており、web3の中でも特にメタバースやエンタテインメントコンテンツに注力するようにみえる。一方、NTT Digitalは自社を「web3イネーブラー」と称し、「ブロックチェーン技術を安心・安全なサービスに活かせる共通の機能および手段の整備を目指す」としている。

　両社はウォレットの提供という「戦略」では共通しているが、その先に想定しているユースケースは異なる可能性もある。そもそもこうした戦略でウォレットを普及させることができるのか。その結果、ユースケースがどのように広がりマスアダプションの向上に寄与するのか——これらが注目される。

 ## web3の技術動向

　web3のマスアダプションに向けては技術も重要である。web3エコシステムやプロトコル技術が進化し、セキュアで使いやすいインフラが整備されることがユーザーからの信頼（クレジット）に直結することはいうまでもない。むしろ、「安全で使いやすいこと」が前提でなければ、すでにそれらを実現しているweb2エコシステムのユーザーをweb3に引き入れることは難しいだろう。本項では、より多くのユーザーが入り込みやすいweb3エコシステムの構築に向けた技術動向を取り上げる。なお、ここでは最大の分散型アプリケーションエコシステムであるイーサリアムに焦点を当て、その技術革新によってどのようなことが可能になるのかにポイントを絞る。

ユーザーフレンドリーなしくみの実装

　マスユーザーにとって、web3エコシステムへの参加は必ずしも容易ではない。web3エコシステム参加への一般的な流れは、初めにweb3ウォレットをインストールし、秘密鍵のバックアップを取るとともにアドレスを作成する——そうすることで、web3サービスを利用するためのアプリケーション「DApps」への接続が可能となる。また、もしDAppsの利用で何らかのトランザクションを伴う場合は、暗号資産取引所で暗号資産を購入し、自分のアドレスへと送金しておく必要がある。秘密鍵を自身で管理したり、トランザクションを起こす際にネットワーク手数料（ガス代）が発生したりすることは、web2エコシ

ステムでは一般的ではなく、戸惑うユーザーも多いだろう。また、現時点では
web3ウォレットは海外製品がメジャーであり、馴染みのない英単語に触れな
ければならない点も、気軽に参加することから遠ざけてしまっていると思われ
る。

　このような仕様がweb3のマスアダプションを遠ざけてしまっているもの
の、いくつかのアップデートによって改善されるのではないだろうか。たとえ
ば、「Account Abstraction[42]」という技術により、ユーザーが自身で秘密鍵
を管理する必要がないアドレス（コントラクトアドレス）が利用可能になった
り、ネイティブトークン以外のトークンでもガス代が支払えるようになったり
する。また、「Meta Transaction[43]」という仕様では、ユーザーがガス代を支
払わなくてもDAppsを利用できるようになる。

Rollupによるスケーリング

　2022年度末時点での5Gの人口カバー率が96.6%[44]となっている現在の日本
において、web3の処理速度の遅さはマスアダプションを妨げる可能性があ
り、トランザクション数の増加に耐え得るスケーラブルなブロックチェーンの
開発が望まれる。一方で、パブリックチェーンの技術開発の難しさとして、ブ
ロックチェーンのトリレンマ（スケーラビリティ、分散性、セキュリティを同
時に満たすことの困難さを示す概念）は広く知られている。昨今、分散性、セ
キュリティを維持したままスケーラビリティを改善するしくみとして、イーサ
リアムでは「Rollup[45]」と呼ばれる仕様のレイヤー2ブロックチェーンへの実
装が進んでいる。

　Rollupとは、トランザクションをイーサリアムのメインチェーンの外で処
理させ、その結果のみをメインチェーンに書き込むことで、メインチェーンで
の処理を減らしイーサリアムエコシステム全体でのスケーリングを達成しよう
という技術である。このとき、「メインチェーンの外で処理されたトランザク

42）https://ethereum.org/ja/roadmap/account-abstraction/
43）https://eips.ethereum.org/EIPS/eip-712
　　https://eips.ethereum.org/EIPS/eip-2612
　　https://eips.ethereum.org/EIPS/eip-3009
44）https://www.soumu.go.jp/main_content/000894733.pdf
45）https://ethereum.org/ja/developers/docs/scaling/

ションの正しさ」を担保する必要があるが、昨今では特にゼロ知識証明を活用した「zkRollup[46]」が注目されている。これによってイーサリアムエコシステムのトランザクションの高速化、ガス代の低減、強力なセキュリティの担保の同時実現が期待されている。zkRollupをはじめとするスケーリング技術により、web3体験が改善され、より多くのユーザーが気軽に参加可能な環境が整う。

web3マーケットのこれから

　本節では世界各国のweb3マスアダプションの現状、大企業の動向、技術革新についてクレジットという観点から分析してきた。web3のマスアダプションに向けては、ⓐweb3エコシステム・プロトコルのクレジットが高まることに加え、ⓑビジネス環境が良好になること、ⓒ受け入れられやすいユースケースに関連したキラーアプリケーションが登場すること——も重要である。その3つの観点から、今後のweb3マーケットがどのように変化していくのか、web3を国家戦略とする日本や国内企業がどのような方向性で取り組むべきかを整理する。

web3エコシステム・プロトコルのクレジットは高まる方向へ

　ファッション業界や金融業界をはじめとした大企業がweb3技術を活用した領域へ積極的に参入している昨今の流れを考慮すると、今後も多くの大企業がweb3マーケットへ参入し、エコシステム・プロトコル全体のクレジットは高まることになるだろう。本稿で紹介した事例以外にも大企業がパブリックチェーンを活用する事例が相次いでおり、これは多くの大企業の活動がパブリックチェーン上の情報を介して可視化され、つながり得ることを示している。パブリックチェーン上の情報を活用した企業間の新しいコラボレーションやマーケティングのあり方が開拓されることにも期待が高まる。

　このような流れにより、マス層にも「馴染みのある企業（＝クレジットの高い企業）」がパブリックチェーンを活用している状態が当たり前になるにつれて、web3エコシステム・プロトコルのクレジットが高まっていく。そうした

---

46) https://ethereum.org/ja/developers/docs/scaling/zk-rollups/

クレジットの積み重ねにより、政府や企業へのクレジットが比較的高いと想定される先進国においても、より多くのユーザーがweb3技術を活用し始める。

　さらに、「web3の技術動向」で述べたとおり、セキュアで使いやすいインフラを実現するための技術革新は、web3エコシステム・プロトコルのクレジットを向上させるために欠かせない。前述のAccount AbstractionやRollupによるスケーリングのように、新しい提案があり、複数のプロフェッショナルによる議論・開発がなされた上で実現されていくに従って利便性や安全性の高いエコシステム・プロトコルが構築されていくだろう。また、Electric Capitalの「2022 Electric Capital Developer Report[47]」によると、「2022年の下落相場においても、月間のアクティブ開発者は2022年を通じて5%以上増えている」としている。このように技術革新を支えるweb3エンジニアも着々と増えていることも、web3技術発展にポジティブな影響を与える。

日常に馴染んだユースケースの創出が
マスアダプションのカギに

　web3のマスアダプションにあたっては、「web3エコシステムのクレジットを高めることによってマスアダプションを促進する」という考え方とは別に、「クレジットが高い体験を起点にweb3エコシステムに気軽に参加させ、それによって結果的にエコシステムのクレジットが高まりマスアダプションを促進する」という考え方も欠かせない。

　それがいかに革新的で素晴らしい技術であっても、その技術をマス向けに展開していくことは容易ではない。それはweb3技術も同様で、本格的にマスアダプションを目指すには、人々の生活にどう馴染ませるか、つまり技術的ハードルを感じることなく多くのユーザーが使いこなせるようにするかが重要である。数ある発展途上国・新興国の中でも特にモバイルゲームのプレイ人口が多いフィリピンやベトナムでBCGのアダプションが進んだことは、マスアダプションには、人々の日常体験の延長線上に新技術を組み込むことの大切さを示している。

　もちろん新技術の台頭にあっては利活用法の模索のため、初期段階では技術

---

47) https://www.developerreport.com/developer-report

ありきのユースケースやソリューションを開拓することはあり得る。しかし、web3の場合、そうしたすでに技術ありきで提供できるユースケース・ソリューションを開拓するのではなく、既存の課題をweb3技術でどうやって解決できるかというアプローチのフェーズに移行しつつある。NIKEのブランドコンテンツやスターバックスのCRMへの活用はその萌芽と位置づけられ、これらを成功事例として多くの企業がweb3エコシステムに参入することが期待される。

　日本では、「日常に馴染むユースケース」の創出に加え、web3インフラとして必須なweb3ウォレットがマス向けにどれだけ広がるかもマスアダプションのカギになる。web3ウォレットへの馴染みのなさに加え、言語の壁もあり、海外で主流のMetaMaskを日本のマスユーザーに使わせることは容易ではない。日本の注目すべき動向として取り上げたKDDIやNTT Digitalが提供するweb3ウォレットを通じて顧客との接点を押さえ、それを起点として「日常に馴染むweb3のユースケース」への橋渡しをする環境が整うだろう。

日本は規制を明確にし、柔軟にアップデートすることでweb3先進国へ

　米国、シンガポール、UAE（ドバイ）の現状にみられるように、web3関連事業を進めたい大企業やスタートアップ企業のビジネス環境の整備はweb3マスアダプションに向けた重要な要素の1つである。web3事業を進めるにあたっての「ビジネス環境」はさらに、①有利な税制が整っていること、②開発・調達環境が整っていること、③適切で明確な規制が整っていること——に分解できる。そして、日本においてweb3のアダプションを促進しweb3先進国になるために注目すべきは、③である。

　一方、web3事業を行うにあたって有利な税制を整えるという観点では、UAEやシンガポールに勝ることの難しさを考えると非現実的なことは明らかだろう。そもそも日本は、海外の国・地域に比べて税制・税率が複雑で、それが不利・ネックとなり、企業が暗号資産を保有する判断を下すのは容易ではない。「令和5年度 税制改正の大綱[48]」には暗号資産関連の税制の見直しが盛り

48）https://www.soumu.go.jp/main_content/000853546.pdf

込まれるなど、次第に改善されているとはいえ、トップクラスの税率の高さなど他国の状況と比べると依然として課題は多く、税制面からビジネス環境を訴求することは難しい。また、スタートアップ企業の技術開発・資金調達環境としてもシリコンバレーやロンドンと比べて勝ることは容易ではない。

とはいえ、web3（暗号資産）に対する日本の明確で一貫した規制が評価されつつあるのも事実である。ほかの国・地域の場合、比較的緩い規制のもと、問題が起こってから規制を強化するような施策が繰り返されてきたからである。しかし、それでは規制の変更次第で事業撤退を余儀なくされるような、不確実なリスクが高くなることもある。日本と他の国・地域とのこうした違いから、暗号資産交換業[49]のように一貫して規制が明確で、かつ、2023年の税制改正のように国家戦略として規制をアップデートしている日本のビジネス環境が注目されている。

明確な規制を軸としてweb3のビジネス環境を整えるにあたり、日本にとって重要なのは技術動向に対するアップデートである。前述のようにweb3技術は日々進化しており、技術革新にあわせて一度定めた規制の見直しが必要になるケースは十分にある。そしてその規制の見直しには技術動向を確実に理解し、それらを新たな規制に落とし込める人材の育成、および規制をアップデートするための柔軟なしくみの構築は必須である。

明確で、かつ柔軟な規制を軸としてweb3のビジネス環境の整備は、大企業からスタートアップ企業、ファッション業界だけでなく小売業界やエンタテインメント業界などさまざまな企業のweb3への進出を活発化させるためのベースとなる。そうした活動を通じてこそweb3エコシステム・プロトコルのクレジットが高まり、より多くのユーザーが流入し、マスアダプションへと近づいていくのである。

49）https://www.fsa.go.jp/policy/virtual_currency02/index.html

2.2 生成AIはビジネスをどう変えるか

　2023年の最も大きなビジネストピックの1つが生成AIであることを疑う者はいない。2022年11月末に提供を開始したOpenAIの「ChatGPT」は、サービスリリース2カ月後の2023年1月にユーザー数1億人を突破した。大規模言語モデル（LLM）は従前から開発が進められてきたが、従来のAIと異なり、ChatGPTは、専門的な知識を持たない一般ユーザーも利用可能なチャット形式のUI（ユーザーインターフェイス）により爆発的に広がった。どんな質問に対しても瞬時に回答（アウトプット）を生成し、何でも知っているかのような万能感・次世代AI感も爆発的なユーザー増加の一助になったのかもしれない。

　ユーザーの爆発的な増加の裏で、生成AI、つまり大規模言語モデルの進化には目を見張るものがある。大規模言語モデルの進化を示す指標の1つにモデルのパラメータ数がある。ChatGPTは当初パラメータ数が3550億個の「GPT-3.5」をベースとしたモデルだったが、リリースから3カ月半後の2023年3月にはパラメータ数100兆個の「GPT-4」がリリースされた。GPT-4はマルチモーダル（画像やファイルの入力）にも対応し、入出力のインターフェイスが拡張された。実際、いくつかのパフォーマンステストにおいてもすでに人間よりも高いパフォーマンスを記録しており、たとえば、模擬司法試験（英語）では成績上位10%のスコアで合格したことや、医師国家試験（日本語）でも2018年〜2022年の問題で合格ラインを超えたことが明らかになっている。

　これらの大規模言語モデルを用いた生成AIが従来のAIと異なる点として、インターフェイスが多様化したこと、アウトプットを自ら生成すること、が挙げられる。チャット形式のUIに代表されるように、自然言語での入力が可能となったことから、より多くの人が利用できるようになった。また、従来のAIは決まった入力パターン・形式を処理して定型的なアウトプットを返すのに対し、生成AIはアウトプットの内容を自ら生成し、あらゆる形式でアウトプットが可能である。

このような生成AIの台頭により、ビジネス環境が変わるという予測も多い。本節では生成AIによって起こり得るビジネス環境の変化、現時点の市況を整理した上で、企業やビジネスパーソンが取るべきアクションを提言する。

生成AIによる労働への影響

AIがビジネスに与える影響について考えるとき、しばしば「AIは人間による労働を代替するのか」という議論がある。従来のAIの議論でも、労働の多くはAIが代替するといわれてきたが、完全に代替された仕事はどれほどあるだろうか。本項ではさまざまな分析結果をもとに生成AIによる労働環境へ与え得る影響を整理する。

生成AIは労働を代替するのか

生成AIは労働（業務）を代替するのか、補強するのかを見極めることは重要である。生成AIがある業種・業務を代替すると、その分野の労働者は失職しかねないし、反対に、生成AIが労働を補完・補強してくれるのであれば、既存業務の効率化・高付加価値化を検討できる。

実際、ビジネスパーソンはどのように感じているのだろうか。

ResumeBuilder.comが2023年2月に独自に行った調査[1]によると、「生成AIを知っている」ビジネスパーソンの63%が、「ChatGPTの影響により、5年以内に従業員が代替されるだろう」と回答した。また、デロイト トーマツ コンサルティングが2023年7月に英国で行った調査[2]では、生成AIを知っている人の64%が「将来的に仕事の数が減る」と予想しており、48%は「職場での役割の一部がAIに代替されることを懸念している」。

他方、生成AIは人間の労働のサポートにとどまるという見方もある。マッキンゼーアンドカンパニーのレポート「The economic potential of generative

1) "1 in 4 companies have already replaced workers with ChatGPT" ResumeBuilder.
2) "More than four million people in the UK have used Generative AI for work-Deloitte" Deloitte.
3) "The economic potential of generative AI: The next productivity frontier" McKinsey & Company.

AI[3]」（2023年6月）によると、「生成AIによって生産性（GDP）は向上する」とされている。また、ゴールドマン・サックスのレポート「The Potentially Large Effects of Artificial Intelligence on Economic Growth[4]」（2023年3月）によると、「ほとんどの職種・産業においては、生成AIによる自動化にさらされるのは部分的なため、代替というよりも、補完の可能性が高い」とされている。

　生成AIが代替できる労働は一部のみで多くは補強にとどまるという両社の客観的な予測に対し、現場では悲観的に捉えている労働者も多いとみられ、生成AIがビジネスパーソンへ与えたインパクトはそれほど大きかった。しかし、実際に生成AIが現場に導入され、日々の業務が楽になった・効率化されたという事例はさほど多くなく、生成AIのインパクトを「なんとなく」感じながらも、それを有効に活用し、生産性を向上させている人はほとんどいないのではないか。

生成AIによるインパクトが大きい業種・業務

　NRI（野村総合研究所）では、現時点で生成AIが労働現場にどれほどの影響を与えているのかを実態調査し、その結果を『まるわかりChatGPT & 生成AI』（日経BP・日本経済新聞出版）にまとめた（2023年8月）。以下、同書に基づき業種・業務を整理する。

　前述のとおり、生成AIは大規模言語モデルであり、その特徴は、同モデルが生み出す自然言語処理能力であることから、これらを活用する割合が高いホワイトカラーやナレッジワーカーへの影響が大きい。同書によれば、中でもホワイトカラーが多いとされる「IT・通信」「教育・学習」の利用が多かった（次ページの図表2.2-1）[5]。

　また、前出のマッキンゼーアンドカンパニーのレポートによると、業種レベルでは、生成AIの提供価値の約75%は「カスタマーオペレーション」「マーケティング・セールス」「ソフトウェアエンジニアリング（コーディング）」「研究開発」に有効・有益で、特に「マーケティング・セールス」への影響が大きいとする。業務レベルにおける生成AIのユースケースは、「文書の下書き作成」「記

4)　"The Potentially Large Effects of Artificial Intelligence on Economic Growth" Goldman Sachs.
5)　野村総合研究所『まるわかりChatGPT & 生成AI』日経BP・日本経済新聞出版、2023年。

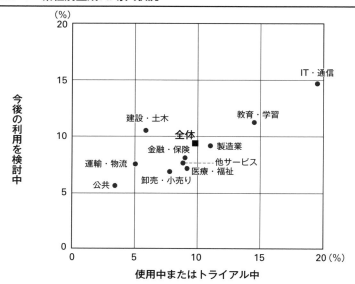

図表 2.2-1　業種別生成AI導入状況

（出所）野村総合研究所『まるわかりChatGPT & 生成AI』日経BP・日本経済新聞出版、2023年

事要約」「議事録作成」「クリエイティブ作成」「コーディング」などである。

 ## 生成AIを活用する企業

　生成AIがビジネスでどのように活用されているのか、その活用事例を整理する。

　生成AIがホワイトカラー・ナレッジワーカーへの影響が大きいことはすでに述べたとおりであるが、実際に現場ではそれほど導入が進んでいない。『まるわかりChatGPT & 生成AI』でもその利用率（使用中またはトライアル中）は、全体としては10%程度にとどまる。

活用事例

　それでは、すでに生成AIの活用が進んでいる企業ではどのように取り組んでいるのだろうか。特に生成AIの活用が有効と想定される業種の活用事例を紹介する。

マーケティング・セールス

生成AIの活躍が期待されるのがマーケティング・セールスで、実際に活用事例も多岐にわたる。事例を大きく分類すると、「社内業務の内部向け」と「ユーザー接点の外部向け」の2つがある。

まず内部向けでは、ユーザー分析、原稿・クリエイティブ（オリジナル画像）作成に活用されている。

たとえば、大日本除虫菊は「キンチョール」のCM制作過程で2種類の画像生成AIを用いたとしている[6]。テキストをベースに画像生成AIを活用し、プロンプト（入力）の微調整を繰り返しながら、延べ数千枚もの画像を作成したという。こうして生成した画像をもとにキービジュアルを決定し、CMが制作・公開された。

また、コカ・コーラは、自社クリエイティブを自在に編集できる、生成AIを活用したプラットフォーム「Create Real Magic[7]」を公開した。同プラットフォームにはGPT-4や画像生成AIの「DALL-E」が組み込まれており、制作者（クリエイター）はテキストを入力するだけで新たなクリエイティブが生成できることから、クリエイティブの制作プロセスの圧倒的効率化を実現した。

なお、同プラットフォームは17カ国で一般公開され、一般ユーザーに向けてファンアートを募るキャンペーンを開催、一般消費者がコカ・コーラに対して持つブランドイメージを、消費者自身がCreativeReal Magicで具現化した多くのユニークなクリエイティブが投稿された。画像生成AIを活用することでテキストから大量のイメージ作成が可能となり、クリエイティブ制作が効率化されている。一般ユーザーがブランドイメージに沿ったクリエイティブ制作をすることが可能なことからも、クリエイティブ制作が生成AIによって効率化されることは容易に想像できる。

次に外部向けとしては、チャットボットに生成AIを組み込むことで個人に最適な提案・回答を生成する事例、およびサービス内コンテンツの一部をAIによって生成させる事例などがみられた。

---

6) 「キンチョール近未来風CM　景色は画像生成AIとブレストで作成」日経クロストレンド、2023年。
7) https://www.createrealmagic.com/

前者の例として、米国のオンライン旅行会社ExpediaはGPT-4を組み込んだチャットボットサービスを提供し、ユーザー（旅行者）は、チャットボットと対話をしながら旅行のプラン作りやホテルの予約などができるようになっている[8]。従来のExpediaのホテル予約は、検索画面からエリア・価格などの主要な条件や、設備・アメニティなどの詳細条件を指定して選択肢を絞り込む方法であった。これが生成AIを組み込んだチャットボットになると、「AとBのホテルの大きな違いを教えてほしい」「候補を3つに絞り込んでほしい」などの要望の追加ができ、それによりユーザーはより追加の情報検索や候補の絞り込みができるようになる。

　このように、生成AIの高い自然言語処理能力によって従来の検索・絞り込みでは対応できなかった細かなニーズへの対応が可能となり、より高いユーザー体験を実現する。

　後者の例としては言語学習アプリ「Duolingo」がある[9]。Duolingoは、ユーザー（学習者）への出題はAIがその都度生成する。従来の言語学習アプリは、答えがあらかじめ整えられている文章や問題をアウトプットするため、繰り返すうちに学習者が答えを暗記してしまい、語学の向上にはならないという大きな課題があった。生成AIによって問題と解答を無数に生み出せることは真の学習を促進させる。しかも、サービサー側（教材作成者）としても文章や問題を用意するコストを削減できる。

高度検索

　社内に蓄積されている情報を生成AIに追加学習させて調整を図る管理ツールを構築し、自社に最適化した社内ナレッジを新たに言語モデルとする事例もある。たとえば、モルガン・スタンレーは投資戦略や市場調査レポートなどの社内ナレッジをPDFで自社のライブラリーに保存してきたが、これらをGPT-4に追加学習させることで、顧客担当者の情報検索の効率化と高度化する言語モデルを実現した[10]。従来のAIの場合、入力情報をあらかじめ構造化

8）　"CHATGPT WROTE THIS PRESS RELEASE ― NO, IT DIDN'T, BUT IT CAN NOW ASSIST WITH TRAVEL PLANNING IN THE EXPEDIA APP" Expedia.
9）　https://ja.duolingo.com/
10）https://openai.com/customer-stories/morgan-stanley

しておく必要があった。しかし、高い自然言語処理能力を備えている生成AIは、構造化など特に事前準備もなく、求める情報を既存の膨大なライブラリーから最適な形で即検索を可能とした。

研究開発

研究開発では新規プロダクトのデザイン生成に活用されている。生成AIを創薬に活用する米国のAbsciは、特定の標的抗原を対象とする抗体の設計および合成することに成功した[11]。従来、有効な抗体の設計には大規模なデータライブラリーを用いたスクリーニングが必要であり、設計に至るまでに時間もコストもかかっていた。そこに生成AIを活用することで、抗体設計の速度と品質を大幅に向上させている。

「プロダクトデザイン案の生成工程の効率化」は、創薬のみならず、電子製品や建築設計などさまざまな製品開発への応用も期待できる。

生成AIの活用度合い

ここまで、生成AIが大きな影響を与えると期待される業種・業務の活用事例を整理してきた。これらの事例をみると、ひとことで「生成AIの活用」といってもその深度は業種・業務によってそれぞれ異なる。

そこで本項では以下に、ビジネス上の生成AIの利活用の取り組みを4つの深度で分類する。深度の浅い順に、①ChatGPT等の生成AIサービス利用促進への取り組み、②生成AIサービスのAPIを自社チャットツール等へ組み込む取り組み、③生成AIの独自学習を自社に最適化したモデルとして活用する取り組み、④独自モデルを開発する取り組み——とする。

①「ChatGPT等の生成AIサービス利用促進への取り組み」は、生成AIの活用方法が明確に定まらない中でも、まず社員のスキル向上や社内ナレッジ醸成を目的に積極的な利活用を促進しようとする試みである。

代表的な事例は、社員への生成AIの利用料金補助や使用方法の周知であ

11）Unlocking de novo antibody design with generative artificial intelligence. Amir Shanehsazzadeh, et al. bioRxiv, 2023, 523187.

る。オンラインゲーム開発・運営のコロプラでは、「ChatGPT活用促進プロジェクト[12]」として2つに取り組んでいる。1つ目は、ChatGPTの有償ライセンスの利用費用補助である。ここには高性能なGPT-4に触れる機会を創出しようというねらいがある。2つ目は、ChatGPT活用表彰制度である。「業務改善コンテスト」を開催し、優れた業務改善事例を表彰している。利用機会の創出と効果的な利用方法を周知するこうしたしくみ作りによってChatGPTの利活用を促進し、社員のスキル向上や新技術による価値創出を目指している。

　民間企業だけでなく、官公庁や自治体でもChatGPTの導入が進んでいる。たとえば、農林水産省では公開済み文章・マニュアルの改訂にChatGPTを利用することを公表しているし、東京都でもChatGPTの導入に向けたプロジェクトチームを組成した。

　このように、まずChatGPTの利用許可や費用補助により利活用を促進しようとする動き、および運用体制を構築しようとする動きがみられる。ただし、ChatGPT等の生成AIサービスを直接利用すると、入力情報がAIの学習に使われる可能性があるため、個人情報や機密情報を入力しない、公開情報のみ扱う、などの組織ルールを定めた上で運用されている。社・職員への導入はしやすいものの、同時に組織の管理体制の整備も重要である。

　②「生成AIサービスのAPIを自社チャットツール等へ組み込む取り組み」については、生成AI作業時に生じる入力情報の外部流出という懸念に対しては、たとえば、ChatGPT等はAPIを介して社内チャットツールに組み込むことで、入力情報がAIに学習されることを防ぐような運用をしている事例がある。神奈川県横須賀市では、2023年4月から自治体として初めてChatGPTの活用実証を開始した[13]。横須賀市では普段業務で活用しているチャットツールにChatGPTをAPI連携させることで、入力情報の流出を防ぎながら、文章作成や要約、誤字脱字の確認、新規アイデアの創出などを目指している。

　APIを用いた生成AIには、①の「ChatGPT等の生成AIサービス利用促進への取り組み」に対して得られるメリットが2つある。

---

12)「AI技術の積極活用で業務改善！コロプラの『ChatGPT活用促進プロジェクト』」コロプラ。
13)「自治体初！横須賀市役所でChatGPTの全庁的な活用実証を開始（2023年4月18日）」横須賀市。

1つ目は情報流出リスクの回避対策である。生成AIのビジネス活用での課題の1つが情報セキュリティである。生成AIに入力した情報はAIの大規模言語モデルの学習に二次利用される危険性があり、機密情報や個人情報を不用意に入力してしまうことによる情報流出が懸念される。しかし、APIを用いれば入力情報は言語モデルに学習されずに課題解決が構造的に図れる。

　2つ目のメリットは、利活用のハードルを下げられることである。すでに部内で活用しているツールやシステムに生成AIを組み込むことで、社・職員は自然に生成AIに触れられる。ただし、ただ生成AIを組み込んでおく・置いておくだけでは組織全体での利活用・業務の効率化は難しい。生成AIを活用できる環境を整備した上で、有効な事例やナレッジを広める活動を並行して進めていくことが重要になる。

　③「生成AIの独自学習を自社に最適化したモデルとして活用する取り組み」では、より高品質なアウトプット（回答）を得られるよう、元の言語モデルに手を加えている。生成AIのアウトプットは元の言語モデルに大きく依存するため、一般的な言語モデルをそのまま流用すると汎用的なアウトプットしか得られず、社内固有のナレッジの有効活用や業務効率化は望めない。社内文書や専門領域の文章を追加で言語モデルに学習させることで生成AIが社内最適化され、より具体的かつ実用的なアウトプットが期待できる。「高度検索」で取り上げたモルガン・スタンレーがこの事例である。③の取り組みの場合、学習させるべき情報をどのように用意し、かつ、セキュアに管理するのかが重要である。もし最終化されていない作業途中のような情報を読み込ませ学習させてしまうと、間違ったアウトプットを出力する危険性がある。また、言語モデルに学習させる情報は外部に流出しないか、学習後、誰もがプロンプトからアクセスできる状態のままにしてよいのかなど、情報セキュリティ面での設計も肝要である。

　④「独自モデルを開発する取り組み」では、膨大なデータセット（学習元データ）、計算リソース（資源）、技術力などが必要で、大きなコストがかかる。

　GPT-4などは、もともと自然言語処理やQ&Aなどの汎用的なタスクに対応で

きるよう設計されたモデルであることから限界がある。特定の業界・分野に特化したタスクを処理させるには、独自モデルを構築するアプローチがあり、きわめて有効である。たとえば、ブルームバーグは金融業界のさまざまな自然言語処理タスクに対応可能な「ブルームバーグGPT」を2023年3月に発表した[14]。実際、ブルームバーグGPTはその知識評価、読解力、言語タスクなどの汎用的タスクに加え、センチメント分析や金融に関するニュース分類、質疑応答などの金融ドメインのタスクを高水準でこなすことが報告されている。

上述のように、特定ドメインに特化したモデルの開発は膨大なデータやコストがかかるものの、競争力の源泉になり得る。すでに大量のデータを持つ大企業を中心に、特定ドメインや特定の言語に特化した言語モデルが構築される可能性もある。

生成AIに対する企業・自治体のポリシーやリソースはそれぞれ異なるため、生成AIの活用度合いが異なるのは当然である。取れるリスク、投入できるリソース、求めるアウトプット、生成AIによって得たいものなどを整理した上で生成AIをどの程度の深度で活用できるかを検討するとよい。

生成AIサービスを提供する企業

前項では「生成AIを活用する側の視点」から企業や自治体における生成AIの利活用事例を整理した。本項では、生成AIサービスを提供するスタートアップ企業を中心にその動向をまとめ、今後注目される活用方法を論じる。

CB Insightsによると、生成AIサービスを提供するスタートアップ企業（生成AIスタートアップ企業）への調達額・投資ラウンドの数は増加トレンドにあり、2023年第2四半期の時点で、調達額は141億ドルに上った（図表2.2-2）。生成AIスタートアップ企業には多額の資金が継続的に流れ込んでおり、今後もさらなる進化が期待される。生成AIスタートアップ企業といっても、汎用モデルの構築、インターフェイス開発、特定のユースケースに特化した

---

14)「ブルームバーグGPTのご紹介 ──金融機関向けにゼロから構築された500億パラメーターを持つブルームバーグの大規模言語モデル」ブルームバーグ。

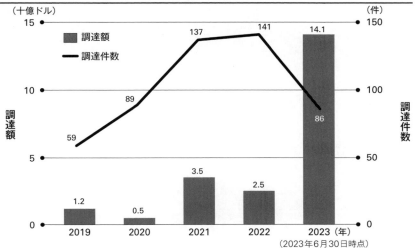

図表 2.2-2　生成 AI 関連企業の調達額・調達件数

（出所）CB Insights「The state of generative AI in 7 charts」

サービス開発などと、プレイヤーはさまざまである（次ページの図表2.2-3）。

　本項では、今後のビジネス展開を予測するにあたり、生成AIスタートアップ企業をいくつかのレイヤーに分けて動向を整理したい。

モデル構築レイヤー

　生成AIの根幹であり、アウトプットの品質を左右する言語モデルの構築・開発レイヤーには、最も多くの資金が流入しており、生成AIの品質強化、さまざまなユースケースへの展開が期待される。CB Insightsによると、2023年第2四半期の時点で、生成AIスタートアップ企業に投資された141億ドルのうち、調達額上位5企業の内訳は以下のとおりである。

- AI 研究所およびOpenAI：ChatGPT開発（100億ドルで、少数企業ラウンド）
- Inflection：人間とコンピュータのインターフェイス中心に開発（13億ドルで、シリーズBラウンド）
- Anthropic：AIモデル開発者および研究機関（8億5000万ドルで、シリーズCおよび少数企業ラウンド）

図表2.2-3　**生成AI関連の主なユニコーン企業**

企業名	概要	設立	バリュエーション（B＝十億ドル）	主な投資元企業
OpenAI	AIの研究開発を行う。ChatGPT等を提供	2015	29B	マイクロソフト
Anthropic	人間のような知性を持つAI「Claude」を提供	2015	4.1B	グーグル、セールスフォース、Zoom
Inflection AI	パーソナルAI「Pi」を提供	2022	4.0B	マイクロソフトNvidia
Moveworks	社内からの問い合わせにチャットAIで自動応答するサービスを提供	2016	2.1B	―
Cohere	APIを提供し、法人向けに生成AIアプリケーション開発を支援するサービスを提供	2019	2.0B	Nvidia、Oracle、セールスフォース
Hugging Face	機械学習アプリケーションを開発するためのプラットフォームを提供	2016	2.0B	―
Jasper AI	AIコンテンツプラットフォームを提供	2020	1.5B	―
RunwayML	テキストから動画を生成するプラットフォーム「Runway」を提供	2018	1.5B	グーグル、Nvidia、セールスフォース
Replit	Python、C++、HTMLなど50以上の言語に対応するブラウザーベースのコーディングプラットフォームを提供	2016	1.2B	ブルームバーグ
Typeface	企業向けのジェネレーティブAIコンテンツサービスを提供	2022	1.0B	セールスフォース、グーグル、マイクロソフト
Character.ai	カスタマイズ可能な「AI人格」を生成。独自の個性と価値観を持つ各キャラクターと対話できるサービスを提供	2021	1.0B	―
Adept AI	人間に代わってAIがクリックやテキスト入力をしてくれるサービスを提供	2022	1.0B	Nvidia、Workday、Atlassian
Glean	ナレッジワーカー向けのサービス・データベース検索ソリューションを提供	2019	1.0B	Slack Technologies
Stability AI	画像生成AI「Stable Diffusion」を提供	2019	1.0B	―
Synthesia	AIアバターを使った合成映像を作成するサービスを提供	2017	1.0B	グーグル

- Adept：「ACT-1」と呼ばれるエンタープライズ向けAIモデルの開発（3億5000万ドルで、シリーズBラウンド）
- Cohere：テキスト生成、分類タスク、検索のための AI モデル開発（2億7000万ドルで、シリーズ Cラウンド）

いずれも、独自の言語モデルとそれを活用するインターフェイスを開発している。言語モデルの開発には膨大なデータセットや計算リソースが必要なのは前述のとおりで、資本集約的な構造にならざるを得ない。実際、複数の大企業がこれらの生成AIスタートアップ企業に投資しており、将来的に既存の巨大プラットフォームへ組み込もうとする動きもみられる。

　日本にも日本語の大規模言語モデルを開発しようという動きがある。OpenAIなどの海外発の生成AIモデルは日本語の学習情報が少なく、英語よりもアウトプットの品質が劣る。そこで、日本語に特化したモデルを構築しようというのである。

　2023年7月には国立研究開発法人情報通信機構（NICT）は400億パラメータの大規模言語モデルを試作したと発表した[15]。現在は1790億パラメータのモデルも学習中であり、海外発並みのパラメータ数を持つ言語モデルの構築が期待される。

　一方、NECは2023年7月、パラメータ数が130億とコンパクトな言語モデルを発表した[16]。これによって、インフラリソースが小さくても快適に利用できる、ファインチューニングを短時間で行えるなど、顧客システムへの実装をより容易にすることで差別化を図ろうとする。サイバーエージェントや、AIキャラクターサービスを手掛けるrinnaは、独自で開発した言語モデルをオープンソース化しており[17]、日本語に対応した生成AIのビジネスへの普及を促進している。

生成AI開発支援レイヤー

　独自モデルの構築には膨大なデータセットやインフラコストがかかるほか、高度な技術スタックも求められる。そんなモデルの構築をさまざまな角度から支援するスタートアップ企業も台頭している。

　たとえば、2022年8月のシリーズBラウンドで3800万ドルを調達したArize

---

15)「日本語に特化した大規模言語モデル（生成AI）を試作〜日本語のWebデータのみで学習した400億パラメータの生成系大規模言語モデルを開発〜」NICT。
16)「大規模言語モデル（LLM）を開発　NECの最先端技術」―世界トップクラスの高性能な日本語処理を実現―」NEC。
17)「rinna、日本語に特化した36億パラメータのGPT言語モデルを公開」rinna。

AIは、AI開発において生じる技術的なエラーを検出・修正するためのプラットフォームを提供している[18]。言語モデルの構築の際、不適切なプロンプト・出力を可視化・抽出し、パラメータ等が調整できる。また、Hugging FaceはGitHubのようなホスティングサービスと実行環境を提供しており、生成AI開発での標準的なプラットフォームの地位を築きつつある。

サービス・アプリケーションレイヤー

コンテンツ作成やマーケティング・セールスをはじめ特定用途に特化したモデルのアウトプットを構築・調整するプレイヤーや、あるいは使いやすいインターフェイスを通してSaaS（Software as a Service）的なサービスを提供するプレイヤーも台頭してきている。生成AIのユースケースが多岐にわたるため、それぞれに特化した言語モデルも広範に及ぶ。注目すべきユースケースとして、ここでは「マーケティング・セールス」「コーディング補助」「ナレッジ管理」「ワークフロー構築」「データ合成」「インタラクティブコミュニケーション」「行動AI」の7プレイヤーを取り上げる。

マーケティング・セールス

前述のようにマーケティング・セールスの分野は生成AIの普及が待ち望まれており、スタートアップ企業の競争も激しい。15億ドルのバリュエーション（評価額）を誇る米国のJasper AIは、マーケティング業務のサポートに特化した生成AIプラットフォームを提供している[19]。ChatGPTのようなシンプルなチャット形式ではなく、ウェブサイトコンテンツ作成、キャッチコピー作成、SNS投稿などの目的に応じた文章のテンプレートが用意され生成AIでアウトプットしてくれるので、特定の用途においても直感的な利用が可能となっている。

セールスフォース・ベンチャーズやGV、マイクロソフト等から6500万ドルを調達した「Typeface」も生成AIを組み込むコンテンツ生成プラットフォームである[20]。Typefaceではブランドロゴや公式ウェブサイトのコンテンツ、

---

18) https://arize.com/
19) https://www.jasper.ai/
20) https://www.typeface.ai/

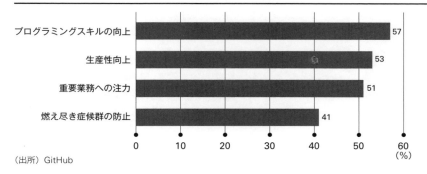

図表2.2-4　**AIコーディングツールはどのように役に立つのか**

プログラミングスキルの向上	57
生産性向上	53
重要業務への注力	51
燃え尽き症候群の防止	41

（出所）GitHub

SNSの投稿などを読み込ませることで、そのブランドのコンセプトを言語モデルに学習させ、そのモデルからテキスト・クリエイティブ（画像）がアウトプットできる。

コーディング補助

前述のように、コーディングにおいては生成AIがコードを提案したり、エラーを修正したりすることで業務を効率化できる。OpenAI Codex、OpenAI Codexを組み込んだ「GitHub Copilot」、Replitが公開する「Ghostwriter」などが主要なプレイヤーである。実際、GitHubが米国のエンジニアに対して実施した調査によると、AIからのコード提案によって業務が効率化される上、コーディングのスキル向上にもつながると感じているエンジニアが多いことが明らかになっている（図表2.2-4）[21]。

ナレッジ管理

ナレッジ管理においても生成AIの強みが発揮される。生成AIは、その自然言語処理能力により、ファイル形式の成形なしにインプットデータとすることができるため、社内ナレッジの蓄積が容易となる。また、細かいニュアンスでの検索、柔軟なソートができるため、必要な情報をより正確に・速く抽出することができる。

21）"Survey reveals AI's impact on the developer experience" GitHub.

Slack Technologiesからの資金調達を受けているGlean[22]は、ナレッジワーカー向けの検索ソリューションを提供しており、10億ドルのバリュエーションのユニコーン企業である。Gleanの開発するソリューションは「グーグルワークスペース」「Box」「マイクロソフト365」などのストレージ上のファイルや「Slack」「セールスフォース」上のコンテンツの横断検索を可能とする。生成AIを活用したチャットボットの実装により、ユーザーが検索したい情報をより速く的確に発見できるようにすることで、業務の効率化を可能とする。

ワークフロー構築

マーケティング・セールスや研究開発などのユースケースに特化した生成AIサービスの台頭からも、将来それらの業務において生成AIが与える影響の大きさは想像できる。生成AIを既存の業務に組み込むにはワークフローの再設計が必要なことは明らかで、それを容易にするサービスもすでにある。たとえば「Stack AI」はAIワークフローを作成できるノーコードツールであり、さまざまなアプリケーション・サービス間でのインプット・アウトプットフローを設計できる[23]。特に、大規模なワークフローの構築や、あるいは既存システムに生成AIを組み込む際にリソースをかけられない中小企業などは、Stack AIのようなツールを介することで、業務効率化など生成AIならではの恩恵が受けられやすくなる。

データ合成

機械学習において、大量の学習データをどのように調達するか、また、そのプライバシーや権利をどのように保護するかは大きな課題である。そこで注目されているのが生成AIを活用したデータ合成である。プライバシーや権利を保護したデータを合成し、言語モデルの学習に活用する。中でもイスラエルのMDClone[24]は合成ヘルスケアデータの生成に特化したスタートアップ企業で、患者のプライバシーを保護した状態で研究や分析に用いる合成データを生成できる。コンピュータサイエンスの分野ではIBMも生成AIを用いたデータ

---

22) https://www.glean.ai/
23) https://www.stack-ai.com/
24) https://www.mdclone.com/

合成により、機械学習を進めていることを公表している[25]。

インタラクティブコミュニケーション

生成 AI が「業務を効率化するツール」ではなく、「人々のコミュニケーションの対象」だと捉え未来を見据えているスタートアップ企業もある。マイクロソフトやエヌビディアからも投資資金を呼び込み、現在40億ドルのバリュエーションを誇る Inflection AI[26] は、独自の「Pi（Personal Intelligence）」を公開している。

Pi は、SNS やアプリとの対話を通してユーザーとコミュニケーションし、ユーザーの趣味嗜好を理解する。その上で、個人に最適化したアウトプットを生成する。Pi が本当に人間であるかのようなインタラクティブな体験を可能とする。

一方、Two Platforms は、没入型でインタラクティブな AI 体験の実現を目指すスタートアップ企業であり、150億ドルを調達している[27]。現在はパーソナライズ化された AI インターフェイス「GENIE」を公開し、Pi のように個人に最適化された AI と対話できる。現在はテキストベースであるが、音声やビジュアルも同時に低遅延で出力し、AR を大規模導入する予定だという。将来的にはエンタテインメントやゲーム、教育、小売りなどさまざまな事業分野への展開を想定している。

行動 AI

多くの生成 AI におけるタスクとは、ユーザーのプロンプトに対して、要約やコンテンツ作成を効率化する適切なアウトプットを生成することである。Adept AI は、その入力・出力の次の「行動」も生成 AI が実行する言語モデル・インターフェイスを開発している。ChatGPT が text to text、Stable Diffusion が text to image であれば、Adept AI は、いうなれば text to action である。Adept AI は、Workday、Atlassian などのクラウドシステムを提供する企業から資金調達を受けており、これらのシステムの機能として組み込ま

---

25)「先進ITで描く2025年の展望——医療AIが変える患者体験の未来」IBM。
26) https://inflection.ai/
27) https://www.two.ai/

れ、クラウドプラットフォームの操作が自動化される展開も予測される[28]。

 ## 生成AIのこれから

生成AIの注目度が高い中、現時点で生成AIによってクリティカルな影響を受けている市場や業務は多くない。さまざまな公開レポートにも、「ホワイトカラー労働者への影響が大きいとはいえ、完全に代替するものではない」と述べられている。とはいえ、「生成AIにより将来職を失う可能性がある」と危惧するビジネスパーソンが多いのは、誰でも手軽に触れられるChatGPTなどのインターフェイスにより、どんな質問にも瞬時に回答する生成AIの「万能感」が過剰に強調されたことが背景にあるのだろう。

「生成AIは完全に万能なツールではない」ことを改めて認識し、自らのビジネスや業務において有効に活用できる領域を特定し、適切なしくみを構築することが重要である。また、非常に進化が速い領域であるため、キラーアプリケーション・サービスによって急速に労働市場に普及する可能性があり、常に動向を注視して乗り遅れない体制を整えておくべきである。

そこで、まず本節で述べてきた内容をもとに、生成AIを取り巻く今後の市場を予測し、企業や個人がいま何を行うべきかを論じる。

生成AIを取り巻く市場

生成AIの根幹である汎用の大規模言語モデル開発は、OpenAIをはじめ、グーグルやメタ・プラットフォームズ、Anthropicなどによる競争が激化している。直近の投資動向をみても、今後もモデルの改良が継続され、その成果として、より自然で正確な応答が得られるモデルが登場するだろう。また、ブルームバーグのように特定ドメインの情報を大量に保有する企業を中心に、ドメイン特化モデルの開発も進む。

また、大規模言語モデルの進化は、マーケティング・セールス、コーディング補助などのような有望なユースケースを筆頭に、特定のユースケースに特化したサービス・アプリを開発するSaaS企業の競争も激化していく。サービ

28）https://www.adept.ai/

ス・アプリの多様化とはすなわちインターフェイスの多様化であり、生成 AI はより自然な形でビジネスや人々の生活に溶け込んでいく。Inflection AIのように1つの人格を持った人間のようなインターフェイスだったり、Expediaのようにプロダクトの顧客接点が生成AIとなったりすることで、生成AI体験が多様化する。

　そしてさらに、Adept AIのような「行動」までも範囲とする生成AIの出現は、従来の「人間がAIにインプットし、AIからのアウトプットをもとに人間が行動を起こしアクション（意思決定）する」というプロセスの、アクションまでがAIの領域であることを意味する。

　これまで論じてきたように、生成AIの開発は GAFAM（グーグル、アップル、フェイスブック、アマゾン・ドット・コム、マイクロソフト）、エヌビディア、セールスフォース・ドットコムなどの巨大テック企業が直接かかわるか、もしくはそうした巨大企業がスタートアップ企業・ユニコーン企業への投資によって間接的に関与するかの構造となっている。大規模言語モデルの構築には、膨大なデータセット、計算リソース、技術資本が必要となるため、巨大テック企業なしには競争力を保つことは難しい。

　このようにして巨大テック企業には、自社あるいは投資先が開発した言語モデルを自社サービスに組み込んで付加価値を向上させる動きもみられ、ビジネス市場全体において引き続き存在感を発揮していく。

　そして、主要な大規模言語モデルがオープンソース化されるか否かによっても生成AI市場を取り巻く構造・プレイヤーは大きく変わる。オープンソース化はサービス・アプリレイヤーの開発土壌がより開かれることを意味するため、生成AIサービス・アプリを提供するさまざまなプレイヤーの参入が期待できる。

　一方、クローズドな場合は、大規模言語モデルを提供する企業に資産や権利が集中する。そのため、少数企業によって垂直的に大規模言語モデルレイヤーからサービスレイヤーまで提供されるような構造となるだろう。どちらにしても大規模言語モデルの進化とともに多様なサービスが提供される点に変わりはないが、垂直的にサービス提供がされるのか、分散的にさまざまなサービス提供者が存在するかは大きな違いである。生成AIを活用する企業にとって、プラットフォームへの過剰な依存に注意しなければならない一方で、効率や管理

の面を考慮し、どこまでの範囲を1つのプラットフォーム内で完結させるのかを慎重に検討する必要がある。

生成AIのこれからを見据え、いま行うべきこと

　これまで述べてきたように、生成AIのインターフェイスの進化や生成AI体験の多様化により、AIはインプットに対するアウトプットで終わりではなくなりつつある。たとえば、アウトプットを次のワークフローに向けて成形してインプットする工程を自動化したり、アウトプットに基づくアクションを自動化したりなど、AIによって代替されるプロセスが広がっていく。特にマーケティング・セールスや、事務業務など、ホワイトカラーの業務のあり方・提供すべき価値は、生成AIによって少しずつではあるが着実に変わっていく。既存業務のいくつかのプロセスが置き換えられていく未来が迫る中、現時点で企業や個人が行うべきことを考える（図表2.2-5）。

企業が行うべきこと

　生成AIの普及に際し企業が行うべきことは次の4つである。
① 企業戦略・事業戦略への影響の整理
② 活用環境の整備
③ ルール整備
④ ナレッジ蓄積と人材育成

① 企業戦略・事業戦略への影響の整理

　まず企業戦略・事業戦略における生成AIの影響を整理する。生成AIはホワイトカラーの労働のあり方を変容させ得るため、企業・事業ともに戦略上無視できないトピックとなるだろう。内部的な影響、外部的な影響を考慮し、競争の源泉としての自社の付加価値を高めるのか、ビジネスプロセスを見直して効率化を図るのか、あるいはDXの1つと位置づけるのかなど、最初に生成AIをどう位置づけるかを整理する。

② 活用環境の整備

　次に、生成AIを使う環境を整備する。活用方法は現場レベルで模索される

図表2.2-5　企業および個人が行うべきこと

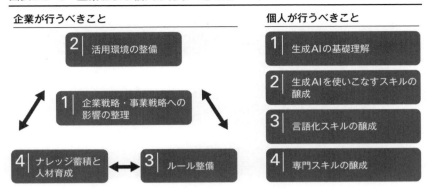

こともあるだろうが、さまざまなサービス・ツールが提供され台頭してくる中、全社統一的なしくみや環境を整備することが肝要である。すでに活用している社内システムに組み込むのか、外部サービスを利用するのか、自社最適化したモデルを構築するのかなど、整理した戦略をもとに活用環境を整備する必要がある。

③ ルール整備

社内のルール整備も重要である。入力した情報の漏えいや誤ったアウトプットを獲得してしまう危険性もあるため、リスクを考慮した運用体制を敷く。生成AI活用におけるプライバシー保護や情報漏えい対策などのルール整備については第3章1節の「生成AIのルールメイキング」を参照されたい。

④ ナレッジ蓄積と人材育成

最後に、ナレッジ蓄積と人材育成までを行うことが、社内で生成AI活用を浸透させていく上で重要になる。生成AIを置いておくだけでは有効に活用できない人が多いと想定される。実際、本書執筆にあたってNRIが2023年7月に実施した「ITの利活用に関するアンケート調査」でも、生成AIサービスの中で最も利用経験率が高かったChatGPTでさえ、56.8%が業務の中で「使ったことがあるが、日常的には利用していない」「サービス内容を理解しているが、使ったことはない」という回答だった（図表2.2-6）。DXへの取り組みも

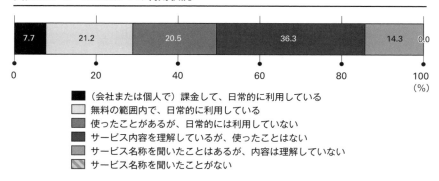

7.7	21.2	20.5	36.3	14.3	0.0

■（会社または個人で）課金して、日常的に利用している
□ 無料の範囲内で、日常的に利用している
■ 使ったことがあるが、日常的には利用していない
■ サービス内容を理解しているが、使ったことはない
■ サービス名称を聞いたことはあるが、内容は理解していない
▨ サービス名称を聞いたことがない

同様で、システムを置いておくだけでは組織は機能しない。活用法をナレッジ
として社内に蓄積し、活用できる人材を育成していくことで、組織として継続
的に付加価値を生み出せることになる。

個人が行うべきこと

　生成AIの台頭に対し、ビジネスパーソン個人が行うべきことは次の4つで
ある。

　① 生成AIの基礎理解
　② 生成AIを使いこなすスキルの醸成
　③ 言語化スキルの醸成
　④ 専門スキルの醸成

　①②③は、生成AIがビジネスにおいて共存するために必要なこと、④は生
成AIが当たり前の時代になってもビジネスパーソンとして生き残るために必
要なことである。必ずしも生成AIのエキスパートになる必要はなく、適切な
理解をして上手に活用できるようになることが肝要である。

① 生成AIの基礎理解

　まず、生成AIの基礎を理解する。アウトプットがどのように生成されるの
か、得意・不得意は何かなどをひととおり把握すべきだろう。基礎を理解する
ことで、過剰に期待したり、逆に過剰におそれたりすることなく、有効な使い

方を模索する準備ができるのではないだろうか。

② 生成AIを使いこなすスキルの醸成

次に、実際に生成AIに触れることで、使いこなすスキルを身につけるとよい。ここでいうスキルとは、「生成AI自体を使いこなすスキル」「生成AIを用いたワークフローを設計するスキル」の2つがある。

生成AI自体を使いこなすスキルとは、「求めるアウトプットを獲得するスキル」と言い換えられる。いわゆるプロンプトエンジニアリングであり、最適なプロンプトを設計するためのスキルである。同じような要望や質問をしたとしても、プロンプトによって得られる回答がまったく異なることも珍しくない。たとえば、「○○の専門家として回答してください」「ステップ・バイ・ステップで回答してください」「足りない情報があれば質問で返してください」などの指示文を追加することで、より高い品質のアウトプットを得られるケースもある。プロンプトのテンプレートやコツなどは多数公開されているため参考にするとよい。生成AIがホワイトカラー労働者のワークフローに組み込まれていくことを考えると、プロンプトを設計するスキルは近い将来、基礎的なビジネススキルとして位置づけられると想定される。

一方、生成AIを用いたワークフローを設計するスキルとは、「生成AIの使いどころをみつけ、自身の業務や作業を効率化するスキル」ともいえる。生成AIの使い方をどれだけ熟知していても、そもそも使いどころがわからなければ使いようがない。業務を「棚卸し」した上でワークフローを設計し、自身で付加価値をつける部分と、生成AIによって効率化する部分とを区別・役割分担することで業務効率化と高付加価値化が達成できる。

③ 言語化スキルの醸成

生成AIを活用する上で重要なのが言語化スキルである。求めるアウトプット、それを獲得するまでのプロセスを言語化することで、プロンプトをどのように設計すべきかを検討できる。前述のように、生成AIのインターフェイスの進化によってテキスト以外の入力形式が広がっていき、そうして複雑化したインプットに対して想定と異なるアウトプットを調整していく工程においては、問題の言語化、対応仮説の言語化は欠かせない。

④ 専門スキルの醸成

　これまでも重要ではあったが、生成AIが普及する中でより深い専門スキルの醸成はよりいっそう重要である。たとえば、マーケティング・クリエイティブ作成に生成AIを組み込むことで、専門スキルのない人でも一定以上のクオリティのクリエイティブ作成ができるようになる。効率化の面ではよいかもしれないが、アウトプットが均一化される、つまり誰でも同じアウトプットが出せることにもなる。生成AIによる一次アウトプットを得た後に、どの一次アウトプットを選択するか、そのクオリティをどこまで高められるかは個人のスキルに依存する。つまり、生成AIは思考や作業過程を効率化しているにすぎないのである。もちろん、意思決定やブラッシュアップの過程でも生成AIは活用できるが、どのような思考に基づいて意思決定やブラッシュアップを行うかによって、最終的に得られるアウトプットはまったく異なるものとなる。

生成AI時代の
デジタルマーケティング

 ## 盤石なインターネット広告市場に忍び寄る生成AI

　近年の広告市場は、利用者や利用時間の増加が見込まれる動画配信サービスやSNS広告を中心に好調な「インターネット広告費」の成長に支えられ、6〜7兆円で推移している（インターネット広告市場の詳細については第5章7節で触れる）。2023年5月の新型コロナウイルスの5類感染症移行を受けて人流が回復しつつあるとともに、アフターコロナに移行しつつある現在においてもインターネットの利用は生活の前提となると考えられ、それに呼応するかのように、インターネット広告市場はマスメディアや交通広告などの従来の広告を取り込みながら大幅な成長を続けている。

　盤石と思われるこうしたインターネット広告市場の成長で、現在注目されている最大のトピックは、2022年以降から続く生成AIの急速な発達と普及が市場にどのような影響をもたらすかであろう。さまざまな研究機関、民間企業から生成AIによる既存産業や職業へのインパクトに関するレポートが公開されており、その中で影響を受ける領域として、しばしばマーケティング、中でもプロモーションが挙げられることが少なくない。

 ## 広告代理店の提供価値、および広告主との関係性

　本稿ではまずプロモーション活動の伝統的なプロセスを、次ページの図表2.3-1に示すように、大別して6つと定義する。①ストラテジー（戦略）策定、②プランニング、③クリエイティブ、④バイイング、⑤運用、⑥レポーティング——である。広告発注側の企業（広告主）が保有するマーケティングやプロモーションに関するケイパビリティ（能力）、あるいはキャパシティ（受容力）次第ではあるものの、①のストラテジー策定の後工程すべて（②〜⑥）を広告代理店が実質的に担うケースが多い。

図表2.3-1 **プロモーション活動の伝統的なプロセス**

主なプロセス	一般的な業務内容
ストラテジー策定	ブランドや商品のポジショニング等の戦略策定業務
プランニング	どのような媒体、どのような内容の広告出稿を行うか等、全体計画の策定業務
クリエイティブ	広告を実際に制作する業務
バイイング	広告掲載枠や配信枠の買い付け業務
運用	主にデジタル広告における予算の組み替え、ターゲット設定の変更等の業務
レポーティング	広告効果の測定や報告業務

　広告代理店とは文字どおり、マーケティング、特にプロモーションを中心とした代理業で、多くの広告主からの依頼を達成する過程でプロモーション領域の知見を膨大に蓄積してきた。たとえば、広告代理店は、広告主が策定したストラテジーや目標値の達成にあたって最適と考えられる出稿プランを広告主に提案するが、これは広告代理店の過去の広告出稿とその効果に関するデータや経験、調査会社のデータベース等を活用し複層的な情報をもとに策定される[1]。ほかにも、国内外の広告賞を受賞する企画構想力、短い納期でも対応できる制作能力、広告が出稿・配信されるまでの進捗管理、パブリッシャー（媒体主）との交渉、レポートの統合など、高い創造性や大量の人的リソースが必要な案件にも対応できる。加えて、近年ではマーケティングやDX（デジタルトランスフォーメーション）コンサルティング等の新規のサービスも立ち上げ、従来のプロモーション中心にとどまらず、広告主側のマーケティング関連部署を総合的にサポートする存在へと自身を変革してきている。

　ゆえに、広告主、特に大企業は、自社の顧客や商品・サービスについて本来は誰よりも詳しいはずであるにもかかわらず、プロモーションのプロセスの大半を広告代理店に委託し、プロモーション活動の実質的な担い手として彼らを重用してきた。その結果、広告代理店と広告主との間では、現在においてもマーケティングやプロモーションに関する情報量・質の非対称性が解消され

ず、広告主が広告代理店に依存する構造は現在まで長らく維持されている。

このような構造はグーグルやフェイスブックなどに代表されるデジタルプラットフォーマーが台頭しても、特に大企業は一部を除いて変化していない。

デジタルプラットフォーマーは、自プラットフォーム内の広告枠へ配信を希望する法人・個人向けに広告を自由にプランニング、あるいはバイイングできる環境を整備した。そのため当該プラットフォームへの広告配信ならば、広告代理店に委託せずとも実施可能である。たとえば、予算額、希望ターゲット属性等を見積もり画面に入力すれば、想定配信数や単価が自動的に表示される。仮に配信期間での広告効果が芳しくない場合は、予算や配信している広告素材が適宜アロケーション（割り当ての変更）されるとともに、広告配信期間終了後には配信レポートも作成される。プラットフォームによるが、自動もしくはほぼ自動でこれらの機能は利用可能である。

しかし前述したとおり、プロモーションのプロセスにおいて、既定の戦略に従って展開される媒体（配信先等）や広告商品の選定と買い付けを担うのは実質的には広告代理店である。それゆえ、デジタルプラットフォーマーによる新たな広告商品が生まれ環境が整備されたとしても、デジタルプラットフォーマーが広告代理店に取って代わることはなかった。

本稿では、長らく構造的な変化は起きなかった広告業界に、新たな破壊的イノベーションである生成AIが、主にマーケティング領域に対してどのような変化をもたらし、広告主はこれを機会に何を志向すべきかを述べる。そして最後にあるべきマーケティングとは何で、また実行のために広告主が検討・準備すべきことを「SPOT-LIGHTモデル」として示す。

 ## 生成AIが加速させる中小広告主の台頭、ロングテール化する広告市場

前項でプロモーション活動の一端を担う広告代理店の変遷に着目したが、広告主はどうであろうか。その内訳をみるにあたり、まず電通と日本経済広告社（日経広告社）の広告費のデータを比較する。なお、電通は日本の総広告費を推定しているのに対し、日経広告社は、有力企業（上場企業＋有価証券報告等で取得できる企業）の広告費を算出している（日経広告社と電通のデータは、広告費の定義や推計するデータベースが異なる点に留意いただきたい）。ここ

図表2.3-2 ロングテール化が進む広告市場（電通と日経広告の広告費比較）

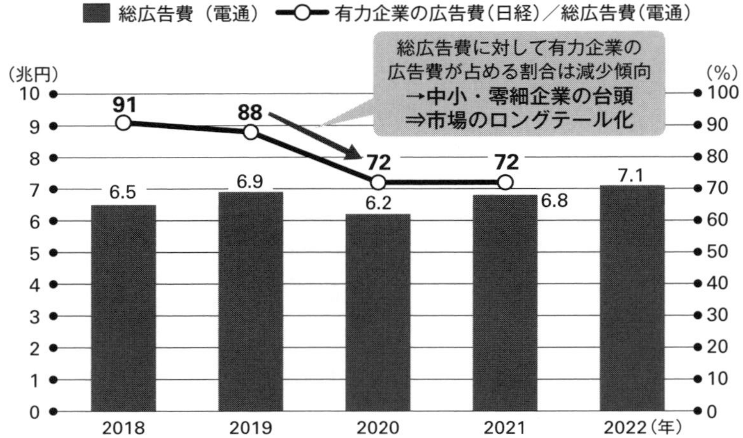

凡例：
■ 総広告費（電通）　─○─ 有力企業の広告費（日経）／総広告費（電通）

吹き出し：
総広告費に対して有力企業の
広告費が占める割合は減少傾向
→中小・零細企業の台頭
⇒市場のロングテール化

グラフ縦軸左：（兆円）0〜10
グラフ縦軸右：（%）0〜100

データ（折れ線 有力企業の割合）：
- 2018年：91
- 2019年：88
- 2020年：72
- 2021年：72

データ（棒グラフ 総広告費）：
- 2018年：6.5
- 2019年：6.9
- 2020年：6.2
- 2021年：6.8
- 2022年：7.1

横軸：2018　2019　2020　2021　2022（年）

（注）日本経済広告社と電通で広告費の定義や推計のデータベースが異なる点、日経広告社データは情報開示のある企業に限られるため、各年次のデータは厳密に整合が取れているわけではない点に留意
（出所）電通「2022年 日本の広告費」、日経広告研究所「有力企業の広告宣伝費2022年版」2022年

で、「総広告費（電通）における有力企業（日経）の広告費が占める割合」をみると、2018年頃まで有力企業は市場の約9割を占め、圧倒的な影響力を持つ存在であった。しかし、2020年になるとその割合は72％まで低下しており、近年は有力企業に代わって中小・零細企業が台頭する兆しがみられる（図表2.3-2）。

　そして、この傾向は、生成AIの普及によって次第に強まっていく可能性がある。

　生成AIは、文章、画像の生成能力が非常に高い。したがって、適切なプロンプトでその生成能力を用いれば、広く周知されているマーケティングのフレームワークに則ったストラテジー策定やプランニング、ある一定水準以上の質の画像の生成が可能になった。これまで広告代理店や制作会社への発注が必須であったクリエイティブのプロセスを、広告主自らが手掛けられるようになるのである。生成AIの普及によって今後はマーケティングプロセス全体の内製化を試みる企業の登場や、中小零細企業、個人の広告市場へのさらなる参入が想定される。

　こうしたプレイヤーの登場は、インターネット広告市場にどのような影響を

与えるのか。EC最大手のアマゾン・ドット・コム（アマゾン）を例にみると、アマゾンはこれまでマーケットプレイスの整備に多大な投資をしてきたことで中小零細企業が伸長し、2018年には、主に中小企業による売り上げで構成されているマーケットプレイスの販売事業者のアマゾンでの流通総額が1600億ドルを超えた。年々成長を続けるアマゾンだが、いまやその成長は中小企業の増加・拡大が下支えしている。

　筆者は、生成AIの出現によって、インターネット広告市場での中小零細の参入増を予想したが、すると、アマゾンのECと同様にマーケティングにおいても「ロングテール化」——つまり、中小零細企業の広告活動の活発化が市場の成長を下支えするという構造が1つの将来シナリオとして考え得るのではないだろうか。

広告主と広告代理店による依存関係の今後

　本稿の冒頭で述べたとおり、2022年以降急速に普及・発達した生成AIはマーケティング業界に大きな影響を与え得る新たな破壊的イノベーションである。しかし、日本国内に限れば大きな変化が生じているとは感じられない。たとえば、長らく広告業界でみられてきた広告主と広告代理店の依存関係は現在でも続いているからである。だが、その関係性は今後も変わらないのであろうか。結論から述べれば、大企業の広告主は広告代理店との依存関係を維持、あるいは強化するものの、中小企業はマーケティングの内製化を推進すると予想する。

　まず、大企業が広告代理店との依存関係を維持・強化する理由として次の3点を挙げる（次ページ図表2.3-3）。

　第1に、マーケティングの内製化にあたって組織内調整、人材育成に多大な時間と労力が発生するためである。広告主（大企業）が広告代理店との既存の依存関係から脱却を図ろうと外注の範囲を狭める、つまり内製化できるようにすると、組織や人員の体制を新たに整えなければならない。たとえば、顧客の契約や購買情報を活用したデータ起点のマーケティング部署を新設する場合を想定してみよう。新設に向けては予算の確保、プロジェクトチームの立ち上げ、既存部署の業務のリストラクチャリング、部署間の統廃合、データアナリスト等のケイパビリティを持つ人材の中途採用、プロパー社員の異動と人材育

図表2.3-3　**大企業と広告代理店との依存関係が維持・強化される理由**

なぜ大企業と広告代理店との依存関係は解消されない？

理由① 　大企業がマーケティングの内製化を行うにあたっては、組織内調整、人材育成に多大な時間と労力が発生する

理由② 　大企業がマスメディア、特にテレビへ広告出稿する場合、原則広告代理店を経由しなければテレビCMを放送できない

理由③ 　広告代理店がプロモーション領域にとどまらず、マーケティング領域全体で広告主との取引関係を構築する試みを強めている

成等が必要になる。これらの過程においては社内リソースの奪い合いや人員の整理といった痛みが伴うばかりでなく、大企業ゆえに調整が難航し、相当の時間と労力が費やされるケースが多い。

　第2に、大企業がマスメディア、特にテレビへ広告を出稿する場合、原則として広告代理店を経由しなければならないからである。テレビCMの広告料収入は減少傾向にあるが、広告出稿先としては依然、高いニーズがある。たとえば、国民的な認知を短期間で獲得できる媒体として、あるいは自社商品・サービスに信頼性を付与する媒体としてテレビCMは有効である。とはいえ、放送局は原則として、自局と長年の関係性を保ってきた大手を中心とした広告代理店に対してのみテレビCMの買い付け権を与えている。そのため広告主がテレビCMを望む際は広告代理店に発注する必要があり、そうした場合、広告主は、他媒体も含めて広告代理店に一括発注しそれらの管理と社内承認に注力することで全体最適を図ろうと考える。

　第3に、広告代理店が、これまでのプロモーションにとどまらずマーケティング全体にわたって広告主との取引関係を構築する試みを強めていることである。具体的には、コンサルティング事業への進出や広告主のマーケティング業務をサポートするASP（Application Service Provider）サービスの展開等、「単なる広告代理業」からの転換を図ろうという動きである。広告代理店は、プロモーションで関係のある大企業（広告主）に対して上述の新規サービスの営業を行い、並行して新規ビジネスに関連した人材の育成や採用を強力に推し進めている。ゆえに、大企業は今後、マーケティングやプロモーションをこれ

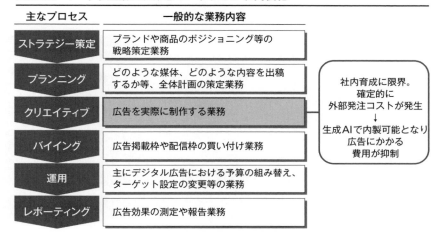

図表2.3-4　**中小企業におけるマーケティング内製化**

主なプロセス	一般的な業務内容
ストラテジー策定	ブランドや商品のポジショニング等の戦略策定業務
プランニング	どのような媒体、どのような内容を出稿するか等、全体計画の策定業務
クリエイティブ	広告を実際に制作する業務
バイイング	広告掲載枠や配信枠の買い付け業務
運用	主にデジタル広告における予算の組み替え、ターゲット設定の変更等の業務
レポーティング	広告効果の測定や報告業務

社内育成に限界。
確定的に
外部発注コストが発生
↓
生成AIで内製可能となり
広告にかかる
費用が抑制

まで以上に、またはすべてを広告代理店に委託する可能性もあり、すると依存関係は従来よりもさらに強固となり得る。

　これに対し、中小企業はマーケティングの内製化が進む。そもそも中小企業は広告予算が少額であることから、広告代理店との日常的な取引は限られる。そのため中小企業が広告出稿する場合には、もとよりプロモーションプロセスを自社で構築しなければならない。実際、現時点でも、ウェブ広告の配信計画・配信設定から広告効果の測定・改善計画までを内製化しているため、自社内のマーケティング関連部署あるいは特定の社員に権限を与え、PDCA（計画、実行、評価、改善）サイクルを高速で回転させているベンチャー企業は多い。それでも社内にデザイナーを抱えている中小企業は少数であるため、クリエイティブについては外部デザイナー等へ委託せざるを得ないケースが多数を占めてきた。しかし生成AIの発展・普及により、今後は社内のみで対応可能となるだろう（図表2.3-4）。このような背景からも、生成AIは中小企業のマーケティングの内製化を進行させると予想している。

 ## 大企業と広告代理店の依存関係がもたらし得る弊害

　依存関係にはメリットとデメリットがある。メリットはすでに述べたとおり

であり、大企業から広告代理店への発注には一定の合理性がある。補完や共生関係とも捉えることができ、わが国の広告業界が安定的に発展を遂げた要因の1つでもあった。

　一方のデメリットは、広告代理店がプロモーションのプロフェッショナルであるがゆえに成果物の完成度と提案力が高く、広告代理店の窓口である発注側企業（広告主の大企業）のマーケティング関連部署のコストとリソースの多くがそのプロモーション対応に費やされ、そのぶん、プロモーション以外への即応性が低下することである。

　即応性が低いとどうなるのか。たとえば、近年の個人データ保護の動きの世界的な潮流を受けて、顧客等のデータを自社で収集し、適切に利活用するマーケティング体制を整えようという動きがある。顧客等のデータの収集と利活用は、プライバシー保護に留意するのは当然として、その上で、マーケティング上、特にCX（Customer Experience：顧客体験）の面から重要である。生活者の目線からしても、自らの機微を含むデータに則って適切な時期、文脈、内容で発信された情報は、生活環境にあふれる数多くのほかの情報よりも体験上、親しみやすく受け入れやすい。ところが、データ利活用に向けてそうした対策、たとえば改正された個人情報保護法への対応をマーケティング部署が主導したのは20％弱との調査もある[1]。現代のデジタル社会で急浮上してきたマーケティングのこのような新たな諸課題に対して、マーケティング部署が十分な対策を主導できていないケースは多い。

　ここで、個人データ保護の潮流について簡単に述べ添えておく。個人データ保護に関する近年の代表的な動きは、2018年よりEU域内で施行された個人データ保護を規定する「GDPR（General Data Protection Regulation：一般データ保護規則）」、あるいは2020年に米国カリフォルニア州民の個人データ保護を規定する法「CCPA（カリフォルニア州消費者プライバシー法：California Consumer Privacy Act）」があり、日本でも2022年に改正個人情報保護法が施行された。ここで創設されたのが、AIの学習や分析等を通して自社の複数部署が獲得した個人情報を自社内で横断的に活用し、事業者内部のイノベーションを促進するための「仮名加工情報」という概念である。仮名加

1）　https://webtan.impress.co.jp/e/2023/01/25/43999

工情報とは、ほかの情報と照合しない限りそれだけでは特定の個人を識別できないように加工された個人に関する情報を指し、法令に基づく場合を除いて第三者提供は認められない。

　合理性がある場合には外部事業者との共同利用が認められてはいるものの、上述のとおり仮名加工情報はあくまで自社内部での分析が前提とされている[2]。つまり、顧客のデータに基づいてそこから何らかの示唆を得ようとした事業者は、データの保護と活用を両立させる必要があり、データ活用の適正な目的、範囲、方法、顧客への周知等とは何かを検討することが求められる。これらの検討は「なぜデータを活用するのか」、つまり、マーケティング戦略と密接にかかわり得るため、非常に重要なトピックである。

いまこそCX重視の戦略を
──①効率偏重の広告制作・運用からの脱却

　2021年、インターネット広告の媒体費が初めて4マス（テレビ、雑誌、新聞、ラジオ）の媒体費合計を上回った。これは、マーケティングの主役が変化したことを象徴している。

　第2次世界大戦後、1950年代頃のマーケティング黎明期は、大量生産・大量消費の第2次産業革命の最中で、マーケティングもマス向けであった。マス広告は、多数の消費者にリーチし、認知拡大や需要の喚起につながるものの、特定の顧客セグメントへのアプローチは難しく、広告接触後の具体的な個人の行動まで把握することは困難である。マス広告を用いたこうした訴求は、オイルショック後の不況時、消費者のニーズを中心に捉えつつ、製品の差別化を図るようになっても続いた。

　しかし近年、社会全体のデジタル化により消費者のオンライン上での行動追跡が可能となったことに加え、製品機能による競合との差別化が技術進展とも相まって難化したことで、マーケティングのトレンドは、消費者のより細分化したニーズに対応し、そこから得られる価値を中心とする訴求へと移り変わっ

2）　https://www.ppc.go.jp/personalinfo/legal/guidelines_anonymous/
　　https://www.meti.go.jp/shingikai/sankoshin/shomu_ryutsu/bio/kojin_iden/life_
　　science/pdf/001_03_02.pdf

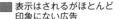

図表2.3-5　広告種別ごとの消費者の印象

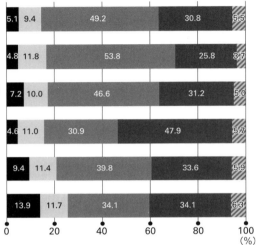

- ■ 内容をしっかり見ていることが多い広告
- ■ 表示はされるがほとんど印象にない広告
- ▨ あてはまるものはない
- □ 広告だと気づかずに内容を見ていることが多い広告
- ■ 表示された際に不快に感じることが多い広告

	内容をしっかり見ている	広告だと気づかず	表示はされるが	表示された際に不快	あてはまるものはない
ウェブサイトやアプリに表示される画像の広告（静止画バナー広告）	5.1	9.4	49.2	30.8	5.5
ヤフーやグーグル等の検索結果に連動して表示されるテキストの広告（リスティング広告）	4.8	11.8	53.8	25.8	3.7
特定のウェブサイトの決まった場所を指定して出稿する広告（枠売り広告）	7.2	10.0	46.6	31.2	5.0
ウェブサイトやアプリで、クリックやホバー、画面遷移など、ユーザーの動きに対応した広告（リッチメディア広告）	4.6	11.0	30.9	47.9	5.7
Cookieや閲覧履歴など、ユーザーのウェブ上での行動履歴をもとにした広告（ターゲティング広告）	9.4	11.4	39.8	33.6	5.9
位置情報や購買履歴など、ユーザーのリアル行動をもとにした広告（リアル行動ターゲティング広告）	13.9	11.7	34.1	34.1	6.3

ている。たとえばインターネット広告では、取得したデータに基づいたターゲティングが可能になったことで、消費者には自身の興味・関心にマッチする広告が表示され、広告主も効率よく高い広告効果を得られる。

　このように、従来広告と比べて広告効果を飛躍的に向上させたインターネット広告は、コンバージョン数や売上金額など金銭的な価値の実現に直接結びつけられるようになり、その獲得効率がよりいっそう重視されるようになっていった。そうして、効率が時には過剰なまでに偏重された結果、もはや消費者のニーズにそぐわない多量の広告配信や過大訴求をも招くようになったのが現在である。このことは、人々のプライバシー侵害への懸念や個人情報保護への意識の高まり、広告に対する不信感へとつながった。

　図表2.3-5に広告種別ごとの消費者の印象を示す。広告種別によっては、「表示はされるがほとんど印象にない広告」という回答と同程度、あるいはそれ以上の割合で「表示された際に不快に感じることが多い広告」との回答があり、約半数の消費者が現状のインターネット広告に不快感を抱いている。

　上述のように消費者から不快感を抱かれるインターネット広告だが、それで

も年15%前後で成長を続け、広告市場の成長を牽引してきた。しかし、このまま効率ばかりに偏重し続けることが今後のインターネット広告市場の長期的な拡大に資するかと考えると、疑義が生じる。

現在、広告市場のゲームチェンジャーである生成AIが発達する中で、足元の活用用途の大半は、効果の高い広告クリエイティブを大規模生産するなど、「ROAS（Return On Advertising Spend：広告の費用対効果）」「CPA（Cost Per Acquisition：顧客獲得単価）」等に代表される効率性の良化に集中している。それは、経営者がROE、ROIを重視することに加え、前述のとおり、デジタル広告が増えると広告効果が「見える化」されるための当然の流れでもあるだろう。また、広告代理店やベンチャー企業が関連する商材を市場投入し続けているのも企業側にニーズがあるがゆえだと理解できる。しかし、いままでの効率偏重を引き継いだまま、生成AIを「ただの効率化装置」として用いた場合、信頼性が低く、人々から嫌厭されてしまう粗悪な広告がこれまで以上にインターネット空間上に氾濫するおそれがある。

たとえば、自動化の推進やAIの活用が先進的なSEOメディア（検索エンジンに最適化されたメディア）等では、生成AIを効率追求のために利用した結果、「MFA（made-for-advertising）」と呼ばれる低品質のウェブサイトが出現している。MFAの中には、企業からの広告収入を目当てに、チャットボットを活用して文章を自動生成し、グーグルによるウェブサイトの評価基準である「E-E-A-T（Experience：経験・Expertise：専門性・Authoritativeness：権威性・Trustworthiness：信頼性）」で「良質なサイトとしての信頼性が低い」とされる低品質記事を1日1200本以上公開しているサイトもある[3]。

AIは、仕事の一部を自動化・効率化し、ヒトは、AIが生み出した時間を創造的な仕事に充てることで、自身の創造価値を高めることができるはずである。だが、過度な効率の追求や安易なAIの活用は、コンテンツの質の低下を招く。そして、粗悪な広告は、消費者の企業・ブランド離反を引き起こすリスクを高める。

NRI（野村総合研究所）では、「生成AIの安易な活用による顧客離れ」が実

---

3) MIT Tech Review「生成AIで広告収入目的のゴミサイトが急増、1日1200本更新も」（technologyreview.jp）。

際に発生しているのかどうかを検証するため、生活者に対して、自身が見かけた広告が、AIによって生成した文章、画像で制作されたものだと知った際の購買意欲の変化を質問した。その際、「購買意欲が減退するだろう」と回答した生活者にその理由を尋ねたところ、「AIに任せるほど宣伝に手間をかけていないものに手をつけたいと思えない」「機械的で興味が薄れそう」「信頼できない」などが挙がり、AIへの信頼性の欠如や味気なさが指摘された。AI活用そのものが広告への不快感に直結するわけではないが、安易な生成AIの導入や顧客への誠意の欠如は、顧客離れにつながる可能性を示唆している。

以上のような生成AIの活用という短期的なトレンドに加え、インターネット広告の一般化によるプレイヤーの増加も、効率偏重の広告運用が限界に近づいていることを感じさせる。第5章7節で述べるとおり、消費者の生活はインターネットの利用が前提となっており、今後も中小・零細含め企業のインターネット広告の出稿は拡大していく。そして市場のレッドオーシャン化が進むと、かつて技術進展によって製品機能による競合との差別化が難化したように、広告での差別化も困難となっていく。入札単価を跳ね上げることでこれまでどおりの成果を獲得しようとしても、資金力の面から、多くの企業ではそう長くは続けられないだろう。こうした現状を打開するには、費用対効果が高いもののユーザビリティの低い手法を用いた焼き畑的な大量の広告出稿ではなく、良質な広告体験を提供することで顧客と中長期的な関係を築くことこそが重要になっていく。

 ## いまこそCX重視の戦略を
――②LTVで築く、中長期的な生活者との関係という差別化

前項ではインターネット広告が不快感を与えている現状を説明した。一方で電通の調査では、多くの人が良質と感じるメディア接触体験であればあるほど、広告に対する生活者の許容度はより高まる傾向にあり、そのようなメディア接触体験は感性・情緒に関連するメリットを中心に構成されていると述べられている[4]。

また、ソーシャルメディアの筆頭格であるYouTubeの母体であるグーグル

---

4)　https://dentsu-ho.com/articles/7247

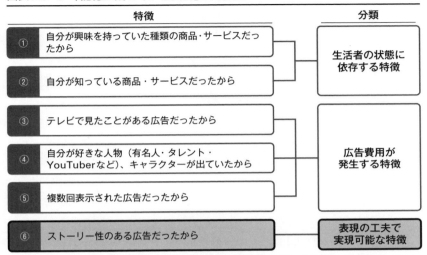

図表2.3-6 「記憶に残っている広告」の特徴6つ

特徴	分類
① 自分が興味を持っていた種類の商品・サービスだったから	生活者の状態に依存する特徴
② 自分が知っている商品・サービスだったから	
③ テレビで見たことがある広告だったから	広告費用が発生する特徴
④ 自分が好きな人物（有名人・タレント・YouTuberなど）、キャラクターが出ていたから	
⑤ 複数回表示された広告だったから	
⑥ ストーリー性のある広告だったから	表現の工夫で実現可能な特徴

（出所）人はなぜ YouTube を見るのか？「身近な娯楽」「プチ挑戦」など5つの動機──2019年 YouTube
ユーザーデータをもとに作成
https://www.thinkwithgoogle.com/intl/ja-jp/marketing-strategies/video/youtube-userdata2019/

の調査では、「記憶に残っている広告」の特徴を6つ挙げている（図表2.3-6）。これらの特徴をみると、広告への生活者の接触頻度、生活者の経験と興味・関心に紐づく生活者自身の状態、広告主側からは相応に発生する広告費用──が大半を占めるが、最後の6番目が唯一表現手法で、「ストーリー性のある広告だったから」が挙がる。これらの調査が示唆することは、感性・情緒を刺激する、あるいはストーリー性を演出することで、生活者に不快感を与えず、広告効果の高いマーケティングを展開できる可能性である。

　加えて、マーケティングに関する第一人者であるP・コトラーも、「効果的なコンテンツは、ブランドの特性や規範を表すストーリーを含んでいる。これはつまり、コンテンツはブランドのストーリーと顧客の不安や欲求をつなぐ橋でなければならない」と述べていることを添えておく[5]。

　このように考えていくと、マーケティング戦略の効果測定で、前出のCPA

5）フィリップ・コトラー、ヘルマワン・カルタジャヤ、イワン・セティアワン著、恩藏直人監訳、藤井清美訳『コトラーのマーケティング4.0──スマートフォン時代の究極法則』朝日新聞出版。

やCVR（Conversion Rate：顧客転換率）等、特定の期間に発生した購買の指標を過度に重視することは適切ではない。むしろ、自社のブランドや商品・サービスにどれほど好意が寄せられているか、たとえば「エンゲージメント数」や「ポジティブなコメント数」や「いいね！の数」等、心理や好感にかかわる指標、あるいはLTV（Life Time Value：顧客生涯価値）等の生活者との中長期的な関係性を前提とした指標を重視し、生活者のCXを意識したマーケティング戦略を改めて検討すべきである。

そこで具体的な方法として、以下に2つを示す。なお、CXを本稿は「生活者が日常生活において持ち得る特定の企業との関係性すべてを表し、プロモーションや広報を通じた企業とのコミュニケーションに限らず、非認知の状態から購入、アフターケア等まで、あらゆる企業との接点を通じて形成される生活者の感情・知覚の総体」と定義する。

第1に、生活者と自社を橋渡しする機能を果たすコミュニケーションの改善を目的とする「パーソナライゼーション」と「最適化」を挙げる。生活者が多様化していることを念頭に置き、年齢や性別等のデモグラフィック特性で大まかにセグメンテーションするだけではなく、ライフステージや興味・関心、あるいは本人ですら気づいていない潜在的な嗜好等、自社ならではのデータに基づく複数の変数や軸を用いてグルーピングし理解することが望ましい。このように生活者を真に理解しようとする営みを本稿では「パーソナライゼーション」と呼ぶ。

また、伝達対象のグループが複数存在するのであれば、各グループが受け入れやすい情報の最適な形式・頻度・内容もまた異なるため、それぞれに合わせた最適なクリエイティブを企業は用意することが望ましい。これを本稿では「最適化」と呼ぶ。パーソナライゼーションと最適化を推進することで、企業から発したコミュニケーションが生活者に心地よく受容されやすくなる可能性が高まるため、生活者と中長期的な関係性を構築するという目的に有効であろう。

なお、これらを人力のみで行うのは非常に手間がかかるが、AIを用いることで効率性を高めることが可能である。たとえば、各ターゲットに効果があると考えられるクリエイティブをデータに基づいて生成AIに膨大に考案、絞り込ませた後に、実際に広告配信した結果を比較し、最も効果があるクリエイ

ティブのみを残して高効率で運用するといった試みである。

　第2に、対生活者へのコミュニケーションの発信元である自社自体の変革という観点から、マーケティング機能の内製化を挙げる。本稿における内製化は、前述も踏まえ、「データに立脚したマーケティング戦略のPDCAサイクルを自社が主体的な役割を果たしながら推進できる機能の保有」と定義する。具体的には、戦略の全体像と骨子の策定、顧客や自社調査、公開された統計等のデータ収集・加工・分析、プロモーション以外も含むコミュニケーション全般の戦略策定と実行、結果の効果分析、改善案の策定と実行等である。CX向上を目的とした場合、企業には、改善対象となる部署・業務の範囲は広く深いことに加え、社会や生活者の目まぐるしい変化に伴って変遷する収集データへの対応が常に要求される。さらに、前述した加速するプライバシー保護の潮流への即応かつ継続性まで考慮するならば、自社の企業活動全般に精通したマーケティング機能の保有、つまり内製化は検討すべき戦略である。

　次に、パーソナライゼーションと最適化、またマーケティング機能の内製化に関する留意事項について触れておく。

　まず、過度なパーソナライゼーションは、自らのプライバシーを企業に侵害されたと生活者が感じると、離反する危険性がある。それを防ぐには、あらかじめ定めたエンゲージメント指標をクリアしているかを、SNSや他調査等で確認できるモニタリング体制を構築した上で、いたずらに効率性に特化したインターネット広告だと生活者にみなされないよう、クリエイティブにストーリーを織り交ぜ感情や情緒に訴えかけるなど、コミュニケーションを工夫することが望ましい。

　次の最適化は、専門的な人材や環境等の体制構築・維持に多大なコスト、および社内各所とのセンシティブな調整（人員や業務の整理等）が見込まれるため、自社の予算、人材のケイパビリティ、新たなマーケティング機能の獲得完了までの期間、社内調整の難度等を統合的に鑑みた上で、自社内ですべて内製化するか、専門的な知見を持つ他社との協業で構築するか、あるいは大部分を自社内で推進する前提で他社へ一部外注するか——を柔軟に検討すべきである。

　ただし、内製化といっても生成AIを用いる場合、アウトプットが競合と同質化する可能性がある。

広告代理店や事業会社は、生成AIによって、クリエイティブの生成や4P[6]や3C[7]を用いた市場環境分析をはじめとする情報収集・分析業務を代替し得ないかどうかを試行し始めている。しかし、大規模言語モデルの学習にあたり、ウェブサイトなど一般に公開されているデータをスクレイピング（抽出）[8]しているAIであれば、結果として学習データはいずれも似通ったものになる。そうであれば出力されるアウトプットも類似する可能性は高く、結果として企業やクリエイティブの差別化ポイントは次第に乏しくなっていく。同質化を防ごうとして新たな分析手法の導入やクリエイティブの改善を試みたとしても、「上流の戦略」が固定的である限り、長期的に差別化し続けることは難しい。

　よって、企業は短期的な利益の追求に固執するのではなく、社会や生活者と築きたい理想的な関係について中長期的な視野で熟考すべきである。だが、生活者に愛されるストーリーを育み、支持されるブランドへ成長させるには時間が必要である。そこで、「ありたい姿」を定めたのち、それに基づいて長期的な視野に立った経営戦略を策定することが望まれる。

　たとえば、「MVV（企業の使命やビジョン、価値観を明確に示すことを是とした概念）」、あるいは「パーパス経営（企業がその活動により達成したい目的を明確に示すことを是とした概念）」を起点とした検討は、策定の一助となるだろう。

 ## 生成AI時代のマーケティング戦略
—— 「SPOT-LIGHTモデル」の活用

　生成AIの普及によって、ロングテール化による広告市場のさらなる活性化がもたらされ得る一方、粗悪な広告の氾濫、マーケティング戦略の同質化といった影響もあり得ると前述した。では、負の影響が発生することを前提としたとき、企業は何に留意してマーケティング戦略を立案すべきであろうか。この問いに答えるべく本項では、①望ましいマーケティング戦略とは何か、②そ

---

6)　マーケティング戦略を立てるための手法の1つ。「製品（Product）」「価格（Price）」「流通（Place）」「コミュニケーション（Promotion）」の頭文字を取って4Pと呼ばれる。
7)　市場環境を分析する手法の1つ。「市場（customer）」「競合（competitor）」「自社（company）」の頭文字を取って3Cと呼ばれる。
8)　ウェブサイトのコンテンツから特定の情報だけを抽出・収集するコンピュータソフトウェア技術。「ウェブスクレイピング」とも呼ばれる。

図表2.3-7　SPOT-LIGHTモデル

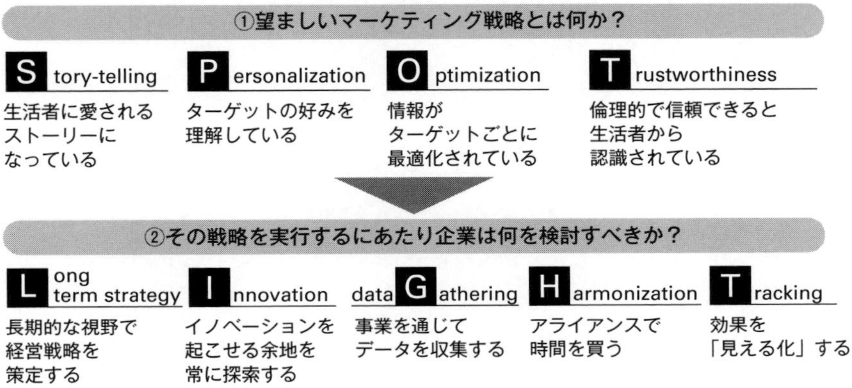

①望ましいマーケティング戦略とは何か？

S tory-telling
生活者に愛される
ストーリーに
なっている

P ersonalization
ターゲットの好みを
理解している

O ptimization
情報が
ターゲットごとに
最適化されている

T rustworthiness
倫理的で信頼できると
生活者から
認識されている

②その戦略を実行するにあたり企業は何を検討すべきか？

L ong
term strategy
長期的な視野で
経営戦略を
策定する

I nnovation
イノベーションを
起こせる余地を
常に探索する

data **G** athering
事業を通じて
データを収集する

H armonization
アライアンスで
時間を買う

T racking
効果を
「見える化」する

の戦略を実行するにあたり企業は何を検討すべきか──を「SPOT-LIGHTモデル」としてまとめた。自社のマーケティング活動が望ましいものなのかどうかを、本モデルを参照してぜひ振り返っていただきたい（図表2.3-7）。

それではSPOT-LIGHTモデルを具体的に論じていく。

まず、①の「望ましいマーケティング戦略とは何か？」の「SPOT」を構成する4つの要素を挙げる。

第1は「Story-telling（生活者に愛されるストーリーになっている）」である。ストーリーは自社の商品やブランドの背景や思想を説明することで情緒的な価値を生活者に訴求できる点で重要である。そしてそれは他社との差別化の要素となり、自社の世界観を形成し、競合優位性を維持するための無形資産を生み、どのようなCXを設計するかの礎にもなる。

第2は「Personalization（ターゲットの好みを理解している）」である。企業は生活者の多様な趣味嗜好を考慮し、デモグラフィック特性だけでなく、ライフステージ、興味や関心、あるいは本人ですら気がついていない潜在的な嗜好など、多角的な変数や基準を用いて複数の異なるターゲットを見出し、そしてできる限り理解すべきである。理解が疎かでは、当該ターゲットが好まないマーケティングを企業が提供してしまう可能性がある。なお、膨大な情報に触れるターゲットのサイコグラフィック特性は常に変化するが、その上で正確に

理解するためのデータ収集、メインテナンスを定期的に実施する必要がある。

　第3は「Optimization（情報がターゲットごとに最適化されている）」である。企業は発信したい情報をターゲットにとって最適な頻度、形式に加工することが重要である。それは、生活者にとっての受容性、あるいは自社に対する中長期的なエンゲージメントの強化につながる。なお、同じ商材であっても、コミュニケーションの対象であるターゲットが異なれば、ターゲットの数だけ最適なクリエイティブは本来異なるため、AIを使用して効果を比較し運用する方法も有効である。ただし過度な最適化は生活者の離反を招くおそれがある点に留意したい。

　第4は「Trustworthiness（倫理的で信頼できると生活者から認識されている）」である。企業やブランドは、倫理的な言動を常に意識することで生活者からの信頼性を獲得する。そしてSNSが普及した現在、企業があたかも1人の人間のように振る舞うことが一般的になった。ゆえにこれからのマーケティング戦略は、自社が生活者から「1人の人間として信頼されるに足る言動」であることを意識すべきである。なお、これらは、企業不祥事のような重大なトピックだけを意識するのではなく、CX、サプライチェーン、データ収集など日常の企業活動すべてが対象であるとマーケターは認識すべきである。

　次に、②の「その戦略を実行するにあたり企業は何を検討すべきか？」の「LIGHT」を構成する5つの要素を挙げる。

　第1は「Long term strategy（長期的な視野で経営戦略を策定する）」である。企業は短期的な利益追求ではなく、長期的な視野から経営戦略を定め、理想的な社会や生活者との関係を追い求めるべきである。生成AIの普及により、企業は効率性の追求のみではマーケティングの同質化に巻き込まれる。そこで前述のSPOTの「Story-telling」で差別化し、愛されるブランド育成に時間をかけて取り組む。MVVやパーパス経営を志向し、企業の目的や存在意義を明確化し、その上で長期にわたる顧客基盤の形成につながるマーケティング戦略、KPI（Key Performance Indicator：重要業績評価指標）を策定する等の方法が考えられる。

　第2は「Innovation（イノベーションを起こせる余地を常に探索する）」である。企業は、インパクトの大小を問わず、企業内外でイノベーションを起こせる領域を常に探究する。他社との差別化ポイントをできる限り多く創出する

ことで、マーケティングの同質化を回避できる可能性が高まる。イノベーションとは、技術革新にとどまらず、既存の要素の新たな組み合わせからも導き出せることから多くの領域に散在する。その際、ジェイ・B・バーニーが提唱した「VRIO」の論点、つまり経済的価値、希少性、模倣困難性、組織を参考に、企業が保有する資源やケイパビリティの競争優位性を評価することも有効である。

第3は「data Gathering（事業を通じてデータを収集する）」である。企業は、明確な目標とCX上の活用シーンを設定した上でデータ収集と活用によりパーソナライゼーションと最適化を実現すべきである。その際、プライバシー保護の点から自社データの利用が望ましく、そのデータ収集や分析のプロセスにおいても、自業界特有のデータの希少性や掛け合わせ方、解釈などを踏まえ、他社との差別化を模索すべきである。

第4は「Harmonization（アライアンスで時間を買う）」である。生成AI時代のマーケティングを適切に実行しようとすると、企業によっては既存事業や業務の大幅な刷新が必要になり、多大な時間を要する。たとえば、専門性のある人材の確保や育成、当該組織の新設にかかわる体制や業務範囲の規定、既存人事制度との整合、実行計画に対する社内合意の取得等である。とはいえ、どれほどすばらしい中長期戦略を描いたとしても、他社がすでに実行していては意味がない。そこで、現在、自社に不足しているケイパビリティ、キャパシティを早期に獲得するためであれば、他社とのアライアンスも選択肢として検討すべきである。

第5は「Tracking（効果を『見える化』する）」である。PDCAサイクルを単に回すのではなく、実行した戦略の過程や結果についてできる限り観測し、透明性をもって社内外のステークホルダーにわかりやすく「見える化」する。本稿では中長期的な戦略を定めることの重要性について述べてきたが、その戦略のインパクトが大きければ大きいほど、不利益をこうむるステークホルダーが増えることは否めない。そこで、多くのステークホルダーが納得し得る根拠を、客観的指標に基づいて情報開示する。これにより、戦略の正当性が社内外に認知され、戦略の着実な実行と継続が担保される。

「生活者に愛されるCX」を実現するための転換点

　本稿では、盤石なインターネット広告市場が生成AIによってどのような影響がもたらされるかをまず考察した。長らく強固であった広告代理店と広告主（企業）の関係は、大企業が広告主の場合であれば、急速な変化はないとする一方で、制作費の面からこれまで出稿を見送らざるを得なかった中小企業が生成AIの活用で広告主となるため広告市場がロングテール化することを予想した。

　次に、広告代理店と広告主の関係がもたらす負の側面について整理し、生成AIを破壊的イノベーションと捉え、これを契機にCXを重視したマーケティング戦略への転換を提案した。その具体案として2つ、すなわち、Ⓐ効率性を過度に重視した広告の制作・運用の見直し、ⒷLTV発想で、生活者との間での中長期的な関係構築──を挙げた。

　そして最後に「SPOT-LIGHTモデル」から、①望ましいマーケティング戦略とは何か、②その戦略を実行するにあたり企業は何を検討すべきかを提示した。

　マーケティング戦略にかかわるビジネスパーソンが、生成AIという転換点を、従来の「生活者に不快感を与えるインターネット広告」に利用するのではなく、「生活者に愛されるCX」の実現に活かすことを期待したい。

生き残りをかける放送業界

日本の地上波放送業界の状況

　1953年に日本テレビ放送網（現日本テレビホールディングス）が民放初のテレビ局として開局し、1950年代以降に民間放送局が全国各地に開局、地上波放送が普及していった。その後、経済の成長とともに、テレビ広告（地上波放送）も拡大の一途をたどり、2000年代前半には2兆円の市場を築いた。しかし、その後、リーマン・ショックを代表とする経済不況を起因として広告市場は停滞し、そのあおりも受けて、2020年代には1兆7000億円前後を一進一退するような市場へと変わった。後述する「テレビ」の置かれている状況とも相まって、構造不況も明確になり、テレビ広告市場は縮小している。なお、このような状況は、日本にとどまらず、市場環境は異なるが、世界各国でも同様である。

　戦後復興、高度成長期にビジネスモデルが作られ、70年間続けられた地上波のビジネスモデル──。しかしその間、地方から都市への一極集中の流れは加速し、日本は世帯・人口減少時代を迎え、70年前と現在とでは状況がまったく異なっている。またICT環境にも、当時からは想像ができないような変化が起きており、たとえば1人1台以上の携帯電話の保有は当たり前、さらには「ガラケー」からスマートフォン、アナログからデジタル、ナローバンドからブロードバンド、片方向サービスから双方向サービスへと、生活者を取り巻く環境は大きく変化してきている。テレビの保有も過去は当たり前であったが、2人以上世帯を含む若年層では持たない世帯も増えている。テレビの存在は依然大きいものの、情報収集手段は多様化し、インターネットはそれを凌駕する存在感になってきている。

　地上波放送局のビジネスは、自社の広告（時間）枠を、広告代理店を介して広告主（主に企業）に販売して収入を得るモデルである。広告主は、扱っている商材の特性やマーケティングコストに対する考え方がさまざまであることと、前述のようにテレビの位置づけも変化していることから、最近ではイン

ターネット媒体（検索連動、ディスプレイ、ネイティブ、SNS、動画、アフィリエイト）とあわせて広告効果を得ようという動きへとシフトしている。インターネット媒体は、広告効果がわかりやすいこともあって、今後、テレビとの併用あるいはインターネット媒体（あるいは双方向性のある媒体）を重視する広告主がいっそう増え、広告市場における存在感は高まっていく。

メディア接触状況の変化とコンテンツニーズ

　1人でテレビを視聴する、スマートフォンで番組を視聴する、という生活者が多いのが日本の映像サービス視聴の近年の特徴であったが、コロナ禍により在宅時間が増え、リビングで家族とテレビを視聴する生活シーンも増えた。

　その際、テレビ（受像機）で視聴されたコンテンツは地上波放送局の番組のみならず、それ以外の番組も増えた。というのは、従来のパソコン、モバイル（スマートフォンやタブレット）だけでなく、テレビもインターネットに直接つながるようになり、「YouTube」「TVer」「アマゾン・プライムビデオ」「Netflix」「Hulu」「U-NEXT」といったさまざまなプラットフォームのコンテンツの視聴が容易になったからである。「ウィズ・アフターコロナ時代」に入り、「リビングで家族一緒」の生活シーンは減少傾向にあるものの、テレビを介してインターネットを含めたコンテンツを視聴するというスタイルは今後も続くだろう。

　ところで、生活者はテレビで実際に何を視聴しているのだろうか。地上波放送局ばかりか、さまざまな事業者がテレビ経由でコンテンツを配信するようになっており、コンテンツは多種多様なジャンルに及ぶ。特に、話題性があったり生活者自身にとって価値のあったりするコンテンツやスポーツ等は、多くの視聴者を獲得している。スポーツのリアルタイム視聴スタイルがいまだ健在であることは、サッカーワールドカップやワールドベースボールクラシック等で立証されたものの、視聴者数拡大のためにはSNS等、他メディアとの組み合わせの重要性は増しており、また、「コスパ」「タイパ」のような視聴スタイルもトレンドになっている[1]。番組・コンテンツ以外にこのような取り組みを進

1）　消費者のコンテンツ消費の詳細は、第1章1節を参照されたい。

めることの重要性もますます高まってきている。

放送局と政策の動向

　以上のように、マクロからみると放送市場は縮小傾向にあり、放送局の経営は悪化していくと予想される。ただし、放送局の形態はさまざまで、規模別でみた場合、キー局や準キー局、あるいはそれに準ずる放送局は影響が限定的であろう。人口・世帯数が拡大し、若年層も集まりやすい人口密集地が事業エリアであることが多く、資金も潤沢だからである。ところが、事業エリアの多くで経済のマイナス成長が予測され、成長のためには域外からの需要取り込みが必須のローカル局の経営は厳しい。

　資金力のあるキー局・準キー局は、放送外ビジネスにも積極的であり、M&A等を含めて事業ポートフォリオの見直しを進め、放送ビジネスへの依存度を下げている。これに対して、放送事業中心の多くのローカル局は、在京キー局が制作した放送番組の多くを自社事業エリアで再送信するビジネスである。地域向け情報番組や報道番組こそ自社制作であるものの、コスト構造はキー局とは異なる。人口・世帯が減少する地方は、企業の業績悪化・撤退なども予想され、それがローカル局の収入に直結する。すでに広告収入が減少している局もあり、ローカル局の存在意義がますます問われる状況になっていく。

　このような状況の中、放送政策にかかわるさまざまな会合が開催され、そこでは幅広い議論が交わされてきた。放送・通信の融合と連携時代に向けた法制度の見直しやインターネット上における番組・コンテンツ配信を円滑にするための著作権法の見直し等である。

　とはいえ、こうした都度の議論では、「20XX年代における放送業界のあるべき姿」のような成果が明確に提示されず、「守り」に力点を置いた議論が中心となる。放送・経営環境が大きく変化しているにもかかわらず、現状の変化への対応だけでは施策は後手に回ることになり、視聴者からも企業からも見放されてしまう可能性がある。実際、昨今の議論は成長戦略ではなく、地方局をどう守り、どうコストを低減するかといったインフラ共有・マスメディア集中排除原則の緩和等のいわゆる「延命措置」が中心である。

　そうではなく、将来の絵姿をしっかり描き、その上に各ステークホルダーが

取り組むべき施策を検討する。具体的には、通信や金融業界で起きた競争政策・産業政策転換と同等の取り組み、すなわち実効性のある成長・あるべき姿を描くべきである。なお、放送業界内だけで議論をしていると新たな視点が出てこないため、以下では金融業界をベンチマークし、そこから放送業界への示唆を読み解く。

地銀モデルに学ぶローカル局の方向性

ローカル局と類似した環境に直面する地銀

ローカル局の将来像を検討する材料として、地域銀行（地銀）に着目する。地銀の置かれている状況は、ローカル局のそれに酷似している。

酷似とは具体的には、まず、地銀は、地方経済への依存度が高い。そのため、その地域の人口減少・経済縮小の影響を大きく受ける。地銀の場合、放送局の県域免許制度のように商圏が厳格に制限されているわけではないが、多くの地銀は拠点とする地域の経済に大きく依存している。

また、地銀（金融業）も放送局と同様に規制産業で、競合の新規参入が相対的に困難であったものの、近年のテクノロジーの進展等により他業界との壁が溶け、競争環境が悪化している点も酷似する。銀行業界では、コンビニエンスストアをはじめ、自社の店舗網にATMを設置し、主に決済サービスを提供する流通系銀行、店舗をほとんど持たずに運営コストを下げ、既存の銀行よりも金利や手数料等のサービスを改善しているネット銀行などが参入している。

地銀の置かれたこうした状況は、電波帯というコンテンツ伝送路を規制により独占してきた放送局に対して、インターネットという新たなコンテンツ伝送路が生まれて動画配信事業者という競合が出現している経営環境と酷似する。企業存続のための地銀の数々の取り組みは、放送局への示唆にもなるのではないか。

地銀の取り組みと、考えられるローカル局の方向性

地銀では、厳しい外部環境に対してさまざまな取り組みが講じられている。それは3つに大別できる。①同業他社との経営統合による規模の拡大、②近接業種との提携等による地域の深耕、③インフラとサービスの分離提供——である。

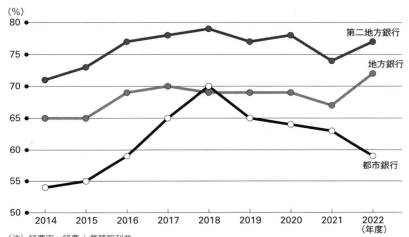

図表2.4-1　銀行の業態別経費率の推移

(注) 経費率＝経費÷業務粗利益
(出所) 全国銀行協会「全国銀行財務諸表分析」をもとに作成

① 同業他社との経営統合による規模の拡大

同業他社との経営統合による規模の拡大には大きく3つの目的がある。

1つ目は「効率性向上（コスト比率の低減）」である。売り上げを拡大することで物件費・人件費などの固定費の比率を低下させ、収益性を改善する。

2つ目は、「過剰競争の抑制」である。同一地域を拠点とする銀行同士が合併することで、過当な競争を抑制し、収益性の改善をねらう。地域のシェアが一定以上高まると、寡占化による独占禁止法への抵触が懸念されるが、市場が縮小する中での複数行の競争は持続可能ではないこと、地域をまたいだ参入が認められることなどから、地銀同士の経営統合を独占禁止法の適用除外とする特例法が2020年に成立した。これにより、県内でのシェア拡大も地銀の取り得る手段の1つとなっている。

最後の3つ目は、「地域の拡大」である。収益拡大のために営業エリアを広げることが目的である。新たな地域での顧客獲得は容易ではないが、そのための基盤を持つ企業と統合することで時間の短縮化が図れる。また、得意とする商品や顧客層が相互で異なる場合、相互送客することで単なる経営統合以上の

売り上げ拡大も期待できる。

　この中で、数ある地銀再編の目的で必ずあがるのは「効率性向上」である。実際、総資産規模の大きい銀行ほど、経費率（経費÷業務粗利益）が小さくなる、すなわち効率性が高くなる（前ページの図表2.4-1）。つまり、経営統合後に店舗・システム・人員の無駄を省くことができれば、効率性の向上は実現できる可能性が高いといえる。

　これらは、放送業界でいえば放送局同士の経営統合である。現在は放送局が他局を経営することには規制があるものの、今後の放送制度のあり方を議論する総務省の「デジタル時代における放送の放送制度の在り方に関する検討会」でも「マスメディア集中排除原則の見直し」として認定放送持株会社参加の地域制限の撤廃や異なる放送地域における兼営・支配を可能とする特例が提言されており、この方向での効率化は進めやすくなると考えられる。また、同検討会において「放送ネットワークインフラの共同利用型モデル」として、放送インフラ（中継局）の保有・運用・維持管理を行うハード事業者の設立も提案されている。インフラという限定ではあるが、同様に効率性の向上が期待される。

　ただし、規模による効率性は、当然ながら規模の大きい企業ほど優位になる。単純に考えれば、規模の効率性を業界内で高い水準にするためには、銀行であればメガバンクほどの規模になる必要がある。放送でいえば、キー局ほどの規模にまで統合を進めなければ、業界内で競争優位な水準にはならない。2、3社程度での統合では十分とはいえず、ネットワーク局がすべて統合するぐらいのことを考えていく必要がある。

　とはいえ、巨大化すれば安心かというとそうではない。銀行業界の経費率は長期的に悪化傾向にある（前ページの図表2.4-1）。規模の最も大きい都市銀行の経費率が直近では唯一、改善傾向にあるが、これは経費額が下がったのではなく、業務粗利益（他業界では売り上げにあたる）の上昇によるものである。規模の拡大での効率性向上は、一時的に収益性を改善し、投資余力を生み出すことは可能であるが、これだけでは根本的な解決策にはならず、並行して新たな収益の拡大が必要ということも示唆している。

　このように、同業による規模の拡大は、コストを低減し、投資余力を生み出す可能性がある一方で、市場が縮小する中では「時間稼ぎ」にしかならず、新

たな収益源が同時に求められることがわかる。

② 近接業種との提携等による地域の深耕

①が同業他社（地銀同士）との経営統合であったのに対して、これは、地域内での業務範囲を広げ、地域への密着度合いを高めることを目的としている。

銀行業界では、地銀と信用金庫・信用組合の経営統合などが想定されている。信金・信組は地銀と同じように資金を貸し出しているが、地域の大企業・中堅企業を顧客とする地銀とは異なり、中小零細企業や個人を主な顧客としている。よりリスクが高く利幅の大きい顧客に対して細かく対応することで、リスクとコストをコントロールし利益を確保している。

地銀の選択肢として、地域により密着し利幅を確保できる顧客に広げていくことはあり得るが、現時点で地銀と信金・信組との経営統合の事例はみられない。相対的に低リスクの地域の優良企業と効率的に接点を持ち、貸し出しを行う地銀のしくみと、高リスクの中小零細顧客と密にコミュニケーションをとることでリスクコントロールをする信金・信組のそれは大きく異なり、地銀としてはしくみの大転換が難しいことも理由と想定される。

また広義には、コンサルティング事業、地域商社などへの事業拡大も地域の深耕の一例であろう。同一地域で収益を拡大するには地域内の顧客数または顧客単価を上げる必要がある。ある顧客に対する貸し出しだけではなく、複数のサービス・商材を提供することで単価を上げることをねらうだけでなく、顧客との関係性を深めることで、高リスクな顧客との取引のリスクコントロールにもつなげることができる。

放送業界でいえば、各地域の「地方紙」「ケーブルテレビ局」などとの連携があてはまる。類似のニュースやコンテンツは共用することで新たなリソースを創出する。生み出したそのリソースを使って、より地域に密着した新しいコンテンツを制作し、各メディアの付加価値をさらに高めることができるのではないか。

もちろん、広告ビジネス・有料会員ビジネス、動画コンテンツ・テキストコンテンツといった事業の違いがある中で連携を進めるのは、容易ではないだろう。しかし、地域経済が衰退する中で、地域に密着し、より高い付加価値のサービスを提供することは地銀・放送局ともに重要な方向性である。

③ インフラとサービスの分離提供

モバイル通信におけるMNO（Mobile Network Operator）とMVNO（Mobile Virtual Network Operator）の関係のように、銀行業界においても「インフラ」と「サービス」の分離が進みつつある。

具体的には、銀行は、「預金」「決済」「与信管理」といった金融機能を提供したいと考える金融業以外の他事業者に向けて「BaaS（Banking as a Service）」と呼ばれる新しい金融サービスを立ち上げつつある。たとえば、住信SBIネット銀行は、独自の「NEOBANK」により、日本航空の「JAL Global WALLET（外貨への両替可能なプリペイドカードサービス）」や「JAL NEOBANK（預金・住宅ローンなどの銀行サービス）」を支えている。銀行としては、多額の投資をしたインフラやそれに付随するノウハウを他事業者に提供することで収益を増やし、資産効率を改善することができる。

一方で、既存のインフラを活用して新たなサービスを立ち上げる事例もある。「自社でセカンドブランド」のように、従来とは異なるターゲットに提供機能を最適化した新たな銀行（チャレンジャーバンク）を創設する動きもある。九州が基盤であるふくおかフィナンシャルグループは、「全国」のデジタルネイティブ世代をターゲットとした「みんなの銀行」を設立した。店舗はなく、すべてのサービスをスマートフォンを通じて提供している。従来は物理的な店舗は必須であり、そのため新たなブランドの立ち上げや営業エリアを広げることは容易でなかったが、デジタルを活用することでブランドを変えターゲットの拡大を実現している。

放送業界でいえば、前者のインフラやノウハウの外部提供は、スタジオや機材のレンタル事業、動画コンテンツ制作事業等が考えられる。後者の既存インフラを活用した新サービスでは、上述のセカンドブランドの立ち上げがある。放送事業の場合、1社で2つのチャンネルを持つことは容易ではないが、たとえばキー局であれば地上波のチャンネルを現役世代向け、衛星波のチャンネルを高齢者世代向けにするといった形も考えられる。ローカル局であればインターネットを活用することで類似形を作ることができる。テレビ朝日の制作ノウハウやインフラを活用して、従来とは異なるターゲットをねらっている「ABEMA」が近似する例である。

ローカル局が生き残るためには

　少子高齢化が進み、多くの地方では、世帯・人口減少などの構造的な課題が明らかになっていることは前述した。その結果、地域経済はますます疲弊し、地場企業も今後は規模縮小・撤退の可能性がある。

　「人口減少＝視聴者数の減少および高齢化＝広告主の非ターゲット層の拡大」に伴い、地方では企業の広告出稿も減少していく。

　地域が限定される地上波放送局は企業としての生き残り策をいまから考え実践していかなければ、存続・成長拡大のための時機を逸してしまう。放送業界における「ゆでガエル」状態から脱するには、前述のとおり、マスメディア集中排除原則の緩和による、同業同士あるいはネットワーク内における経営統合、インフラ統合は、まずは前提といえよう。それに加えて成長を目指すのであれば、異業種連携や新たなサービスの立ち上げ、インフラを活用したサービス提供といった、収益拡大あるいは新たなビジネスモデルの導入を進めていかなければならない。なお、これらの経営判断は、過去の議論のとおり、個別事業者が判断すべきことである。一方で、放送業界の中長期的な方向性については、政策が示していくべきである。その際、守り一辺倒ではない放送業界の姿を描くことが重要であり、ローカル局を含めた業界共通認識として設定することが求められるのではないだろうか。

「デジタルものつくり敗戦」を避けるには

 ## 日本の製造業のグローバルでの存在感

　世界経済フォーラムが2017年よりスタートさせた「Global Lighthouse Network」とは、第4次産業革命（4th Industrial Revolution ＝ 4IR）のコンセプトに即した技術を導入している世界中の工場を取り上げ、その中から「Lighthouse（灯台＝指針）」にふさわしいロールモデルを選定・ネットワーク化する取り組みである。選定要件は①大きなインパクトの達成、②複数のユースケースの統合の成功、　③拡張性のあるテクノロジープラットフォーム、④変化の管理・ケイパビリティの構築・コミュニティとの連携などの重要なイネーブラーに関する優れたパフォーマンス等──とされており、世界経済フォーラムによって定期的に選定された企業の傾向や特徴が分析・発表されている。

　では、日本の工場はこのLighthouseにどのくらい選定されているのだろうか。本稿執筆時点の2023年8月現在、選定されている工場数は全世界132カ所に上るが、その中で日本に存在する工場はわずか3カ所であり、製造業を基幹産業の1つとする先進国としては、心もとない数ではないだろうか。

　近年、ものづくりはグローバルで協調しながら先端技術の導入を図ることが重視されている。たとえば、第4次産業革命の一環として2016年頃から検討・実装されてきた「自律分散型の企業間データ連携のしくみ」である「GAIA-X」や、「GAIA-X」の自動車産業を対象としたプロジェクトである「Catena-X」などは、EU（欧州連合）に属する各国を中心としながらも国際的な検討に基づいてルールメイキングや実現に向けた検討がされている。

　ほかにも、「バッテリーパスポート」と呼ばれる国際的な枠組みでは、バッテリーの性能や材料の産出国、リサイクル再生材含有率、製造時の炭素排出量といった来歴およびサステナビリティの観点からの情報を第三者がチェック可能とするしくみが検討されており、電気自動車生産の上でも注目されている

が、こちらもグローバル・バッテリー・アライアンスという国際アライアンスが検討を主導している。

　データ収集・生成技術、通信技術、クラウド技術等の急速な進化により、企業間・バリューチェーン間をまたぐ形での最適化が図れるようになりつつある。たとえばIoT（Internet of Things）技術、センシング技術を用いた製造現場におけるデータ収集の実現、データを送信・処理する通信技術やエッジコンピューティング技術の活用、製造現場のデータと経営に関するデータを組み合わせることによる経営上の意思決定の高度化、生産プロセスのデータを取引先企業と共有・連携することによる仕入れや納品の効率化等、さまざまな最適化の事例が生まれている。

　これまでつながることができなかった主体同士がつながるようになるには、インターフェイスの標準化をはじめとした相互運用性の担保が必要であり、そのためには国際的な協調体制を通じたルールメイキングが重要となる。Global Lighthouse Networkでの日本の工場の状況はあくまで一例ではあるが、日本の製造業もさらなるデジタル化を推し進め、国際的なルールメイキングに積極的に参画していかなければ、グローバルで最適化されていくものづくりの枠組みに十分に入り込めなくなる懸念がある。

　それでは、日本の製造業はどのような形でキャッチアップしていけばよいのだろうか。ここでは、デジタルものづくりの先進的な企業としてしばしば参照されるシーメンスやシュナイダーエレクトリック、エヌビディアを紹介する。また日本企業の先進事例として、日立製作所の大みか事業所についても触れる。

シーメンスのデジタルエンタープライズ・プラットフォーム戦略

　第4次産業革命の取り組みを推進するグローバルリーダー企業として知られるドイツのシーメンスは、「製品の提供」から「デジタルエンタープライズの提供」への転換を推し進めている。シーメンスはデジタルエンタープライズの実現を「現実世界とデジタル世界の包括的な統合」と捉えており、「3Dモデルやシミュレーション技術を用いたデジタル上での製品設計・生産（デジタルツイン）と、実際の工場でのパフォーマンスをデータとソフトウェアによってプ

ラットフォーム上でつなげることで、全体の最適化を図ることが可能である」としている。

たとえばシーメンス自身が有するインダストリー4.0モデル工場であり、工業用電子機器を製造しているアンベルク工場では、デジタル技術により生産設備の75％を自動化し、生産量を13.5倍に増大することに成功している。製品設計、生産ライン設計、製造、製品出荷に至るすべての工程をデジタルで管理し、「設計のデジタルツイン」「製造のデジタルツイン」「パフォーマンスのデジタルツイン」の実現に加えて、受発注や入出荷、売り上げや支払い等のERPシステムともデータを共有しており、IT（Information Technology）とOT（Operational Technology）の統合をも達成しているといえる。

シーメンスによる提供価値が実現された1つのケースとして、BMWの中国組立工場への「フルターンキー」納入がある。フルターンキーとは設計から機器・資材・役務の調達、建設および試運転までの全業務の一括請け負いであり、シーメンスが上述したようなシステムとソフトウェアをフル活用することで対応した結果、現地作業員は、習熟が不要の単純な制御だけであるにもかかわらず、BMWの全車種の1本の生産ラインでの製造（変種変量生産）、99％以上の高い稼働率と高品質の生産を実現した。

デジタルエンタープライズプラットフォームのコンセプトを実現すべく、シーメンスは2007年のPLMソフトウェアのリーディングカンパニーであるUGS買収を皮切りに、現在に至るまで約1兆円を投じてソフトウェア企業の買収を推し進めてきた。シーメンスの事例によれば、近年のものづくりはある意味ではIT産業になりつつある。

シュナイダーエレクトリックのソフトウェア駆動ビジネスモデル

フランスのシュナイダーエレクトリックもシーメンス同様、もともとはものづくり企業でありながら、ソフトウェアによって駆動する企業への転換を推進している企業であり、2022年には英国の産業用ソフトウェア大手のアヴィバを約100億ドルで買収するなど、多額の投資を行っている。アヴィバはオペレーション＆デバイスマネジメント、モニタリング＆デジタルツインソリューション、エンジニアリング＆デザイン、データマネジメントなどの産業用ソフ

トウェアを提供しており、クラウドプラットフォームの「AVEVA Connect」をユーザー体験の中核としつつ、プロセスシミュレーションからエンジニアリング、オペレーションコントロール、バリューチェーンの最適化まで、産業用ソフトウェアが製品ライフサイクルを通じて提供できる体制を整えている。つまり、業務プロセスの大半をSaaS（Software as a Service）によってカバーしている。

また、シュナイダーが提供する「EcoStruxure for Industry」は、機械、食品・飲料、上下水道、鉱山・鉄鋼、オイル・ガス等の複数の分野に対して、製品レイヤー、エッジコントロールレイヤー、アプリケーションレイヤーにまたがり統合的にカバーするIoTプラットフォームである。センサーからクラウドに重要なデータを収集し、データを解析して重要な洞察を抽出することを実現しており、AR（拡張現実）技術やシミュレーションなどを含め、デジタルツインの実現によるエネルギーマネジメントやオペレーション最適化などの価値を提供している。

これにより「エンドポイントからクラウドまで、設計・構築から運用・保守まで、個々の拠点から拠点全体の統合的なマネジメントまで、グローバルに統合された組織体によるサポートが可能である」としており、データでつながること、ソフトウェアにより制御すること、それらをグローバルで最適化できることの重要性が反映されている。

エヌビディア・オムニバースの BMW工場でのデジタルツイン実現

BMWグループは、2025年に操業を開始するハンガリーの電気自動車工場を含む世界中の生産ネットワークにおいて、エヌビディア・オムニバースプラットフォームを導入することを発表している。本プラットフォームは長年にわたって蓄積されてきたエヌビディアのグラフィックス、コンピューティング、シミュレーション、AIの技術の集大成であるとされており、工場のデジタルツインをコンピュータ上に作り出すことができる。たとえば工場内のロボットの配置を組み替える際に、バーチャル上で再現されたロボットと工場の状態を視覚的に把握しながら、実際の工場で作業することなく問題を発見・解決し、理想的なロボットの配置を決定することが可能となる。これは単なる画

像での確認ではなく、実際のロボットの動作をシミュレートすることで、仮想上であっても起こり得る問題を洗い出し、対策を検討することが可能である。なお、本プラットフォームのデモンストレーション動画では、この検討はオンライン会議上で行われており、クラウドネイティブな設計であることもあって世界中の工場関係者とのコラボレーションが可能であるとされている。

　また、設備をすべてデジタル上で統合した形での工場の仮想立ち上げを行えることも特徴の1つとしている。これによって事前にシミュレーションや検討をすることで、実際の工場を設立した際に生じる予期しない事態や突発的な変更、それらによる工場の稼働開始の遅延などを回避し、効率化やコスト削減につなげることができる。

日立製作所の大みか事業所の OT・ITデータによる全体最適化

　日立製作所の大みか事業所は、前述のGlobal Lighthouse Networkとして選出されている日本の工場の数少ない1つである。同工場の公式ホームページによれば「安心・安全・快適な社会インフラを支える情報制御システムを提供する総合システム工場」であり、「現場データ分析ノウハウを駆使したデジタルソリューションで、ハードウェア・ソフトウェアの設計・製造・開発からシステム試験・納入後の運用保守までのバリューチェーン全体を最適化」と「人とデジタルの協調生産を実現するOTとITの融合実践工場として、技術や経験・ノウハウを融合させ、社会課題解決に貢献」を実現していることが選出理由であるとされている。

　日立製作所では、かねてより顧客データをもとにした課題解決を行う技術である「Lumada」を展開しており、大みか事業所はそのコンセプトや技術力、顧客価値を広く伝えるためのショーケースとしての役割も持つ。具体的な取り組みとしては、ハードウェア設計・製造、ソフトウェア設計・開発、システム試験、システム運用・保守支援、工場ユーティリティといったバリューチェーン全体を対象として、IoT技術や現場データ分析ノウハウを駆使したデジタルソリューションを用いて工場の全体最適化と高度化を実現しているとしている。

　たとえばハードウェア設計・製造のフェーズでは、現場の4M、すなわち

huMan（人）、Machine（設備）、Material（モノ）、Method（方法）のデータに着目し、データ収集・分析・対策の循環改善による高効率生産モデルを確立しており、生産現場の見える化、属人化した暗黙知のモデル化・自動化、実績フィードバック計画最適化等を実現し、代表製品の生産リードタイムの50％短縮を実現する等の成果を得ている。またシステム試験のフェーズでは、サイバー空間上に模擬したシミュレーターを活用し、実稼働中の環境では実施できないシステム試験や改造・改修リハーサルを網羅的に実施の上、品質や信頼性の向上にも取り組んでいる。

デジタルものづくりにおける重要技術と将来像

　これまで述べてきたように、IoT技術やセンシングによるデータの取得・生成の拡大、通信の高速化、コンピューティングパワーの強化やエッジコンピューティングの実現による計算能力の確保、クラウド技術とソフトウェア（SaaS）の活用促進、アナリティクスやAIによるシミュレーションやアルゴリズムの高度化などを重要技術として、デジタルなものづくりが加速度的に高度になりつつある。

　デジタルツインはこれまでとは次元の異なる柔軟性と精度を持つサイバー上の工場を実現し、工場内で起きるあらゆることが事前にシミュレーションできるようになる。工場内外のバリューチェーン間でデータが連携され、それによって全体最適化が図られる。デジタルツイン上で検証された方法論やノウハウはソフトウェア化され、限界費用ゼロでグローバルでの工場の垂直立ち上げや設備のフルターンキー提供を可能とする。標準化されたデータ、アプリケーション、ソフトウェア、ハードウェアは自由に組み替えられ、オープンイノベーションを加速する。製造業は売り切りのモデルから、顧客データを収集しながらライフサイクル全体をサポートするサービスモデルに変化する。

　「製造業のDXソリューション」という捉え方で個別の要素だけをみてしまってはなかなか捉え難いが、一見して別々に起きている技術的な進歩も、実際には上述のようにビジネスモデル、サービスモデル、イノベーションモデルをいずれも変えていく大きな潮流の構成要素と捉えることができる。これはものづくりにおけるパラダイム転換ともいえる。

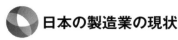

日本の製造業の現状

　それでは、日本の製造業はどのような状況に置かれているのだろうか。

　財務総合政策研究所の「法人企業統計調査」によれば、製造業における設備投資額（ソフトウェア除く）は1990年代のバブル期のピークから急減しており、設備投資効率も1980年代前半から大きく低下し、2000年以降横ばいが続いている。その一方で内部留保と株主配当金が伸びており、短期の株主還元圧力への対応と、将来の不確実性への準備金という名目でキャッシュが内部留保へ回されている可能性がある。また、日本の製造業の営業利益率と総資本回転率を分析すると、1960年代から1980年代までは総資本回転率が高まっているものの、「失われた30年」と呼ばれる1990年代から2020年代までは営業利益率が伸びない中で総資本回転率も低下している。

　これらの結果より、日本の製造業では失われた30年間で設備投資が活発に行われておらず、設備の老朽化やイノベーションの枯渇により生産性が低下していることが見て取れる。

　諸外国と比べてMES（Manufacturing Execution System：製造実行システム）の導入や、製造プロセス内のIT化投資が遅れているという指摘も、さまざまな媒体で行われている。また、詳細は割愛するものの、ある代表的な日本企業数社に対して、業態が類似する海外先進企業と無形固定資産投資の割合やソフトウェア関連企業への投資・買収状況を比較したところ、いずれも海外企業のほうが投資は活発であるという結果となっており、これまで重要性を論じてきたソフトウェアへの投資についても劣後しているとみられる。

　グローバルなルールメイキングの1つである標準化の取り組みについても日本では進んでいない。一橋大学の江藤学教授によれば、日本産業標準調査会（JISC）が実施した調査の結果、国際標準化機構（ISO）や国際電気標準会議（IEC）の標準化会議出席者について、中国は60%、韓国は45%が50歳未満であるのに対し、日本では95%が50歳以上であったとされ、若手人材を育てることが課題視されている。また「日本産業標準調査会　基本政策部会　取りまとめ　―日本型標準加速化モデル―」（令和5年6月）によれば、欧州において市場創出のために標準化活動を展開することを得手とする企業においては、標準化の責任者がいずれも中長期の経営戦略、マーケット戦略を意識しており、

そうした標準化戦略の展開を支えるにあたっては全社的な体制が構築されているという。そこまで注力できている日本企業はどの程度存在するだろうか。また、台湾新幹線での輸出の際に国際標準・認証への対応が課題になった事例も存在する。日本国内で安全に利用されていることだけではグローバルなビジネスにおいては信用が得られず、国際標準に基づく適合性評価をクリアしていることが必要となった。

「日本の製造業の強みは現場にある」とよく語られるとおり、熟練の職人のスキルに支えられた加工精度の追求や、カイゼン活動に代表される生産プロセスの継続的なブラッシュアップ等は、日本企業は諸外国の追随を許さない強みを有している。一方で、現場が強いからこそ、パラダイム転換が生じた際にトップダウンで柔軟に対応することは不得意で、それが現在まで続いていると考えられる。また、これまでは内需が大きく、日本国内でのシェア争いに勝つべく製品品質の高さを追求することが重視されてきたことも要因の1つであろう。すり合わせにより高品質製品を生み出してきた日本のビジネスモデルが、グローバルなルールメイキングの中で協調したり、水平分業を行ったりする新たな動きに馴染まないのは当然であるという見方もできる。

IT化・ソフトウェア化・サービス化する製造業に適応するために

かねてより「モノづくりからコトづくり」のスローガンは知られていたが、上述のテクノロジーの進化はそれをより強力に推進している。たとえば「Product Service System（PSS）」は、製品販売を主体とした従来型の製造業のビジネスモデルからサービス販売へと価値転換を図ろうという概念であり、実事としてロールス・ロイスの「Power by the Hour」が知られる。これは売り切り型の航空エンジンにメンテナンスサービスを別途追加提供する従来のビジネスモデルから、エンジンの「稼働時間」に応じてロールス・ロイスが対価を受け取るビジネスモデルへの転換で、製品からサービスへ、交換価値から使用価値へと価値転換がなされた好例である。

これまで述べてきたようなものづくりのソフトウェア化・システム化が進み、データとインターフェイス等の標準化によってシステムとシステムがつながるようになり、「System of Systems（個別に独立したシステム同士がつな

がること）」が実現すれば、ものづくりは社会全体のアーキテクチャーに基づいて動く大きな枠組みとして存在することになる。製造業がサプライチェーン間でつながることにとどまらず、製造業と顧客もつながり、上述のPSSは顧客のビジネスシステムの一部として統合される形で実現される。単に製品を売り切りで提供するのではなく、製品のライフサイクル全体をサポートすることが主な価値となる。そこでは製造業は従来の姿から大きく変わり、IT産業、サービス産業のような姿になっているのではないか。

　ここで重要になるのは、企業間のつながりを担保するデータ流通を促進するためのしくみと、どの企業の間でも柔軟につながるようになるための標準化活動である。前述のGAIA-XやCatena-X、さらにCatena-Xを製造業全体に広げた「Manufacturing-X」など、データ共有圏を確立するための取り組みは日々進んでいる。特にCatena-Xは、その普及促進のためにドイツのSAP、シーメンス、BMW、メルセデス・ベンツ等は、10社からなるジョイントベンチャー「Cofinity-X」を設立するなど、その動きを加速させている。標準化についても、欧州でのリーダーシップをとるドイツは「インダストリー4.0の標準化ロードマップ」を定期的に更新・発行しており、2023年1月までに第5版を重ねている。

　このように、次世代のものづくりに向けた取り組みがグローバルでスピーディに展開していく中、日本の製造業にもいち早い対応が求められる。また製造業のIT産業化・サービス化が進んでいく上では、製造業を顧客とする日本のIT事業者も積極的に参画・サポートしていく必要がある。これまでのような、顧客の要求を最上位に置いてシステム開発を行う受託型SIビジネスだけではなく、顧客とともに最先端の動向を学び、ひいては顧客のシステムのあるべき姿を描き導いていくような役割もITの専門家には求められるのではないか。

　日本のものづくりの弱点について歴史的・文化的背景も含めた詳細な考察のもとに紐解いた『ものつくり敗戦──「匠の呪縛」が日本を衰退させる』（木村英紀著、2009年）では、「日本のものづくりは『理論』『システム』『ソフトウェア』の3つが苦手である」と結論づけている。日本の技術は伝統的に人間を軸とした労働集約型であった一方、産業革命以後の西欧の技術は資本集約型であったという違いがあり、日本の労働集約型技術は西欧近代技術導入以後も

生き残った。労働集約型技術は日本の産業競争力を作り上げた原動力であり、日本独特の強みである現場の強さやボトムアップの改善を積み上げることによる品質の高さなどを生み出した一方で、経験やカンに基づく「匠」の現場力の高さに依存する文化は普遍性への感度の低さにもつながり、普遍性への感度の低さは理論の弱さ、ソフトウェアの弱さ、システム思考の弱さにも関連している。ものづくりが機械を使うものからシステムによって行われるものに変わりゆく中で上述の日本の3つの弱点が顕在化してきたが、デジタル時代においてこの3つの重要性はますます高まっていく。にもかかわらず、日本全体としてこれらを克服する取り組みが活発に行われているかというと、そうではない。

　ただ一方で、「東芝グループ経営方針」のように、デジタルものづくりの流れを捉え、対応を図る例も登場している。

　2022年6月に発表された東芝グループ経営方針は「東芝グループの目指す姿」「東芝グループの現在」「課題への解決策」「東芝グループが描くDE→DX→QX」といった項目立てとなっているが、そのうち「課題への解決策」に着目したい。同項目では、「これまで東芝の製品開発は縦割りで、ソフトウェアはハードウェアの中に一体的に組み込まれてシステムとして提供されていたが、これからはソフトウェアとハードウェアの分離が重要である」とし、その上で「ソフトウェアを標準化し、他社ハードウェアやアプリケーションとつながるようにすることでプラットフォーム化をねらう。そのプラットフォーム上でさまざまなアプリが組み合わされて新たなサービスが創出されれば、スケーラブルなネットワークに基づく新たなビジネスモデルが実現でき、これは東芝の指数関数的な成長を可能にする」としている。

　この方針はまさに、標準化により相互運用性が担保されたビジネス環境の中で、アプリケーション、ソフトウェア、ハードウェアを状況に応じて組み替えながら膨大なサービスを生み出すオープンイノベーションへつながるしくみであり、前述したものづくりのパラダイム転換に適応しようとする試みである。

 ## 製造業に求められる対応

　とはいえ、東芝のような経営方針はいまだ少数派で、現在のままだと、「ものつくり敗戦」だけでなく「デジタルものつくり敗戦」に至る懸念がある。そ

うならないためにも、製造事業者とIT事業者はこれまで以上に協働してデジタル化の流れを捉え、先行していく必要がある。

　まず重要なのは、上述したようなものづくりのパラダイム転換を正確に捉えることである。ニュース記事等では、「製造業DXソリューション」のように、個別の課題を解決する単体のソリューションという形でデジタルものづくりが語られがちであり、それらももちろん重要な進化ではあるものの、単体のソリューションを知るだけでは背景で起きている変化を捉えることは難しい。IoT技術・センシング技術によるデータ生成の推進、データ流通のための標準化、データとソフトウェアによって定義されるものづくりのシステム、システム同士がつながることによるバリューチェーンや業種業態を超えた全体最適化のように、ものづくりで起きている変化はそれぞれが密接に関連し合っており、その全体像を把握する。

　また、これまで述べたようなデジタル化への適応に向けて、その前提となるIT化・システム化を進めておく必要もあろう。この点についての実現状況は企業によって異なるが、生産管理業務が表計算ソフトウェアベースで行われている実態や、ITシステム・生産システムが拠点ごとに管理されているのであればそこから脱却し、全社レベルの目線でトップダウン的に最適化を図る。そのためには、自社の業務プロセスを明瞭に書き出すことや、自社のビジネスの実態に即したシステムアーキテクチャーを構築することが求められ、わが国においてこれらを実現するためにはITベンダーとの協業が欠かせない。

　一方で、OT側の知見やノウハウを持つITベンダーは現状では限られている。ITベンダー側としても、従来型の受託製造型ビジネスモデルのような顧客が求めているソフトウェア・サービスを提供するだけではなく、グローバルで進められている上述のような潮流をつかみ、製造業の顧客に対して提案していく能力を身につける必要があろう。

　また、政策側からのアプローチとしては、これまで述べてきたように製造業、ITベンダーのIT化・システム化を進め、デジタルものづくりへ移行させるべく働きかける。具体的には、日本の製造業が目指すべきグランドデザインを明確に提示することでパラダイム転換が生じつつあることの周知を図るとともに、業種別のシステムアーキテクチャーのリファレンスモデルを検討・公開することや、ITベンダーがOT側の知見・ノウハウを取得できるような支援

（事例収集や教育プログラムの開発など）、デジタルものづくり実現のための製造事業者とITベンダーの両者が複数集まったコンソーシアムの組成、および仕様策定のための検討支援、また、デジタル化が遅れがちな中堅中小の製造業への十分な支援などが考えられる。政府、製造業企業、ITベンダー、および研究機関や標準化機関などを巻き込みながら進めていく。

　「ジャパン・アズ・ナンバーワン」の時代から事業環境は大きく変化を遂げ、上述のとおり日本の弱みが競争要因となりつつある逆風の中ではあるものの、日本には依然として分厚い産業集積があり、大量の現場ノウハウと優秀な現場人材の存在は事実である。その強みを活かしながらデジタルものづくりへの移行ステップを着実に踏んでいけるかどうかで、パラダイム転換後の世界での日本のポジションが決まる。

第 **3** 章

データ流通とガバナンスの未来

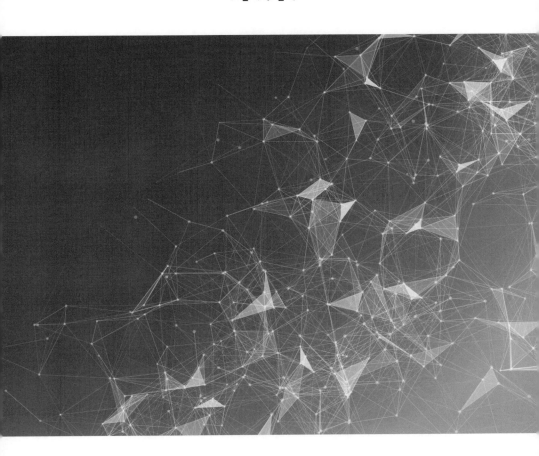

生成AIのルールメイキング

2022年11月のChatGPTのリリース以降、生成AIが脚光を浴びている。この盛況を、「ハイプ・サイクル」における「過度な期待」のピークと捉えるべきか、あるいは、「社会の変曲点」と捉えるべきかについてさまざまな議論がされている。

当該分野での技術進展や急速な普及状況を踏まえると、生成AIが企業のビジネスモデルを刷新し、それが産業構造の変革を促し、ひいてはわれわれの働き方にも変化をもたらすことも十分に想定され得る。これら一連の変化への対応を見据え、各国政府は生成AIにかかわるルールメイキングや、生成AIへの既存法制度の適用を迫られている。

本節では、生成AIの特徴とそのインパクトに加え、生成AIをめぐる諸外国の制度動向や既存の法制度との対応関係を概観し、その上で生成AIを前提とした新たな社会システムのあり方や、生成AIと人間とのかかわり方を考察する。

 ## 生成AIの特徴とそのインパクト

生成AIは、①利用用途が汎用的であること、②生成された文書・画像等が、人間が回答・作成しているほどに自然であることに加えて、③自然言語を通じて直観的に扱えることから飛躍的に普及している。

ここでは、AIのモデルとインターフェイスに着目し、生成AIの特徴や従来のAIとの違いを解説した上で、生成AIがわれわれの雇用や働き方に与える変化に着目し、そのインパクトを考察する。

生成AIの特徴 ——大規模言語モデルによる汎用性・実用性

生成AIとは、学習データの量（インプット）と、学習データに基づくパラメータの数（プロセス）を大規模化させることで、あたかも人間が作成しているような水準で、文章、画像、音声、プログラムの生成を含む汎用的な出力結

果（アウトプット）を生成できる。

　生成AIはモデルの構築段階において、これまでのAIと比べて、100倍以上のデータ量を学習し、その膨大な学習データ量をもとに設定されるパラメータ数も1000倍以上となっており、「べき乗」の進化を遂げ、汎用性と実用性を備えるようになった。

　このべき乗の進化は「大規模言語モデル（LLM：Large Language Models）」の登場によるところが大きく、LLMこそが、生成AIの要といわれることもある。米国スタンフォード大学のAI研究機関「HAI」[1]によると、LLMは、そのモデルがいったん構築されると、下流の幅広いアプリケーションやウェブサービスに直接、導入・実装が可能になるため、現在の生成AIの大半は、汎用的なLLMを使ってさまざまなアプリケーションやサービスを提供しているという。つまり、LLMは、生成AIを駆動させる汎用的なエンジンのような機能を果たしているのである。

生成AIの特徴——自然言語を用いたインターフェイスによる可用性

　生成AIのもう1つの特徴は、あるタスクを生成AIに指示したり、操作したりする際に、自然言語を使用できることにある。

　たとえば、ChatGPTのプロンプトに、「5歳の男児の誕生日には、どのようなプレゼントを贈るべきか、理由とともに教えてほしい」と入力することで、チャットボット形式で、直観的にAIを利用できる。利用者は、マニュアルを読んだり煩雑な操作に悩まされたりする必要はない。

　要するに、LLMは、大規模かつ複雑なモデルであるにもかかわらず、利用者は、LLMが搭載されたアプリケーションやサービスにおいては、背後にあるAIを意識することなく、自然言語を用いて直観的にほしいアウトプットが得られる。この指示・操作性の高さも生成AIの強みである。

　これまでのAIは、単独のタスクを実行するために最適化して設計されたモデル上で駆動するのが一般的であり、その利用用途も限定的であった。また、AIを適切に指示・操作し、意図したアウトプットを得るには、機械学習や統

---

1) Stanford University Human-Centered Artificial Intelligence "Generative AI: Perspectives from Stanford HAI" https://hai.stanford.edu/generative-ai-perspectives-stanford-hai

比較観点		これまでのAI	生成AI
モデル	学習データの量 （インプット）	限定的 （〜4.5GB）	膨大 （570GB〜）
	パラメータの数 （プロセス）	限定的 （〜1.2億）	膨大 （1750億〜）
	出力結果 （アウトプット）	限定的な範囲に限り、実用的 （特定の領域のみ活用可能）	汎用かつ実用的 （あらゆる領域で活用可能）
インター フェイス	指示・操作性	理論的 （プログラム言語で指示・命令）	直観的 （自然言語で指示・命令）

一部の専門家・エンジニアが
特定の研究や業務で活用
→

あらゆる職種・世代の人が
日常生活や業務で活用
→

（注）学習データ・パラメータ数は、一例として、GPT-1（2018年）およびGPT-3（2020年）の値を参照
　　　している
（出所）各種情報をもとに作成

計を理解し、プログラミング言語を扱えることが前提であったため、活用者
は、AIの専門家やエンジニアに限られていた。

　これに対して、生成AIは、直観的なインターフェイスで、汎用的かつ実用
的なアウトプットができるようになったため、専門家やエンジニアだけでな
く、専門的な知識を持たないあらゆる職種・世代の人に対しても生成AI活用
の門戸を開き、AI活用を次の段階へ押し上げた（図表3.1-1）。

具体的なメリットにより加速する生成AI活用

　民間企業や公共部門は、人手不足や労務時間の削減要請への対応を迫られる
中、前述の具体的なメリットがある生成AIの活用に積極的である[2]。

　2023年時点での国内の民間・公共部門の生成AIの利活用意向調査による
と、企業だけでなく、これまで新規ツールの導入に消極的であった地方自治体
も生成AIの活用に積極的であることがわかる。

　帝国データバンクが2023年6月20日に公表した「生成AIの活用に関する企
業アンケート」[3]によると、国内事業者のうち、約61％が生成AIを「活用」ま
たは「活用を検討」と回答している（図表3.1-2Ⓐ）。他方、時事通信社が

2）　生成AIの活用可能性については、第2章2節にその詳細と取り組むべき施策について整理し
　　ているため、そちらも参照されたい。

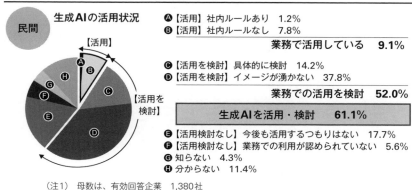

生成AIの活用状況

民間

【活用】

Ⓐ【活用】社内ルールあり　1.2%
Ⓑ【活用】社内ルールなし　7.8%

業務で活用している　**9.1%**

Ⓒ【活用を検討】具体的に検討　14.2%
Ⓓ【活用を検討】イメージが湧かない　37.8%

業務での活用を検討　**52.0%**

生成AIを活用・検討　**61.1%**

Ⓔ【活用検討なし】今後も活用するつもりはない　17.7%
Ⓕ【活用検討なし】業務での利用が認められていない　5.6%
Ⓖ知らない　4.3%
Ⓗ分からない　11.4%

（注1）　母数は、有効回答企業　1,380社
（注2）　小数点以下第2位を四捨五入しているため、合計は必ずしも100とはならない
（出所）帝国データバンク　「生成AIの活用に関する企業アンケート」
　　　　https://www.tdb.co.jp/report/watching/press/pdf/p230608.pdf

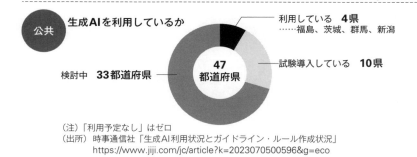

公共　**生成AIを利用しているか**

利用している　**4県**
……福島、茨城、群馬、新潟

47
都道府県

試験導入している　**10県**

検討中　**33都道府県**

（注）「利用予定なし」はゼロ
（出所）時事通信社「生成AI利用状況とガイドライン・ルール作成状況」
　　　　https://www.jiji.com/jc/article?k=2023070500596&g=eco

2023年7月5日に公表した「生成AI利用状況とガイドライン・ルール作成状況」[4]によると、47都道府県のうち14県が「利用している」、または「試験導入している」であった。そして、残る33都道府県は、「検討中」であり、「利用予定なし」と回答した都道府県はゼロであった（図表3.1-2Ⓐ）。なお次ページの同Ⓑに示すように、東京商工会議所や日本ディープラーニング協会等が、民間企業における生成AIのガイドラインの作成を推進している。一方、

3）帝国データバンク「生成AIの活用に関する企業アンケート」https://www.tdb.co.jp/report/watching/press/pdf/p230608.pdf
4）時事通信社「生成AI利用状況とガイドライン・ルール作成状況」https://www.jiji.com/jc/article?k=2023070500596&g=eco

民間　中小企業のための
「生成AI」活用入門ガイド
（東京商工会議所）

生成AIの利用ガイドライン
（日本ディープラーニング協会）

（出所）東京商工会議所
https://www.tokyo-cci.or.jp/file.jsp?id=
1200434

（出所）日本ディープラーニング協会
https://www.jdla.org/document/#ai-
guideline

公共　ガイドラインやルールを作るか

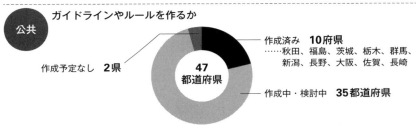

作成予定なし　**2県**

47
都道府県

作成済み　**10府県**
……秋田、福島、茨城、栃木、群馬、
新潟、長野、大阪、佐賀、長崎

作成中・検討中　**35都道府県**

（出所）時事通信社「生成AI利用状況とガイドライン・ルール作成状況」
https://www.jiji.com/jc/article?k=2023070500596&g=eco

地方自治体においては、45都道府県がガイドラインを「作成済み」または「作成中・検討中」である。

　この急速な生成AIの普及は、政府や関連団体によるインセンティブ付与や政策上の活用促進によるものではない。前述のとおり、AIにおける飛躍的な技術進歩が具体的なメリットを持つ生成AIを生み出した結果、企業だけでなく、地方自治体も、生成AIに対して実務上のメリットを身近に感じているために、活用に前向きなのではないかと推察される。

生成AIのインパクト——人間の雇用や仕事の変化

　このような背景により、生成AIは、さらなる技術進歩とともに、より広く・深く仕事や生活の中に浸透していくことが予想される。その結果、人間の

あらゆる仕事や雑務を補完・代替し、われわれは、人間の働き方や価値の再考を迫られることになるだろう。

Goldman Sachsは2023年3月26日に、生成AIが雇用等に与える影響に関するレポート[5]を公表しており、そこでは、AIによる自動化にさらされる比率が高い職種として、「事務系タスク」「弁護士」「金融マネジメント」が挙げられている。

今後、生成AIが高度化するにつれて、上述の職種にとどまらず、ホワイトカラーのタスクのうち「最初の方向性決定」と「最終的な判断」のような、人間が「責任」を持つべきタスク以外の大部分は補完・代替されていく可能性もあるだろう。生成AIを前提とした人間の仕事のあり方については、後段でさらに考察する。

生成AIの普及・拡大を踏まえた ルールメイキングの必要性

生成AIのわかりやすいメリットが生成AIの活用を駆り立てている。このような急速な普及に対応するために、業界団体や公的機関は、生成AIに関連して生じ得る実務・現場レベルでのリスク対応や、適切な利用方法の啓蒙のためにガイドライン等の整備を急ピッチで進めている。

生成AIのガバナンスについては、実務・現場レベルでのリスク対応にとどまらず、基本権や民主主義、国家安全保障といった、影響が広範囲に及ぶ課題への対応や、国家戦略としての国産LLM開発等、国家レベルでの政策立案が求められている。

生成AIをめぐる諸外国・地域の法制度の動向と 既存ルールとの関係

本項では、日本に加え、AIのルールメイキングに影響力を持つ諸外国・地域（欧州連合、英国、米国、中国）の制度動向に加えて、プライバシーや著作

---

5) Goldman Sachs "The Potentially Large Effects of Artificial Intelligence on Economic Growth（Briggs/Kodnani）" https://www.key4biz.it/wp-content/uploads/2023/03/Global-Economics-Analyst_-The-Potentially-Large-Effects-of-Artificial-Intelligence-on-Economic-Growth-Briggs_Kodnani.pdf

権、競争・消費者保護を含む、生成AIに対する既存法制度の適用事例等を概観し、生成AIをめぐるルールメイキングの方向性を考察する。

生成AIをめぐる各国・地域制度の比較

生成AIを含むイノベーションに関するルールメイキングのあり方についてはさまざまな論点がある。たとえば、

(1) 開発・活用促進とリスク対応をどのようにバランスさせるか

(2) ガバナンス手法として、法規制と自主規制[6]をそれぞれどのように使い分けるか

――が挙げられる。これらの論点の方向性として、Ⓐ国家戦略におけるAIの位置づけ、Ⓑ社会秩序にAIが与えるリスク、ⒸAIに対する国民の受容性等、各国・地域の複合的な背景に基づいた検討がなされているため、国や地域ごとにアプローチが異なっている。

具体的にそれぞれの特徴を挙げると、

①ルールメーカーとしての地位をねらい、人権の保護を主眼にリスクベースで法規制を定める欧州連合

②欧州連合からの脱退（Brexit）以降、より柔軟な規制とイノベーションの推進を重視する英国

③歴史的に市場や事業者の自律性を重視し、自主規制を志向する米国

④最低限のリスクに配慮しつつ、国家戦略としてAIを通じたイノベーションの促進を模索する日本

⑤AIを国家安全保障・社会秩序の脅威と捉え、強固に取り締まる中国

――と表すことができる。このように、生成AIを含むイノベーションに関するルールメイキングにおいて、各国・地域はそれぞれ特徴的なアプローチで推進している。

以下、前述の5つの法域ごとにそれぞれのアプローチの特徴を概観していく（図表3.1-3）。

---

6) 業界団体等による自主的な規制によって、当該問題を適切に解決するルールの枠組み。なお、自主規制に加え、政府による一般原則の提示も同時に存在し得る。

図表3.1-3　各法域のAIガバナンスのアプローチ

各国・地域		ガバナンスアプローチ	関連動向
欧州連合	・ルールメーカーの地位をねらう ・法規制に主眼	**AI規則（案）** リスクごとに個別対応（リスクベースのアプローチ） ①受容できないAI：禁止 ②ハイリスクAI：要件と事前適合性評価の準拠 ③透明性義務を伴うAI：透明性義務の適用 ④最小リスク・リスクなしAI：制限なし	・AI条約構想 ・AI民事責任指令 ・TTC（貿易・技術評議会）会合 ※米国と共同
英国	・より柔軟な規制適用 ・イノベーションの推進	**イノベーションの推進を重視したAIの規制に向けたアプローチ** ①柔軟な規制対応 　新たな規制のフレームワークは初期的には検討しない旨を公表 ②開発環境への投資 　AI開発環境整備を目的に、基礎モデルタスクフォースの立ち上げとLLM開発に大規模投資を実施	・AI基礎モデルの競争と消費者保護への影響に関する初期レビュー ・AI安全サミット
米国	・市場や事業者の自律性を重視 ・自主規制に主眼	**責任あるAI開発にかかわる自主的取り組み** OpenAI、グーグル、マイクロソフト等が政府と同意した自主的コミットメント ①事前の安全性確保 ②安全第一のシステム構築 ③国民の信頼獲得	・科学技術に関する大統領諮問委員会 ・責任あるAIにかかわるイノベーション会議
日本	・最低限のリスク配慮 ・イノベーションの推進	**AI戦略会議（関連施策の進め方）** ①リスクへの対応 　国際的なルール形成への貢献や、偽・誤情報対策技術等の開発・展開 ②AIの利用促進 　医療、教育、インフラ等でのAI利用促進、スキル・リテラシー習得促進 ③AI開発力の強化 　計算資源、データ、モデル開発／研究の拡充と強化	・広島AIプロセス ・人間中心のAI社会原則
中国	・AIを国家安全保障・社会秩序上の脅威と認識 ・強固な法規制を導入	**生成型AIサービス管理暫定弁法** ①社会主義価値観の反映 ②生成AIコンテンツにかかわる表示義務化 ③事前審査の義務化等	・ディープフェイク規制 ・ディープサービス規制

（出所）各種情報をもとに作成

図表3.1-4　**欧州連合　AI規則（案）**

カテゴリー	対象	規律
受容できないAI	**EUの価値観と矛盾するAI** • 潜在意識への操作 • 子どもや精神障がい者を相手とする搾取行為 • 社会的スコアの一般的な利用 • 公的空間での法執行目的の遠隔生体認証	利用禁止
ハイリスクAI LOW MEDIUM HIGH RISK	**規制対象製品の安全要素** • 産業機械、医療機器等、法によって第三者認証の対象となるもの **特定分野のAIシステム** • 自然人の生体認証と分類 • 重要インフラの管理と運用 • 教育と職業訓練 • 雇用、労働者管理、自営業の機会 • 必須の民間サービス、公共サービス・利益へのアクセスや享受 • 法のエンフォースメント • 移住、亡命および国境管理 • 司法運営と民主プロセス	**利用許可（条件つき）:** **要件・事前適合性評価の準拠** • リスク管理プロセスを確立して実装 • 高品質な学習、検証、テストデータの利用 • 文書化の確立、ログ機能の設計 • 適切な透明性確保、ユーザーへの情報提供 • 人間による監視 • 堅牢性、正確性、サイバーセキュリティ確保 **上記のほか、AI提供者・AI利用者への義務**
透明性義務を伴うAI LOW MEDIUM HIGH RISK	**透明性義務が適用される** **AIシステム** • 自然人と相互作用するシステム（チャットボットなど） • 感情推定や生体認証に基づくカテゴリー形成を行うシステム • ディープフェイク（存在する人物等に相当程度似せた動画等の生成または操作するシステム）	**利用許可（条件つき）:** **情報・透明性義務・通知義務** • AIを使用している旨を通知する義務 • コンテンツがAIにより生成・操作されている旨を通知する義務等
最小リスク・リスクなしAI LOW MEDIUM HIGH RISK	• 上記以外のAIシステム	利用許可（条件なし）

（参考）経済産業省「EUのAIに関するフレームワーク」をもとに作成
https://www.meti.go.jp/shingikai/mono_info_service/ai_shakai_jisso/pdf/2021_001_05_00.pdf

欧州連合

　欧州連合は、個人情報保護・プライバシー保護においてはGDPR（EU一般データ保護規則）を通じて国際社会でのルールメイキングに対して大きな影響力を持っており、AI規制でも国際的なフレームワークを主導する立場を標榜

し、ルール作りを進めている。

2021年4月に欧州委員会は、AI規則（案）を提案した。その後、23年6月に、閣僚理事会による修正方針を踏まえ、欧州議会がAI規則修正案を提出した。本修正案には、LLMを含む基礎モデルに対する規制が追加されている。なお、本修正案は23年8月時点では未合意であるが、AI規則案は、24年春に採択される見込みである。

AI規則（案）の特徴は、リスクベースのアプローチを採用している点にある（図表3.1-4）。このリスクベース手法のもと、AIシステムを、4つのカテゴリー（①受容できないAI、②ハイリスクAI、③透明性義務を伴うAI、④最小リスク・リスクなしAI）に分け、それぞれのリスクに応じた規律（利用禁止、条件つきでの利用許可、条件なしでの利用許可）を課している。

英国

英国は、2020年の欧州連合からの脱退（Brexit）以降、欧州とは異なった独自のアプローチを重視する観点により、既存の規制適用に対する柔軟性や基礎モデルの開発に着目したイノベーション促進を模索している。

このような方向性のもと、英国科学・イノベーション・技術省（Department for Science, Innovation & Technology）は、2023年3月29日、「イノベーションの推進を重視したAIの規制に向けたアプローチ」[7]の白書を公表している。同白書では、AIによるイノベーション促進の重要性が強調されており、規制については文脈に応じた、より柔軟な方向性が提案されている。この方針に基づき、英国は、LLMに関する専門家タスクフォース（基礎モデルタスクフォース）を立ち上げ、AIの開発環境整備を目的に、LLM開発に約9億ポンドの大規模投資を行っている。また、ほぼ同時期に、英国競争・市場庁（CMA：Competition and Markets Authority）は、「AI基礎モデルの競争と消費者保護への影響に関する初期レビュー」を行っており、LLM等に代表される基礎モデルが競争に与える影響に着目している。このように、英国は基礎モデルの重要性に着目したガバナンス手法を取っているといえる。

---

7) Department for Science, Innovation & Technology "A pro-innovation approach to AI regulation" https://www.gov.uk/government/publications/ai-regulation-a-pro-innovation-approach/white-paper

図表3.1-5　**米国　責任あるAI開発にかかわる7社[注]の自主的取り組み**

分野	項目（一部抜粋）
1 事前の安全性確保	①AIシステムのリリース前に社内外の**安全性テストを実施**すること ②AIのリスク管理に関して、**業界全体や政府、市民社会、アカデミアとの情報共有**を行うこと
2 安全第一のシステム構築	③プロプライエタリのモデルウェイトと未発表のモデルの重みづけを保護するため、**サイバーセキュリティとインサイダー上のリスクに対するセーフガードに対する投資**をすること ④**第三者によるAIシステムの脆弱性の発見・報告を動機づけ**すること
3 国民の信頼獲得	⑤電子透かしシステム等、**コンテンツがAIによって生成されたものであることをユーザーに確実に通知**するための強固な技術的メカニズムを開発すること ⑥**AIシステムの能力や、その限界、適切な活用の範囲と、不適切な活用の範囲を公に報告**すること ⑦**有害な偏見や差別の回避、プライバシーの保護など、AIシステムがもたらし得る社会的リスクに関する研究を重要視**すること ⑧**社会が直面する最大の課題に対処するための高度なAIシステムを開発し、展開**すること

（注）7社：アマゾン・ドット・コム、Anthropic、グーグル、メタ・プラットフォームズ、Inflection、マイクロソフト、OpenAI

（出所）The White House "FACT SHEET: Biden-Harris Administration Secures Voluntary Commitments from Leading Artificial Intelligence Companies to Manage the Risks Posed by AI" https://www.whitehouse.gov/briefing-room/statements-releases/2023/07/21/fact-sheet-biden-harris-administration-secures-voluntary-commitments-from-leading-artificial-intelligence-companies-to-manage-the-risks-posed-by-ai/

米国

　米国は、かねてより市場や事業者の自律性を重視し、自主規制に主眼を置いている。AI分野においても、事業者とともに責任のある自主規制を推進することで、生成AIをめぐるリスクに配慮しつつも、イノベーションを阻害しない規制のあり方を志向している。

　この具体的な自主規制の例として、「責任あるAI開発にかかわる自主的取り組み」が挙げられる。ホワイトハウスは、2023年7月21日に、同取り組みにおいて、「米国は、OpenAI、グーグル、マイクロソフト、Anthropicを含む7社が、自主的コミットメント（3分野8項目）を推進していくことに合意した」と発表している。さらに本合意を踏まえ、ここに挙げた4社は、安全で責任あるAIモデル開発に焦点を当てた業界団体「Frontier Model Forum」[8]を立ち

上げた。

同コミットメントは、①事前の安全性確保、②安全第一のシステム構築、③国民の信頼獲得、の3分野より構成され、それぞれの分野ごとに「コミットメント（約束）」の項目が掲げられている（図表3.1-5）。安全性テストやセーフガードに対する投資、差別やプライバシー侵害に対する保護など、生成AIのリスクに対する安全・安心や信頼の確保を目指している点が特徴である。また、参加企業が生成AI分野を主導するグローバルで活躍する大手企業であることから、短期的には事実上の生成AIの開発ルールとなると予想される。

日本

日本は、AIに関連するリスクを認識しつつも、AIの進化と社会実装を経済成長の柱として重要視する立場から、イノベーションの促進に軸足を置いた施策を模索している。2023年5月に発足したAI戦略会議において、「第4回AI関連の主要な施策について（案）」として、①リスクへの対応、②AIの利用促進、③AI開発力の強化、が検討の方向性として示されている（次ページの図表3.1-6）。

ここでのポイントは、リスクへの対応については、国際的なルール形成への貢献や、偽・誤情報対策技術等の開発・展開を含む基礎的な対応にとどめ、AIの利用促進と開発力強化により焦点を当てている点である。また、AI開発力の強化については、①計算資源、②データ、③モデル開発／研究という具体的な方向性が示されている。

これまで、AIに限らず、政策上のアプローチにおいて、日本は欧州と米国の中間に位置づけられ、規制と促進の中庸をねらうことが多いと評価されてきた。たとえば、データの越境移転制限では、データの第三国への移転に対して厳格なルールを課す欧州と、原則としてルールを課すことなく自由なデータ移転を重んじる米国の間で、両者のデータ保護と越境移転の水準を折衷する第三国としての立場を取っている。

しかし、AIガバナンスに関して日本は、欧州だけでなく、米国と比較しても、イノベーションをより積極的に促進するアプローチを採択する可能性もあ

---

8)　OpenAI "Frontier Model Forum" https://openai.com/blog/frontier-model-forum

図表3.1-6　**AI戦略会議　AI関連の主要な施策について（案）**

▶は生成AIを中心とする取り組みを示す

リスクへの対応

■ **国際的なルール形成への貢献**
　　▶「責任あるAI」の実現に向けた国際的議論への参画や普及・支援等の強化

■ **偽・誤情報対策技術等の開発・展開**
　　▶偽・誤情報の対策技術やAIによって生成されたコンテンツか否かを判定する技術等の確立・社会実装、国際的な情報発信

AIの利用促進

■ **医療、教育、インフラ等でのAIの利用促進**
　　医療・介護・保育等の準公共分野、教育分野、インフラ管理、各種行政事務等におけるAIの活用
　　▶・AI創薬研究プラットフォームの構築
　　▶・教育現場における生成AIのパイロット的取り組み、校務での活用
　　　・インフラ管理のための事象予測、最適化　等

■ **スキル・リテラシー習得のためのコンテンツ開発**
　　▶幅広い世代で生成AIを含むさまざまなAIを賢く使いこなせるよう、AIの特性やリスク等についてのコンテンツや学習法を開発・提供

AI開発力の強化

計算資源

■ **計算資源の整備・拡充**
　　▶民間による計算資源の整備支援や、国立国語研究所（国研）・大学・スタートアップ等が利用できる計算資源を整備し、汎用型大規模モデル開発、モデルの透明性・信頼性確保のための研究開発等に活用

データ

■ **高品質データの整備・拡充、アクセス提供**
　　▶民間等による基盤モデルの効率的な開発支援、基礎的な研究力・開発力強化等のため、既に実績を有する国研等において大量・高品質・安全性の高いデータを整備・拡充、アクセスを提供

モデル開発／研究

■ **基盤モデルの透明性・信頼性の確保等の研究開発力および産業競争力の強化**
　　▶基盤モデルの原理解明を通じた、効率が良く精度の高い学習手法、透明性・信頼性を確保する手法等の研究開発力の強化
　　▶汎用型の大規模モデル、科学研究モデル、複数のモデルの組合せ等の先進的な技術

■ **トップ人材が集まる環境整備、人材育成**
　　▶トップ人材が集まる研究・人材育成環境の整備や、新興・融合領域等における人材育成プログラムの実施

（出所）内閣府　AI戦略会議　「第4回AI関連の主要な施策について（案）」
　　　　https://www8.cao.go.jp/cstp/ai/ai_senryaku/4kai/4kai.html

る。背景には、①政府が国家戦略において、経済成長の起爆剤としてAIの進化と社会実装を捉えていること[9]に加え、②汎用人工知能に代表される、高度な知性を持つ人間以外の存在との共存について、比較的受容しやすい社会文化であることを指摘する声もある。「鉄腕アトム」や「ドラえもん」で、AIやロボットが人間に対する脅威としてではなく、よき友人として共存・共栄する姿が描かれていることも関係しているのかもしれない。

このようなイノベーションを重要視する方針が、国産LLMの開発や関連プレイヤーの育成・誘致等の具体的な成果につながるかどうか注視していく必要があるだろう。

中国

従前よりディープフェイクを含むAIの課題に対応してきた中国は、政府に関する有害情報や偽情報の取り締まりを含む国家安全保障の観点から、他国と比較して、より強固に生成AIを規制している。その代表例である生成型AIサービス管理暫定弁法は、2023年4月11日に法案が公表され、7月13日に最終規則の公表を経て、8月15日に施行された。

同法において、①生成AIのコンテンツの内容は社会主義の中核的価値を反映し、国家の統一を損なわないこと、②生成AIを使用したコンテンツについては、生成AIコンテンツであることを明記すること、③サービスリリース時には、当局による事前審査を受け、必要に応じてアルゴリズムを提出すること等、生成AIにかかわる広範かつ厳格な方針が打ち出されている。

さらに、規制当局は、生成AIサービスの勃興当初から、ChatGPTへの国内からのアクセスを禁止しており、OpenAIも当該サービスを中国では提供していない。このように、米国系の生成AIサービスは中国市場に実質的に参入することができず、生成AIの中国市場は孤立する可能性もある。

生成AIと既存の法令との対応関係

生成AIのルールメイキングの方向性を考察する上で、上述のようなAIを対

---

9) 自民党デジタル社会推進本部「AI ホワイトペーパー～AI 新時代における日本の国家戦略～」
https://storage.jimin.jp/pdf/news/policy/205802_1.pdf

象とする包括的な新規立法だけでなく、既存の法令との対応関係も踏まえる必要がある。ここでは、「プライバシー・データ保護」「著作権」「競争・消費者保護」について、生成AIの関連事例と議論の方向性を簡単に紹介する。

プライバシー・データ保護

2023年3月30日、イタリアのデータ保護当局は、GDPR違反の疑いを理由に、OpenAIに対して、国内におけるサービス提供の一時停止を命令した。4月28日には当該命令は解除されたが、OpenAIは、①透明性の確保、②学習における個人データ処理の適法性根拠の確保、③不適格なアウトプットに対する削除請求フォームの準備、④子どもの年齢確認フォームの用意を含む対応、を迫られた。

各法域の既存のプライバシー・データ保護法に基づき、生成AIサービス提供者（OpenAI等）だけでなく、当該サービス利用事業者（民間・公共部門）と一般のサービス利用者に対しても、規律が適用されていく可能性がある。

著作権

2023年以降、画像生成ツールをめぐり、Stability AI、Midjourney、DeviantArt等に対するクリエイターによる集団訴訟が相次いでいる。なお、2023年8月3日、The New York Times紙は、機械学習やAIの学習を目的とした同社コンテンツの無断使用を禁止する項目を利用規約に追加している。

生成AI分野に限らず、著作権侵害は、大まかには、①学習用データに創作性が存在すること（創作性）、②学習用データに依拠して複製等がなされていること（依拠性）、③学習用データに類似した複製がなされていること（類似性）、④権利制限規定が適用される範囲ではないこと（権利制限規定提供有無）の4つの要件に基づき判断される。ただし、法域ごとに個々の要件の範囲や条件が異なるため、国際的な足並みが揃わない可能性がある。

競争・消費者保護

2023年5月4日、CMAは、「AI基盤モデルの競争と消費者保護への影響に関する初期レビュー」を実施した。レビューでは、競争環境の確保の観点から、生成AIにかかわる市場構造を「アプリケーション・サービスのレイヤー」

「基礎モデルのレイヤー」「基礎モデルに対する投入財（人材、データ、計算資源）のレイヤー」からなる多層的な構造として捉え、特にLLM等に代表される基礎モデルが競争に与える影響に着目している。

LLMが隣接する市場に与える影響を含め、競争環境の整備に向けた具体的な調査・取り組みが今後進められていくだろう。

ルールメイキングの展望

各国・地域政府のアプローチはさまざまであり、生成AIに対する既存の法規制の適用についても、現段階では限定的であるか、方針が確定していない状況である。このため、生成AIに関するルールの全体像が具体的にみえるまでにはまだ時間を要すると思われる。

すると、短期的には、米国の生成AI市場のリーディングプレイヤーが主導する自主規制が生成AI開発のデファクトスタンダード（事実上の標準）として機能し、中長期的には、欧州連合のAI規則（案）が、GDPRのように、AI分野の普遍的な法令の標準となって、諸外国の制度に大きな影響を与えるシナリオも考え得るのではないか。

 ## 生成AIにどこまで任せるか

これまで、生成AIにはリスクはあるものの、そのメリットを期待して導入を進める意向が企業、公共部門のいずれにもみられること、そして国の政策レベルでもリスクとイノベーションをバランスさせながら、社会において生成AIの活用が適切に進められるよう、土台作りが進められていることを紹介した。

2023年4月には、ChatGPTを提供するOpenai.comへの日本国内からの1日のアクセス数は700万を超え[10]、どこの企業で、どこの自治体で、ChatGPTをはじめとする生成AIサービスが導入された、というニュースを何度も耳にした人は少なくないだろう。

---

10) NRI「インサイトシグナル調査」（2023年4月）https://www.nri.com/jp/knowledge/report/lst/2023/cc/0526_1

しかし、このような生成AIブームともいえる状況下、あえて使用を禁止すると判断した自治体がある。本項ではこの事例を入口として、生成AIとヒトとの関係性について、若干の考察と提言をしたい。

「あえて使わない」という選択肢

　2023年4月20日、鳥取県の平井信治知事は記者会見において、「県議会の答弁資料作成や予算編成、政策策定など県庁の業務で職員がChatGPTを使用することを禁止する」と発表した[11]。農林水産省や横須賀市がChatGPTの業務での利用を発表し、他の行政機関でも前向きな検討が行われていたであろう矢先の出来事であった。業務効率化への期待から、生成AI活用を推し進める声が強まりつつある中で、逆行ともいえる判断を下したのはなぜか。

　平井知事の説明の要点をまとめると、「ツールとして便利なところはぜひ活用されたらいい」が、ChatGPTで出てくるのは「世間で言われているいろんな話や情報の混合体」であり、現在か過去の問題にすぎず、地道に収集した情報にこそ価値がある。「地域のことは、その実情をみんなで議論して答えを出していくのが議会であり地方自治」である、とのことである。

　ツールとしての利便性を認める一方で、特定の業務については禁止すると明言した知事の判断について、「新しい技術の導入に消極的で、旧来の業務のやり方に固執して効率化を後回しにしている」と、一笑に付すことは果たしてできるだろうか。

自治体の「切り札」としてのAI活用

　鳥取県の事例の考察をする前に、自治体におけるAI活用のニーズについて整理する。

　そもそも、生成AIの登場以前から、地方自治を所掌する総務省は『自治体におけるAI活用・導入ガイドブック[12]』を発行し、自治体におけるAIの活用を推奨していた。同ガイドブックによると、①人口減少の深刻化、都市のスポンジ化、②税収減少、インフラ維持管理費の増加等による財政逼迫化、③ベテ

11）朝日新聞「鳥取県、業務ではChatGPT禁止　知事『ちゃんとジーミーチー』」（2023年4月20日）。
12）総務省『自治体におけるAI活用・導入ガイドブック〈導入手順編〉（第3稿）』2022年。

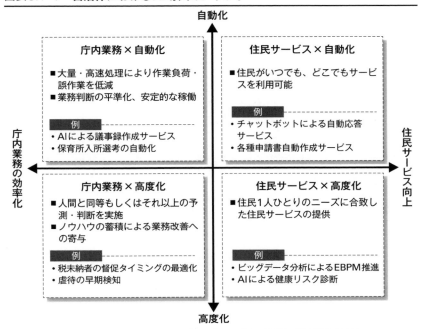

（出所）総務省『自治体におけるAI活用・導入ガイドブック〈導入手順編〉（第3稿）』2022年

ラン職員、専門職員の減少によって自治体は人的・予算的に危機的な状況にあり、安定した持続可能な住民サービスの提供と職員の業務効率化、高度業務への集中を目的としてAIの導入が求められているという。

　総務省は、自治体がAIを導入するメリットとして、定型業務をAIが自動で対応する「自動化」と、AIによる高度な分析・予測による「高度化」の2つを挙げている（図表3.1-7）。

　同ガイドブックが公表されたのは、生成AIが本格的に一般利用されるよりも前である。したがって、ChatGPTのような具体的な生成AIサービスの利用は想定されていないが、論じられている内容は生成AIでもおおむね通用するだろう。しかも、生成AIは、会話形式でのタスク指示や、アウトプットのカスタマイズが可能であるため、上述のメリットはさらに強力になるといえる。

　総務省の視点では、人材・予算における自治体のリソース（資源）不足を解消する「切り札」としてAIの活用を推奨している。他方で、自治体側も業務

効率化などの具体的なメリットを期待しているからこそ、生成AIの導入を積極的に検討しているのだろう（123ページの図表3.1-2Ⓐ）。この動きは、「ニーズに合ったツールとして生成AIが登場したので導入する」というごく自然な流れであるといえる。しかも、GPT-3.5からGPT-4へのバージョンアップでみられたように、生成AIの進化は今後も続き、業務への一部導入による効率化の段階から、より完全な「ヒトによる労働の代替」が可能となる段階への兆しがすでにみえつつあるのかもしれない。

　技術的にはAIがどんどん高度化し、ヒトが自分の代わりにやってほしいと思っていることを再現、あるいはヒト以上のレベルでこなせるくらい進化していくことは想像に難くない。究極的には、「ヒトが望めば、AIは何でもしてくれる」という世界が実現する可能性は否定できない。しかし、"何でも"してくれるAIに、ヒトは本当に"何でも"任せるのだろうか。あるいは、"何でも"任せてよいのだろうか。

生成AIが"向いている"行為

　AIの活用を検討する際、大きく分けて、①効率性と②創造性の2つの視点がある。

　1つ目の効率性とは、従来ヒトが担っていた作業の一部または全部をAIが代わりに処理するという、省人化や無人化による人件費削減や処理の高速化を目指す視点である。前ページの図表3.1-7で紹介した自治体へのAI導入の事例で期待された、チャットボットによる自動応答サービス、議事録作成、健康リスク診断などが該当する。特徴として、用件に対して必要な手続きを案内したり、会話の内容を誤字脱字なく書き起こしたり、あらかじめ設定されたケースへの適合度をもとにリスクを評価したりなど、「正解」がみえているタイプの行為に有効なアプローチである。多言語への翻訳やアンケートの集計など、担当者の知識不足や入力ミスの可能性に対して、ヒト1人の能力を超えて複数のソースから情報を収集し、高速で処理できる生成AIの強みが活かされる領域である。

　2つ目の創造性は、新規事業の立ち上げや文章の書き出しなど、多くのアイデアを出して、そこから選んでいくような場合に、ブレインストーミングの相手として生成AIを利用するケースである。ブレインストーミングとは、複数

人が集まり、各人が自由にたくさんアイデアを出し合いながら新たな発見を期待する集団的な発想手法である。アイデアを出し合う際には、具体的な正解やアイデアの優劣はなく、型にとらわれず自由に、そして質よりも量を追求するため、多くの人が参加して、それぞれ異なる視点からアイデアを出すことが望まれる。参加者1人ひとりが異なる知識や経験を持っているからこそ異なる発想が生まれ、新たな発見が得やすいという点で、1人で発想する際の限界を超えやすい。

　生成AIは膨大なデータを学習しており、そこには当然、過去に起こった出来事や生み出されたアイデアが含まれており、通常の人が数人集まるよりもはるかに豊富な知識（データベース）を持っている。また、優れた情報処理能力も有するため、インターネットで情報を検索してアイデアをみつけてくることも可能である。つまり、生成AIは学習データに含まれる過去の情報や、現在オンラインで入手できる情報を含む、圧倒的な知識を蓄えており、それらをもとに大量のアイデアを会話形式で瞬時に出力してくれる点で、ブレインストーミングの相手としては非常に心強い。ただし、発想の源は過去にほかの誰かが生み出した情報であり、真の意味で「新しい」アイデアを出してくれはしない。しかし、自分1人の知識や経験、探索できる情報の限界を超えて発想の視野を広げてくれるという意味において、理想的な相手であると評価できるかもしれない。

　一見すると、1つ目の「正解」に合わせて行動する効率性と、2つ目の幅広く自由に発想する創造性はまったく異なる性格の視点であると思われるが、いずれも生成AIの強みを活かせる領域である。実際、現在AIの活用が期待されている企業や自治体の業務は、いずれかの側面を持っている。AIの導入により、人力で可能な労働量、処理速度、発想の限界を超えられるようになり、それまでと変わらない品質を維持または改善しながら、省人化、無人化が達成される。

　しかし、これは本当だろうか。本当にAIはヒトに代わってあらゆる「営み」を担ってくれるのだろうか。あるいは、何でもAIに任せることで何かを忘れてしまわないだろうか。

ヒト "だから" できること、ヒト "にしか" できないこと

　ここで、先に紹介した鳥取県の平井知事の話が思い起こされる。生成AIの利用を禁止した業務として、議会の答弁資料の作成、予算編成、政策策定が挙げられていたが、これらはいずれもAIの強みである効率性と創造性の両方が発揮できると期待される。しかし、知事は議会や地方自治がどうあるべきかを述べた上で、たとえ便利であっても生成AIを "あえて使わない" という判断を示した。

　そこから、たとえAIに任せることができても、「ヒトがやるからこそ価値がある」「ヒトがやったほうがよい」「ヒトがやらなければならない」といった「不可侵の領域」が存在しており、AIによる効率的な行為では代替できないヒト独自の「営み」が変わらずあり続けるという、先の疑問に対する1つの答えが導かれるのではないだろうか。本項では、生成AIでは代替できない、ヒトだけの「営み」について、3つの視点から考察する。

第1の視点──ヒトがやることの価値

　1つ目の視点は、ヒトがやること自体に意味があるものである。たとえば、民主主義における意思決定がこれにあたる。選挙や議会の投票で複数の異なる意見が提示され、論議が交わされる中でそれぞれの意見の良し悪しが明らかになっていく。全員が同じ1つの意見に賛成し、全会一致で決定することが難しい場合であっても、議論を経て有権者が投票し、得票数を1つの目安に集団的な意思決定がなされる。単に最も得票が多かったからではなく、話し合いを経て、事前に決められたルールのもとで選ばれた意見であるからこそ正統なものとして尊重されるという、民主主義における意思決定の基本ルールである。

　ここでは有権者が意思決定のプロセスに参加していること自体に価値が置かれている。もし、AIが膨大なデータベースから最良の策を選んできたとしても、投票という民主主義の意思決定プロセスで選ばれた意見と同様に正統なものとして扱われることは、現在の政治体制においては容易ではないだろう。議会での議員の投票による政策決定も、選挙によって代表者として選ばれた議員による意思決定であることが正統性の根拠であり、議会による決定を、同じく選挙で選ばれた首長が拒否することがあっても、AIが「正しくない」といってそれを上書きすることはできないだろう。

第2の視点──"無駄"から生まれる価値

　2つ目の視点は、ヒトが引き起こし生み出す「無駄」から生まれる価値である。AIは情報の検索、分析、合成のいずれにおいてもヒトの認知能力を超えて膨大なデータベースを操り、圧倒的な処理速度で、きわめて効率的に、指示に即して回答を出してくれる。少し考えると、ヒトがAIに勝てる見込みはないように思われる。ヒトの知識や経験には限界があるため、ブレインストーミングの例で明らかにしたように、1人だけで多様なアイデアを出していくとなると、過去から現在に至るまであらゆる情報を学習し探索できるAI相手では非常に分が悪い。

　しかし、膨大な情報をもとに出力される発想が、一個人が積み上げてきた個性的な知識や経験の組み合わせからひねり出されるアイデアよりも、創造性や魅力において常に勝っているといえるだろうか。むしろ、答えは明確に「NO」である。

　AIの学習データは、過去に誰かが生み出した傑作、佳作、失敗作、あらゆるものの混ぜ合わせであり、AIはその中からもっともらしい部分をかき集め、回答してくる。ここで重要なのは、AIは過去に生み出され、すでに評価が定まったものから指示に合ったものを拾い集め、組み合わせているにすぎないという点である。優れているという評価が定まっているものを集めれば、落第にはならないかもしれない。しかし、どう評価したらよいのかわからない、誰もみたことのない芸術作品のように、賛否を巻き起こすような尖った個性を持ったものはおそらく出てこないのではないだろうか。

　画像生成AIでは、単語に合わせて精緻なイラストを瞬時に出力してくる。私たちはそこに、人間以外が作り出す意外さと造形の不可解さに感嘆しているのであって、新進気鋭のクリエイターがライブで生み出すアートを前に感じる気迫や、創造の場に立ち会っているという緊張感・一体感を覚えることはないだろう。

　ヒトによる創作の「営み」には、多くの"無駄"が含まれる。作品の構想、実行、解釈、あらゆる段階に唯一の「正解」はなく、形には残らない数多の逡巡や偶然を経て、1つの形が創造される。できあがったものは、もしかすると構想段階とはまったく異なるものかもしれず、かといってそれは失敗ではなく、逆に実行の段階で偶然「ひらめいた」ものが、かえってよい味を出してい

ることもある。生成AIで効率的に際限なく生み出される作品群は、物珍しくはあっても、"無駄"にまぎれ込んだセレンディピティ（思いもよらぬ幸運）が発現した唯一無二の存在に取って代わることは決してないだろう。

第3の視点──失敗の責任と再挑戦の権利

3つ目の視点は、失敗したときに誰が責任を負い、その後の再挑戦を誰が担うかである。現在の生成AIサービスでは、人間が出した特定の指示に対して、指定された条件に厳格に従いつつ、人間でいうところのケアレスミスなく、収集した情報を迅速に処理して、もっともらしい回答を出してくれる。たとえば、会話形式で課題について説明すれば、AIは解決策を整理して並べたててくるだろう。しかし、AIの回答に従って意思決定をしたものの、結果として失敗に終わったとき、誰が責任を負うのだろうか。

当然、意思決定をした本人が責任を負うものと想像できるが、その人はあくまでAIに指示を出すだけで、AIの回答にそのまま従うという所属組織のルールに基づき、ヒトの関与なしに意思決定がなされていたら、同様に自信を持って責任者を特定できるだろうか。意思決定の際の参考情報の収集や整理にAIを利用することは、効率性と創造性というAIの強みを活かしており、理想的な使い方といっても過言ではない。重要なのは、あくまでAIは意思決定の補助として使われていることであり、提示された材料を解釈し、最終的な判断を下すのはヒトだという点である。

もちろん、生成AIの会話の中で、誤った情報が回答されることはあり、AIに指摘すれば素直に謝ってくる。しかし、AIが謝罪したところで何になるだろうか。AIが出した誤った回答をヒトの判断を介さずに政策として実行し、失敗した場合、リベンジに向けて新たな解決策を提示してくれる主体は当然には登場しない。何が失敗であったかを伝えた上で、再度AIに回答を求めることは可能ではあるが、どこか心もとない。

一方、AIが出してきた回答が誤っていることに気づかなかったとしても、それを政策として採用するという判断をヒトが加えていたとしたら、その判断した人の責任を追及した上で、選挙などを通して失敗からの再挑戦を担う主体を選び、選ばれた人は責任追及のプレッシャーを背負いながらも引き続き課題に向き合うこととなる。これは企業と自治体の両方にいえることだろう。

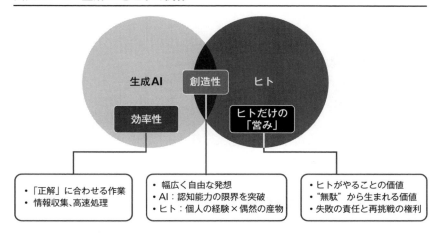

図表3.1-8　生成AIとヒトの関係

生成AI	創造性	ヒト
効率性		ヒトだけの「営み」

- ・「正解」に合わせる作業
- ・情報収集、高速処理

- ・幅広く自由な発想
- ・AI：認知能力の限界を突破
- ・ヒト：個人の経験×偶然の産物

- ・ヒトがやることの価値
- ・"無駄"から生まれる価値
- ・失敗の責任と再挑戦の権利

　意思決定に至る過程をAIにより一部効率化できたとしても、最終的な責任はヒトが負うことに変わりない。責任を負うからこそ、判断には緊張が伴い、失敗したときに他のヒトが正統性をもって再挑戦に臨むことができる。

　AIもヒトも過ちを犯すことはあるし、ヒトのほうが失敗する確率が高いかもしれない。しかし、第1、第2の視点とも関連するが、ヒトが集まって試行錯誤しながら集団の意思として決めた結果について、ヒト以外の誰も責任を取ることはできないし、ヒト以外がリベンジを完全に代行することもできない。非効率でムラの多い「営み」であっても、それが人を説得し、行動に駆り立てる力がある。これはAIによる効率的で網羅的な回答が持ち得ない力だろう（図表3.1-8）。

　――以上の考察から、AIが技術的に"何でも"できるような世界が実現しても、実際にはヒトがAIによる省人化・無人化を期待する中での話であり、実際にヒトがいままでやってきたことを"何でも"任せることには、おそらくならないだろう。

日本は生成AIとどう向き合うべきか

　前項では、AIを活用する際の視点から、生成AIを前にヒトの「営み」の価値について考察してきた。本項では、これらの考察を踏まえ、日本における生

成AIの政策議論を振り返り、そこに足りない視点を指摘しつつ、AIとの向き合い方について提言する。

政策の現在地

「生成AIをめぐる各国・地域制度の比較」でも述べたように、日本では、内閣府のAI戦略会議を中心に、生成AIを含むAIの活用に関する政策の大方針が検討されている。同会議は2023年5月の「AIに関する暫定的な論点整理[13]」で、生産性の向上や人口減少に伴う社会課題の解決策として、またイノベーションの促進による経済成長の起爆剤としてAIに大きな期待を寄せる一方で、対処すべきリスクとして、情報漏えい、プライバシー、偽情報の拡散、犯罪行為、著作権侵害、失業等を挙げている。

AI戦略会議が定めた全体方針を受けて、関係省庁は具体的な検討を進め、同年6月頃から各省庁は所掌分野における生成AIの活用に関する方針を公表し始めた。図表3.1-9に、各省庁や委員会等が公表しているAIに関する政策文書に記載されているAIへの期待や懸念を整理した。

全体としては、AI戦略会議の大方針を分野ごとにあてはめた内容であると評価できる。たとえば、文部科学省は教師の働き方改革、知的財産戦略本部はコンテンツ制作現場の生産性向上、前述の総務省は自治体業務の効率化といった感じである。

一方、言及されている懸念は、プライバシー、セキュリティ、著作権など、諸外国でも指摘されているものと非常に似通っている。例外的に、文部科学省の「初等中等教育段階における生成AIの利用に関する暫定的なガイドライン[14]」では、児童生徒の情報活用能力の育成が阻害される懸念が示され、ファクトチェックの習慣づけなど、現実的な問題として対策が示されている。

これらの政策文書に共通していえることは、前項で論じた生成AIとヒトの関係性の視点が抜けている点である。内閣府の統合イノベーション戦略推進会議が2019年に公表した「人間中心のAI社会原則[15]」では、AI利用による人

---

13) AI戦略会議「AIに関する暫定的な論点整理」（2023年5月26日）。
14) 文部科学省「初等中等教育段階における生成AIの利用に関する暫定的なガイドライン」2023年7月4日。
15) 統合イノベーション戦略推進会議「人間中心のAI社会原則」2019年3月29日。

■ 文書	
期待と促進策	**懸念と対策**

■ AI戦略会議（内閣府）「AIに関する暫定的な論点整理」2023年5月26日

• 生産性向上と社会課題解決 • 教育現場での利用 →データ連携基盤の構築、計算資源とデータの整備、人材獲得、事業環境の整備、中央省庁でのPoC	• 情報漏えい、プライバシー、偽情報、犯罪、サイバー攻撃、著作権侵害、失業、安全保障 →開発者によるガバナンス、情報開示、ユーザーのリテラシー向上

■ 知的財産戦略本部（首相官邸）「知的財産推進計画2023」2023年6月9日

• コンテンツ制作現場の生産性向上 →具体的な事例や法的考え方の整理	• 著作権侵害 • AIを利用した創作の特許 →学習利用のルールと類似生成物の判断について整理 →審査基準の検討、審査体制の強化

■ デジタル学習基盤特別委員会（文部科学省）「生成AI（ChatGPT）の学校現場での利用に関する今後の対応」2023年5月16日

• 情報活用能力の向上 • 自分の考えの形成支援 →生成AI自体を学ぶ授業、活用・禁止場面の整理	• 批判的思考力や創造性への影響 • 個人情報、著作権に関する懸念

■ 文部科学省「初等中等教育段階における生成AIの利用に関する暫定的なガイドライン」2023年7月4日

• 校務への導入による教師の働き方改革	• 情報活用能力の育成阻害 • 個人情報保護、セキュリティ、著作権 →パイロット的な取り組み、ファクトチェックの習慣づけ、教師のAIリテラシー研修

■ 個人情報保護委員会「生成AIサービスの利用に関する注意喚起等について」2023年6月2日

―	• プロンプト入力が個人情報の目的外利用（学習利用等）にあたるおそれ • 応答結果に不正確な個人情報が含まれるおそれ →要配慮個人情報の取得・利用の規制、利用目的の通知や公表

■ デジタル社会推進会議幹事会（デジタル庁）「ChatGPT等の生成AIの業務利用に関する申合せ」2023年5月8日

―	• 要機密情報の漏えい • セキュリティやデータの取り扱いを行政仕様にできない →要機密情報の取り扱い禁止、利用の承認手続き強化

権侵害や不平等を阻止し、プライバシー、セキュリティ、公正な競争を確保するという社会の原則や開発者の研究倫理が述べられているが、公表時期からも想像できるとおり、あくまで開発・普及段階における社会とAIの向き合い方を理念として示すにとどまっている。生成AIの登場を皮切りに、AIが企業、行政、社会に普及した後、ヒトとAIがどのようにかかわっていくのか──。普及が進みつつある現段階において、共存に向けた規範を検討していく必要があるだろう。

労働力の代替としてのAIという発想の限界

前項でも考察したように、AIがヒトが望んだことを"何でも"こなせるよう技術的に進化していくことは可能性として否定できない。省人化・無人化のアプローチとして、ヒトの労働の代替としてAIを導入していく動きは、自治体はもちろん企業にもみられる。しかし、このアプローチは、ヒトの行為をより効率的な形でAIに再現させることが目標であり、確かに、処理の高速化や網羅的な情報探索は人力を超えるものの、生み出される付加価値はヒトがもともと担っていた労働の価値から大きく逸脱するとは考えにくい。もちろん、AIが代行してくれることで、手の空いたヒトが他の業務に回ることもできるが、あくまで人手不足を補うという発想にとどまっている。しかも、AIが代行することで、手の空いたヒトがそのまま他の仕事をみつけられず失業するというシナリオも決して単なる空想とはいい切れない。

政府は、人口減少に伴う人手不足の解消策としてのみならず、経済成長の足掛かりとしてAIに期待を寄せている以上、ヒトとは異なる強みを持ったAIの力を十二分に活かし、ヒトだけでは達成できないことを実現するというアプローチも必要である。そうでなければ、ヒトの労働を代替するAIの出現によってヒトが疎外されるだけでなく、期待していた経済成長も、ひととおりの業務効率化が落ち着いた後で、早晩頭打ちになる可能性もあり得る（図表3.1-10）。

ヒトとAIの共存に向けて

前述したように、ヒトの足りない労働力をAIで埋め合わせる、既存の業務をAIで効率化してヒトを他の仕事に回す、という発想のもとでは、ヒトはAIに職を「奪われ」、期待していた経済成長も実現するどころか、AIによるヒト

図表3.1−10　**AIによる労働力代替のシナリオ**

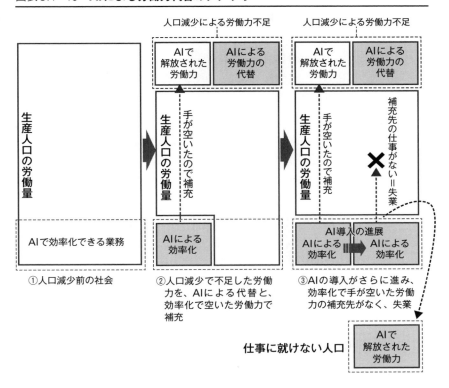

の代替というディストピアが現実のものともなりかねない。そこで、ヒトと生成AIを利活用しながらも、疎外されずに新しい価値を生み出し、ヒトの生活を物質的・精神的にさらに豊かなものにしていくための、ヒトとAIとのかかわり方の規範を考える必要がある。

　これまで、生成AIが得意とする領域として効率性と創造性を指摘した。ヒトによる労働の代替は、主に効率性に着目したAIの活用方法である。一方、もう1つの強みである創造性は、過去から現在に至るまでのあらゆる情報に基づいて、大量のアイデアを瞬時に提示してくれる点で、ヒトの認知能力の限界を超えたよきブレインストーミングの相手としての役割が期待されるが、こちらに焦点を当てた活用はまだそれほど広まっていないように思われる。

　もちろん、画像生成AIを使って、誰かが過去に創作した作品の膨大なデー

タをもとに、与えた指示に沿って即時に画像を生み出すという、半ば「こわいもの見たさ」を含んだ体験も個人レベルでは知られるが、企業や行政の業務で活用される段階には至っておらず、そもそも著作権侵害の懸念があることから、同方法での活用には慎重にならざるを得ない。

また、創造性においては、個人の知識や経験の組み合わせに基づいて、試行錯誤しながら、ときには想定外のひらめきを交えつつ、多くの"無駄"を経由して1つの完成形にたどり着くという、ヒトならではの創作活動と、そこから得られる唯一無二の感動について、AIには真似できないヒトの「営み」であると指摘した。より高性能なAIが登場し、指示を出した人の100%期待どおりのアウトプットを得られるようになったとしても、期待の枠を超えた意外性、真の創造性を持った作品の代替はできないだろう。

効率性に関しては、圧倒的な処理能力を備えたAIに勝てない一方、ヒトにしかできない「営み」が残り続けると論じてきたが、創造性はヒトとAIとではそれぞれ異なる強みを持っており、そこには代替でも不可侵でもない共存できる領域、むしろ「共に在る」ことで、非連続的な発展の可能性も秘められている。

AIの登場によって奪われた仕事があるものの、AIの存在によって新たに必要とされる仕事も出現している。まず、プロンプトエンジニアリングをはじめとするAIのコントロールにかかわる仕事が挙げられる。さらに、AIのアルゴリズムが有害でないかどうかを評価する、いわゆる「監査」のような仕事も考えられる。しかし、これらはAIを適切に使いこなすための補助的な役割にすぎない。もし、AIの力を最大限に引き出して、社会を本当に大きく発展させられるとしたら、それはAIとヒトのそれぞれの強みを掛け合わせた、新しい価値の創出にかかわる仕事によってであろう。

それはどのような仕事なのか、どうやって生み出されるのか、現時点では具体像はみえていない。しかし、そこに至るためのヒントになり得る視点を3つ提示したい。

1つ目は、何のためにAIを利用するのかという「目的の視点」である。前述したように、「正解」がみえている業務では、AIはヒトよりも速く正確に対応してくれる。省人化・無人化によって、そのぶん、ヒトにしかできない仕事により多くの時間を割くことができるのであれば、それはヒトにとって望まし

い。ただしその際、単に人件費削減のためにヒトの労働力代替としてAIを活用するという発想では、一時的に支出を減らすことができたとしても、そこから収入を増やすような付加価値の高いサービスの創出は容易ではない。定型業務を日々続けていた人が、ある日突然ひらめき、思いがけないヒット商品を生み出すという幸運に恵まれるチャンスを、一時的な損得計算によって自ら手放すという機会損失も念頭に置いておくべきだろう。

2つ目は、なぜAIのほうがよいのかという「比較の視点」である。ヒトとAIにはそれぞれ異なる強みがあり、得意とする領域は異なる。"何でも"AIでできるとしても、あえてヒトがやったほうがよい、やらないといけないことも少なくない。前述した民主主義における正統性の確保、失敗した際の責任追及と再挑戦の権利がこれにあたる。本当はヒトでないほうが誤りは少ないかもしれないが、ヒトがやること自体に価値が置かれており、単に正確性などの基準で良し悪しを決めるべきでない領域は依然として残り続ける。

3つ目は、どこまでをAIに任せるのかという「共同性の視点」である。AIだけ、ヒトだけ、というように各々の得意領域に閉じるのではなく、それぞれの強みを活かし弱みを補いながら、共同による新たな価値の創出を目指すアプローチである。創造性において、AIほど過去から現在に至るまでのあらゆる情報を貪欲に探索、即時に抽出できるしくみはなく、認知能力に限界があるヒトが、枠にとらわれない自由な発想を求めてブレインストーミングを行う相手としては申し分ないだろう。AIが提示してきたアイデアの組み合わせには、その人が知らなかった過去の事物が映し出され、創作の源である個性的な知識・経験の積み重ねに新たなエッセンスを加え、そして、前例のない創作物を生み出すきっかけとなるかもしれない。

——以上、これまで、ヒトとAIの関係が奪い合いではなく、分け合い、さらには高め合うものとなるための視点をいくつか提示してきた。AIの登場によって、ヒトが比較的苦手とする領域をAIが補助・代行することで、効率化や省人化が実現されつつある。これを第1段階とすると、次は、AIの可能性を引き出しつつ、従前の労働から解放されたヒトをうまく活用し、ヒトがやるべきこと、真にやりたいことに注力できる環境を作る段階であろう。AIの存在によって新たに生み出されたAI関連の仕事だけでなく、ヒトの強みを活かし、

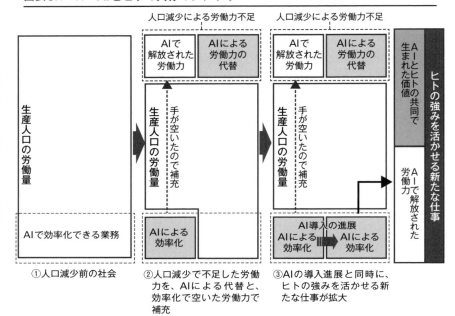

AIの強みと掛け合わせて新たな価値を創出するという、AIとヒトの共同的な創造行為が期待される（図表3.1-11）。これは先のディストピアとは異なり、AIの存在によってヒトの生活が物質的にも精神的にも豊かになる世界である。

　企業と行政──そのいずれにもAI導入が進む中において、プライバシー、セキュリティ、著作権などは直近で取り組むべき重要な課題である。ところが、現時点では実務上のAIのメリットばかりが先行し、現在の日本の政策には「ヒトとAIのあるべき関係」を根本から問い直し、考察するような規範的な議論が不足している感は否めない。しかし、だからこそ、一度立ち止まって、より大局的な視点からヒトとAIが共存する社会像について、膝を突き合わせてじっくり話し合う時間を持つことが重要なのである。

3.2 データ流通と経済安全保障

 データ流通は経済安保政策の重要課題

　新型コロナウイルスのパンデミックによる医療物資や半導体をめぐるサプライチェーンの混乱、米中の地政学的な対立などを背景として、経済安全保障（経済安保）は各国の重要な政策課題となった。経済安保は広範な概念であり、その定義は主要国でも定まっていない。2023年3月、「経済施策を一体的に講ずることによる安全保障の確保の推進に関する法律（経済安保推進法）」をめぐる小林鷹之大臣（当時）による国会答弁では、「国益を経済的手段や経済面から確保していくこと」「国家国民の安全を経済面から確保すること」と言及されている。

　経済安保の中核となる法律として、2022年に経済安保推進法が成立し、この中では、①重要物資の安定的な供給の確保、②基幹インフラ役務の安定的な提供の確保、③先端的な重要技術の開発支援、④特許出願の非公開——という4つの柱が規定されている。これらの柱は外国との取引を直接制限する攻めの施策というよりは、重要な技術情報の保護や自国内でのサプライチェーンの強靱化といった守りの政策である。

　米国は上述よりはるかに強力な攻めの施策として半導体やその製造装置等の輸出規制、対外投資の規制等で中国への技術移転を抑止しており、一時はブロック経済化やデカップリングが強調された。しかし、かねてより完全なデカップリングは経済に与えるダメージが大きい一方、安全保障に必ずしも大きな貢献をしない可能性も指摘されてきた。2023年に入ると、EUの提案により、安全保障上リスクが高い国際取引の制限にフォーカスするデリスキングが、経済安保の基本となる考え方として登場し、G7でも採択され日米も賛同している。

　以上、概観した日本の経済安保政策は、半導体やその製造装置といったハードウェアに関連するものが議論の大半を占めているように思われる。たとえば、経済産業省における半導体・デジタル産業戦略検討会議の議論は、半導体

のほか、蓄電池やコンピュータ資源といったハードに関連する施策がほとんどを占めている[1]。

しかし、国際的なデータの移転にも経済安保上のリスクが高いものがある。日本でこれが顕在化したのが2021年6月に起きた「LINE事件」である。LINEは日本の国民の大半が利用するメッセージングサービスであるが、その画像などを保管するサーバーが一部韓国に設置されていたこと、つまりユーザーデータの国外移転（越境移転）があったにもかかわらず日本政府には国内で保管されていると説明していたことや、政府機関による強制力を持ったデータへのアクセス（ガバメントアクセス）の懸念がある中国への委託、さらには委託先から日本のデータへアクセス可能となっていたことが問題視された。同事件について、親会社のZホールディングスに有識者委員会が設置され、委員会は「グループ全体で経済安全保障に関するガバナンス体制を構築すること」を求めた。

ガバメントアクセスは、データの越境移転に際して常に留意すべきリスクの1つである。日本人のデータが外国に移転後、選挙介入や大規模なサイバー攻撃等に利用される可能性があるほか、技術情報が外国政府にアクセスされ、それが同じ外国を拠点とするライバル企業にわたり、軍事転用されて外国の軍事力強化に活用されるリスクもある。

こうしたリスクは、先端的な半導体やAIといった技術に関連するデータにとどまらず、大量の個人情報やセンシティブデータ、あるいは未加工のバルクデータにまで及ぶ可能性がある。

経済安保にとって、データの保護もまた重要であり、これが今後の経済安保政策のメイントピックになり得るという問題意識のもと、対策を講じていく必要がある。

今後、データの越境移転はますます増加し、その要因として企業のデジタルトランスフォーメーション（DX）化がある。企業は自社のサービスや社内の業務効率化にAIやクラウドの採用を続ける。こうしたAIやクラウドは物理的には海外にあるサーバーを利用している可能性があるため、これらを利用する

---

1) 経済産業省「半導体・デジタル産業戦略（改定案）」2023年5月（https://www.meti.go.jp/policy/mono_info_service/joho/conference/semicon_digital/0009/4hontai.pdf）

だけで無意識にデータは越境移転している。

　また、モノ売りから持続的なサービスへ──、というビジネスモデルの変化もこの動きを加速する。たとえば自動車がコネクテッドカーとなると、運転者の運転履歴情報など、製造者が収集する情報もまた増大する。いままではアフターサービス程度しかユーザーの情報を持たなかった製造業も、ユーザーの個人情報を大量に扱う可能性がある。製品が輸出されることは一般的であるから、ハードウェアの輸出に伴ってデータの流通も進む。IoTの普及によるデータの越境移転もまた、今後さらに加速していく。

　データ利用の拡大について、各国も個人情報や技術情報の保護を重要課題と捉え、データに関する規制が進展している。2023年に限ってみても、日本企業が多く進出する欧米中、インド、ASEANにおいて、データの国際流通に影響を与える図表3.2-1のような規制が導入された。

図表3.2-1　**2023年に導入された
データの越境移転に関する主な規制**

国・地域名	出来事
EU	AI規則が欧州議会で採択
中国	個人情報域外移転標準契約弁法が施行
ベトナム	個人情報保護政令が施行
インド	デジタル個人情報保護法が成立

（出所）各種資料をもとに作成

　日本国内でも、個人情報保護法の改正に続き、経済安保推進法でもデータ関連規制が進むと予想される。同法の前述の4本柱のうち、②の基幹インフラ役務の安定的な提供の確保においては、主務官庁によるインフラ設備等の事前審査制度が導入されるが、審査対象としてOSや他のソフトウェアが挙げられており、外国のサーバーの利用や海外企業のソフトウェアサプライチェーンへの参加といった要素も審査対象となる可能性がある。経済安保推進法の本格運用はこれからであり、2030年を見据えても対応の継続が求められる。

 ## データ越境移転に対する国民の不安

　データの国際流通について、社会的な関心も高まりつつある。日本の消費者は個人情報の取り扱いに対する不安感が国際的にも高いことが指摘されるが、LINE事件の問題等もありデータへの関心は高まり続けている。2023年8月にNRI（野村総合研究所）が実施した「情報通信サービスに関するアンケート調

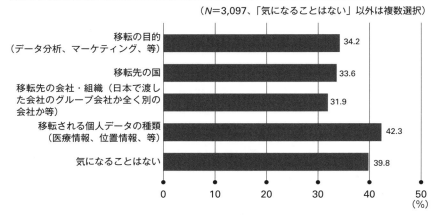

図表3.2-2　**個人情報が越境移転される場合、不安を感じる事項**

（*N*=3,097、「気になることはない」以外は複数選択）

移転の目的（データ分析、マーケティング、等）	34.2
移転先の国	33.6
移転先の会社・組織（日本で渡した会社のグループ会社か全く別の会社か等）	31.9
移転される個人データの種類（医療情報、位置情報、等）	42.3
気になることはない	39.8

図表3.2-3　**越境移転先として不安を感じる国**

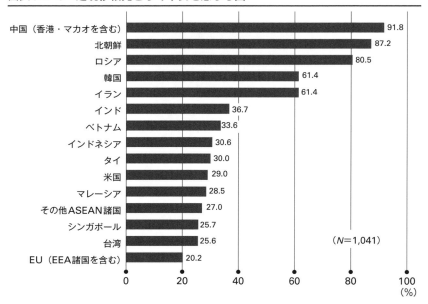

中国（香港・マカオを含む）	91.8
北朝鮮	87.2
ロシア	80.5
韓国	61.4
イラン	61.4
インド	36.7
ベトナム	33.6
インドネシア	30.6
タイ	30.0
米国	29.0
マレーシア	28.5
その他ASEAN諸国	27.0
シンガポール	25.7
台湾	25.6
EU（EEA諸国を含む）	20.2

（*N*=1,041）

査」においては、回答者の6割程度が越境移転について何らかの不安を感じている。不安を感じる割合が最も高いのは「移転される個人データの種類」であり、次いで「移転の目的」「移転先の国」「移転先の会社・組織」となっている（図表3.2-2）。

「『移転先』の国に不安がある」との回答者に不安を感じる国を質問したところ、図表3.2-3のとおりとなった。懸念がある国は上位5カ国とそれ以外とで大きく2分され、中国・北朝鮮・ロシア・イランの、いわゆる権威主義国への移転には特に懸念が大きい。もっとも、中国を除くこれらの国は国連制裁や西側諸国の独自制裁の対象国であり、日本企業も取引を控えていることが多いため、実際に日本からデータが越境移転される可能性は低いといえよう。

　注目すべきは、この不安を感じる国に韓国が含まれていることである。客観的には、韓国は日本に次いで2021年にEUから十分性認定を取得しており、その個人情報保護の水準は国際的にも高いが、日本の消費者からは信頼を得るには至っていない。企業は、日本の消費者のこうした認識をも考慮してデータの移転を検討する必要がある。

　一方、これらの国以外の欧米、台湾、ASEAN、インドについては割合が低く、データの越境移転を進めても日本の消費者からの反感は比較的受けにくい現状が明らかとなった。もっとも、インドやベトナムは、データの国内保管義務（ローカライゼーション義務）や、政府に幅広いガバメントアクセス権限を与える法令があるなど、客観的には個人情報保護の水準が高いとは言い難い。

　以上、本調査から、韓国は制度の保護水準に比べて消費者の主観的な信頼度が低く、インド、ベトナムはその逆という、制度上の客観的な水準と、消費者の主観的な認識に乖離があることが示されたといえる。企業の個別のコミュニケーションとともに、政府による広報等を通じてこうした乖離を埋めていく取り組みも重要になる。

テクノロジー活用の可能性

　企業に目を転じると、個人情報保護をめぐる各国のデータ関連規制の進展が早く、現在も対応に苦慮している。加えて、今後は経済安保の観点まで含めたデータガバナンスを推進していく必要も生じ、データガバナンスに対する企業の負荷はますます増加していく。

　消費者と同様、企業に対しても経済安保に関して懸念を有している国を質問したところ、8割の企業が懸念を有し、挙げられた国は消費者が懸念を持つ国とほぼ重なっている。また、企業規模別にみると、従業員数1000名以上の企業は

図表3.2-4　経済安保に関して懸念を有している国

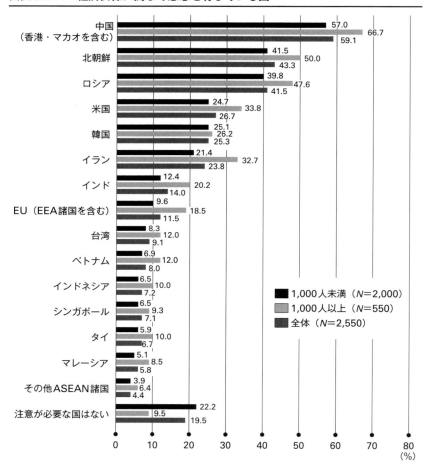

すべての国について、経済安保上の問題を感じる割合が1000名未満の企業に比べて高い。大企業のほうが経済安保への意識が高いことがわかる（図表3.2-4）。

　以上の意識の差は、具体的な経済安保に関連した取り組み実施状況の差となって現れている。全体に比べ、従業員数1000名以上の企業のほうが、全般的に実施割合が高く、データの保存場所については約75%が何らかの取り組みをしようとしている（図表3.2-5）。

　具体的には、「データの保存場所の変更」や「データマッピング」の実施割

図表3.2-5　経済安保に関連した取り組みの実施状況

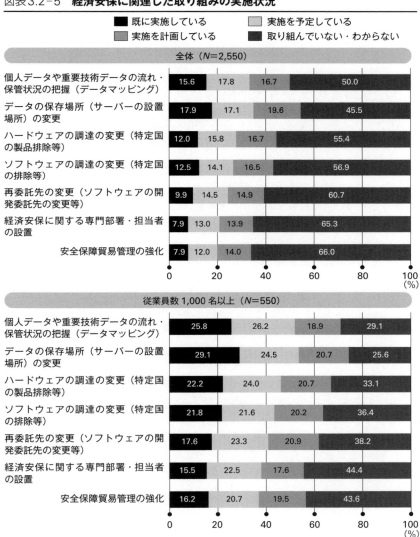

凡例：
- ■ 既に実施している
- □ 実施を予定している
- ■ 実施を計画している
- ■ 取り組んでいない・わからない

全体（N=2,550）

取り組み	既に実施している	実施を予定している	実施を計画している	取り組んでいない・わからない
個人データや重要技術データの流れ・保管状況の把握（データマッピング）	15.6	17.8	16.7	50.0
データの保存場所（サーバーの設置場所）の変更	17.9	17.1	19.6	45.5
ハードウェアの調達の変更（特定国の製品排除等）	12.0	15.8	16.7	55.4
ソフトウェアの調達の変更（特定国の排除等）	12.5	14.1	16.5	56.9
再委託先の変更（ソフトウェアの開発委託先の変更等）	9.9	14.5	14.9	60.7
経済安保に関する専門部署・担当者の設置	7.9	13.0	13.9	65.3
安全保障貿易管理の強化	7.9	12.0	14.0	66.0

従業員数1,000名以上（N=550）

取り組み	既に実施している	実施を予定している	実施を計画している	取り組んでいない・わからない
個人データや重要技術データの流れ・保管状況の把握（データマッピング）	25.8	26.2	18.9	29.1
データの保存場所（サーバーの設置場所）の変更	29.1	24.5	20.7	25.6
ハードウェアの調達の変更（特定国の製品排除等）	22.2	24.0	20.7	33.1
ソフトウェアの調達の変更（特定国の排除等）	21.8	21.6	20.2	36.4
再委託先の変更（ソフトウェアの開発委託先の変更等）	17.6	23.3	20.9	38.2
経済安保に関する専門部署・担当者の設置	15.5	22.5	17.6	44.4
安全保障貿易管理の強化	16.2	20.7	19.5	43.6

合は高い一方、「再委託先の変更」や「経済安保に関する専門部署・担当者の設置」は低い。クラウド等を利用していれば、データの保存場所の変更は容易であるが、再委託先の変更や組織的な対応は長い時間・費用がかかるため検討が進んでいないと推測される。アンケートの選択肢に挙げたサーバーの設置場

所や、ハード・ソフトウェアのサプライチェーン対応はもちろんであるが、データの移転リスクを技術的に低減する方法もある。たとえば、エンドトゥーエンドの暗号化や、個人情報であれば匿名化、秘密計算等の利用などが該当する。

2030年のデータ流通規制

AIやクラウド、IoT等のデータを利活用する技術の進歩とそれに伴うデータの国際流通が増加を続けることは間違いない。データには個人情報も非個人情報も含まれる。

また、データはデジタル化が進む社会・ビジネスの根幹であり続け、IoTの進展等でその応用領域もますます拡大を続ける。さらに、医療（たとえば人流データを用いたパンデミックの予防）や教育、都市計画など公共の利益、社会課題解決にとってもデータ利活用の重要性は拡大する。

データの重要性が高まるのに合わせ、日本を含む各国の規制強化のトレンドも継続する。個人情報や知的財産の保護等に加え、経済安保の観点も含め、データに関する規制によってデータ流通が世界的に遮断される可能性も否定できない。これが現実になれば、データの利活用が進まず、社会全体のデジタル化が停滞する可能性もある。

政府および企業に求められる対応

2030年を見据え、政府と企業はそれぞれどのような対応を取るべきか。

経済安保もまた安全保障の一側面であり、それゆえ諸外国、特に同盟国と歩調を合わせることが求められるため、一義的には政府が責任を持って政策を推進していく必要がある。すでに経済安保推進法が制定されその施策が進められているが、経済安保は経済主体、つまり民間企業の巻き込みが重要になる点で従来の安全保障と異なる。

同時に政府の介入の度合いも問題となる。経済力は国の競争力でもあることから、経済効率性を重視し経済力を維持・強化することは、長期的には安全保障上の理念とも矛盾しない。市場経済を重視しつつも、安全保障上のリスクが高いところに介入するアプローチを基本方針とすべきである。これはデータ流

通も例外ではなく、自由流通を原則としつつ、移転されるデータの種類や目的、移転先等を勘案してデータ移転の制限を図っていくべきである。

　これらを実現するには、政府が経済実態を適切に把握して経済効率の可能な限りの維持とリスクの特定に努め、いままで以上に緊密な官民の情報交換や政策の民間企業への浸透が欠かせない。したがって、官民連携を円滑化する手法の考案が必要である。たとえば、一定のバックグラウンドチェックを通過した（いわゆるセキュリティクリアランスのある）人材を集め、データ流通に関する非公開の官民フォーラムを設置するなどである。

　経済安保と政府全体の国際的なデータ流通政策、「信頼性のある自由なデータ流通（Data Free Flow with Trust：DFFT）」との関係はどう整理されるか。

　DFFTの根本は、「信頼がないとデータは流通しない」という考え方であり、単純化すれば、安全保障的な観点を「信頼」の中に読み込むことで経済安保とDFFTは調和的に理解できる。2019年1月、DFFTの概念を世界に提唱した安倍晋三首相（当時）の世界経済フォーラム年次総会（ダボス会議）における演説でも、「国家安全保障上の機密を含んでいたりするデータは、慎重な保護のもとにおかれるべき」と述べている。

　問題は、「信頼」をどう担保するか、そして「信頼」できる相手をどう広げていくかである。当初、DFFTは世界貿易機関（WTO）での実現を謳っており、現在も電子商取引交渉が続けられ、一定の成果が結実しつつあるが、データの越境移転に関するルールの交渉は残されている。他方、DFFTはG7、G20などさまざまなフォーラムで並行して議論が進み、日本としてグローバルに、どのフォーラムでどのようなルール形成をすべきか考える時期にきている。

　大枠としては、どの国とどのデータを、どの条件であれば流通させてよいのか定めるルールを形成すべきである。たとえば個人情報保護など、「信頼」をどのような観点から判断するかによって、ルール形成に関与すべき主体や議論の方法（公開・非公開など）が異なり、フォーラムの使い分けが必要になってくる。

　経済安保の観点では、安全保障貿易管理のデータ版をフォーラムとして設立することも一考に値しよう。ワッセナー・アレンジメント（WA）[2]を中心とした貿易管理は、安全保障上のリスクのある製品や技術について、管理体制を国別に評価することでリスクベースのガバナンスを実現している。近年は米国

の一方的措置の拡大等で揺らぎつつあるものの、冷戦後はこの制度のもと安全保障上リスクのない製品は自由貿易を認められており、これはリスクベースに基づく越境取引制限の例としてデータ流通の議論でも活かされるはずである。

現在の経済安保推進法は、データ流通に十分な規律が及んでおらず、こうした国際レジームができた際の受け皿となる国内法としては不十分と評価せざるを得ない。たとえば、選挙介入が予想される外国であっても、本人の同意があればデータの移転は可能である。この点、貿易管理は政府が安全保障を理由として強制的に民間取引に介入するものであり、データ流通に対しても同様の権限を付与することを検討すべきである。

ただし、WA等では捉えきれないリスクに対処するため、米国を中心に一方的措置による貿易管理の強化がなされていることも事実であり、これらの反省に立ってフォーラムを形成していく必要がある。

この端緒として、同志国の集まるインド太平洋経済枠組み（IPEF）、米欧貿易技術評議会（TTC）等を活用してルール形成を図り、これを拡大させていくことが考えられる。ここでは、移転データへのガバメントアクセスや法令に基づかない諜報活動により、安全保障上重要な技術情報の窃取のほか、個人情報を活用したSNS上のターゲティングによる選挙介入や偽情報の流布、外国要人の監視といった、民間サービスを活用した事例を含め、データ移転によるリスクを評価し、対応を検討すべきである。

一方、企業については、その基本姿勢として、経済安保の考慮は不可避となったといわざるを得ない。LINE事件の有識者委員会報告書においても、経済安保観点の欠落が問題点として指摘されるとおりである。問題はその程度にあり、信頼とデータの自由流通が相互補完的であれば、企業として目指すべきは事業の円滑な実施に向けた顧客の信頼獲得だろう。経済安保の観点をどの程度自社の事業に取り入れ、どの程度事業上の非効率を受け入れるかは各社の経営判断である。

この点、法令を順守することで足りるという意見も多いと思うが、2つの点で誤っている。第1に、経済安保においては、法令の規定自体があいまいであ

---

2) WAは、冷戦期に東側諸国への輸出管理を担った、西側諸国の対共産圏輸出統制委員会（コ
   コム）を発展的に解消した組織であり、現在はロシアを含む組織となっている。

り、政府も手探りで進んでいる。時には政府による過剰介入の可能性もあるため、企業自身が、自らの信じるバランス感覚に沿って政府に対して提言していく必要がある。また、経済安保は1国の政策だけで決まるものではなく、グローバルな政策形成の場に対しても、企業から積極的に提言する必要がある。たとえば、2023年4月のG7デジタル・技術大臣会合宣言の中では、DFFT実現に向け企業にも参加余地のある「相互運用のための制度的取り決め（IAP）」の立ち上げが決定された。グローバルな提言に向けた体制を企業側が整える必要があるが、個別企業で対応が困難であれば、業界団体やビジネス団体を通じてインプットの経路を確保すべきである。

　第2に、法令は最低限度の要求事項にすぎない。LINE事件も、越境移転に関する法令上の義務違反があったわけではないが、世間からの批判を招いた。レピュテーションリスクをどの程度甘受すべきかはまさに経営判断であるが、少なくともどのようなリスクがあるかを特定し、それをどの程度受容するか、それはなぜかを対外的に説明できる体制を経営陣が作る必要はある。これができるかどうかで、炎上が発生し、それによって株価の下落や事業上の支障が生じた際に経営陣の説明責任をどの程度果たせるかが変わり、企業のダメージコントロールにつながる。

　冷戦後、企業は地政学的な影響と距離を取って事業に集中することができた。それが国境を超えたバリューチェーンの構築など、グローバルな資源の最適活用を促すことで、世界経済は成長を続けてきた。しかし、こうした経済成長は新興国の経済力・軍事力を拡大させ、グローバルなパワーバランスの変化に伴って再び安全保障と経済の再接近を生じ、これが企業経営にも影響を与え始めている。このため、冷戦時代のココム規制等を念頭に置き、いわば冷戦に戻ったという意識で経済安保を推進することがイメージされることもある。

　しかし、この認識は改められる必要がある。冷戦時代との大きな違いは、社会のデジタル化である。いまや世界大に拡大したインターネットや、半導体やクラウド等コンピュータ資源の圧倒的な進化、それらを組み合わせたデータ活用という、当時とは大きく異なる環境変化が生じている。そして、このデータを活用した経済の進歩は非常に速い。政府関係者、企業経営者はこのことを念頭に置き、従来とはまったく異なる対応が必要になることを前提として、経済安保に取り組んでいく必要がある。

IoTデータに求められる
プライバシー保護とは

　IoT機器から収集されるデータに対して、プライバシー上の懸念が呈されている。これまでIoT機器は、産業機器、電力・水道サービスにおける計量機器、医療関連機器、および社会インフラ等に設置される各種センサーが主流であった。昨今、一般消費者が保有する個人端末や家庭内の電化製品等も、インターネットに接続してさまざまなサービスを提供し始めたことから、IoT機器は消費者にとっても身近な存在になった。これらのIoT機器から収集されるデータを「IoTデータ」と呼ぶ。IoTデータは消費者のライフスタイルや趣味・嗜好と密接に関係しており、サービスを個々の消費者に最適化して便利なものにすればするほど、これまで想定されてこなかった新しいプライバシー上の問題が生じつつある。

　本節では、インターネットへの接続機能を備えたIoT機器として、スマートテレビ、コネクテッドカー、エアコンや冷蔵庫等のスマート家電を取り上げて、IoTデータの取り扱いにかかわる消費者のプライバシー上の懸念について概観し、こうした懸念を払拭するための国際機関や各国等の取り組みを紹介した上で、IoTデータならではのプライバシー上の論点を取り上げて考察する。

増えるIoT機器、募る消費者の心配

　近年、消費者向けの個人端末や家庭内の電化製品等をはじめとし、世界中でIoT機器が増加している。市場や消費者調査を行うドイツStatistaの2022年の調査[1]によると、世界のIoT機器の数は2030年には290億を超えると予測している。

　IoT機器により収集されるデータは、個人情報に該当しなくても、消費者の

---

1) Statista "Number of Internet of Things (IoT) connected devices worldwide from 2019 to 2021, with forecasts from 2022 to 2030" 2022年7月 (https://www.statista.com/statistics/1183457/iot-connected-devices-worldwide/)

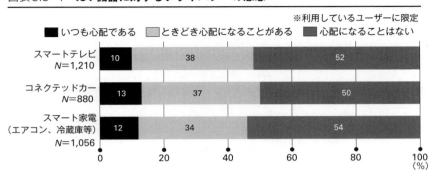

図表3.3-1　**IoT機器に対するプライバシーの懸念**

※利用しているユーザーに限定

■ いつも心配である　□ ときどき心配になることがある　■ 心配になることはない

	いつも心配である	ときどき心配になることがある	心配になることはない
スマートテレビ N=1,210	10	38	52
コネクテッドカー N=880	13	37	50
スマート家電 （エアコン、冷蔵庫等） N=1,056	12	34	54

生活、家族構成、嗜好、行動パターン等を推知できるプライバシー性の高いものが含まれている。そのため、IoTデータを収集している企業は、個人情報保護法を順守するだけではIoTデータの有するプライバシー性への対応は不十分である。

　NRI（野村総合研究所）は、身近なIoT機器として、「スマートテレビ」「コネクテッドカー」「スマート家電（エアコン、冷蔵庫等）」の3つを取り上げ、これらを利用している消費者に対し、「プライバシーが心配になることがあるか」についてアンケート調査を実施した（図表3.3-1）。

　同アンケート調査の結果によると、10 〜 13%が「いつも心配である」、34 〜 38%が「ときどき心配になることがある」と回答し、こうしたIoT機器を利用している消費者のうち、約半数が「プライバシーについて心配になることがある」と回答した。

　次に、IoT機器を利用する際に、プライバシーについて「いつも心配である」「ときどき心配になることがある」と回答した回答者に対し、「どのような対策をすればIoTデータの取得・利用にかかるプライバシーの懸念が低減あるいは改善したか」を尋ねたところ、多かった回答は順に、「あなたを特定できないデータのみ取得している」「あなたがデータ取得されていることを認知・理解した上でデータを取得している」「あなたの同意の上でデータを取得している」で、個人を特定できない形の取得・利用や、適切な認知もしくは同意取得の上での取得・利用が求められていることが明らかになった（次ページの図表3.3-2）。

　さらに、IoT機器を利用する際に、プライバシーについて「いつも心配であ

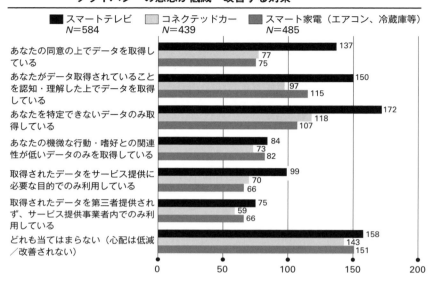

図表3.3-2　**3つのIoT機器のデータ取得・利用について、
プライバシーの懸念が低減・改善する対策**

- スマートテレビ
  N＝584
- コネクテッドカー
  N＝439
- スマート家電（エアコン、冷蔵庫等）
  N＝485

項目	スマートテレビ	コネクテッドカー	スマート家電
あなたの同意の上でデータを取得している	137	77	75
あなたがデータ取得されていることを認知・理解した上でデータを取得している	150	97	115
あなたを特定できないデータのみ取得している	172	118	107
あなたの機微な行動・嗜好との関連性が低いデータのみを取得している	84	73	82
取得されたデータをサービス提供に必要な目的でのみ利用している	99	70	66
取得されたデータを第三者提供されず、サービス提供事業者内でのみ利用している	75	59	66
どれも当てはまらない（心配は低減／改善されない）	158	143	151

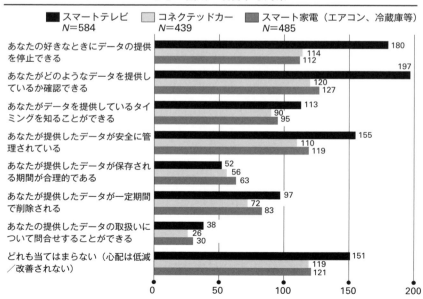

図表3.3-3　**3つのIoT機器のデータ管理・運用について、
プライバシーの懸念が低減・改善する対策**

- スマートテレビ
  N＝584
- コネクテッドカー
  N＝439
- スマート家電（エアコン、冷蔵庫等）
  N＝485

項目	スマートテレビ	コネクテッドカー	スマート家電
あなたの好きなときにデータの提供を停止できる	180	114	112
あなたがどのようなデータを提供しているか確認できる	197	120	127
あなたがデータを提供しているタイミングを知ることができる	113	90	95
あなたが提供したデータが安全に管理されている	155	110	119
あなたが提供したデータが保存される期間が合理的である	52	56	63
あなたが提供したデータが一定期間で削除される	97	72	83
あなたの提供したデータの取扱いについて問合せすることができる	38	26	30
どれも当てはまらない（心配は低減／改善されない）	151	119	121

る」「ときどき心配になることがある」と回答した回答者に対し、「どのような対策をすれば、IoTデータの管理・運用にかかるプライバシーの懸念が低減あるいは改善したか」を調査した。多かった回答は、順に「あなたがどのようなデータを提供しているか確認できる」「あなたの好きなときにデータの提供を停止できる」「あなたが提供したデータが安全に管理されている」で、消費者は、IoTデータを自身で管理ができること、取得されたデータが安全管理されることを求めていることが明らかになった（図表3.3-3）。

　一方、IoTデータの取得・利用、管理・運用のいずれも、「対策を講じてもプライバシーの懸念は低減もしくは改善しない」と回答した層は相当数存在しており、プライバシー保護の難しさがうかがえる。

IoTデータのプライバシー保護にかかわる取り組みの動向

　次にプライバシー保護の観点から進められているIoTデータの取り扱いのルール整備の動向を紹介する。

　IoTデータのプライバシーリスクは、主にセキュリティ保護との両面から検討されており、①一般的なIoTデータに対してリスクを低減もしくは回避するためのアプローチと、②業界およびIoT機器から取得されるデータの特性に応じたアプローチ──がある（次ページの図表3.3-4）。

国際標準化機構（ISO）

　国際標準化機構（ISO）は、ISO/IEC27400「Cybersecurity－IoT security and privacy－Guidelines」において、IoT機器のプライバシーおよびセキュリティのリスクへの対策の原則を示し、それぞれが順守すべき管理策を策定している。具体的には同規格では、IoTのプライバシーおよびセキュリティに責任を持つ主体として、IoTサービスを提供するプロバイダー、IoT機器およびサービスのデベロッパー、IoT機器およびサービスの利用者の3者を挙げ、それぞれが順守すべき管理策を策定している。現在、IoT機器のプライバシー保護のために、具体的な管理策レベルまで設定している唯一の取り組みである。

区分	国際標準化機構 (ISO)	米国		EU	日本
		NIST	FTC	保護指令第29条 作業部会	JEITA
名称	ISO/IEC27400 Cybersecurity－IoT security and privacy－Guidelines	Considerations for Managing Internet of Things (IoT) Cybersecurity and Privacy Risks	Careful Connections: Keeping the Internet of Things Secure	Opinion 8/2014 on the on Recent Developments on the Internet of Things	スマートホームIoTデータ プライバシーガイドライン
位置づけ	プライバシーリスク対応のための管理策	プライバシーリスク軽減策	データ保護のための推奨事項	EUデータ保護指令適用に関する意見書	業界内の自主的なガイドライン
概要	・IoT機器におけるプライバシーリスクに対し、対策の原則を提示 ・上記原則を順守するための管理策を規定	・IoTにかかわるプライバシーリスクを整理 ・同リスク軽減のための要素の1つとしてプライバシー保護を提示 ・同リスクの軽減策の大方針を提示	・IoTデータを取り扱う事業者が、プライバシーを保護するために実施すべき事項を提示	・既存のEUデータ保護指令をどのようにIoT機器に適用していくべきかについての意見書 ・EUデータ保護指令およびeプライバシー指令のうち、IoT機器に関連する条項を整理	・業界内のIoTデータを取り扱う事業者が、プライバシーを保護するために実施すべき対策を提示

（出所）各種資料をもとに作成

米国

　米国の国立標準技術研究所（NIST：National Institute of Standards and Technology）は、IoTにかかわるサイバーセキュリティとプライバシーリスクをまとめた「Considerations for Managing Internet of Things（IoT）Cybersecurity and Privacy Risks」を2019年に公表し、IoTデータにかかわるリスク軽減の3要素の1つとしてプライバシー保護を掲げている。

　プライバシー保護のためのプライバシーリスク軽減策として、①IoT機器から取得されるデータを管理すること、②アクセス権限の適切な管理をすること、③利用者自ら意思決定できる機会を提供すること、④保有および管理するデータを最小化すること、⑤プライバシー侵害を事前に検出できるようにする

こと——の5つを挙げている。

　同じく米国の連邦取引委員会（FTC：Federal Trade Commission）は、IoT機器のプライバシー保護およびセキュリティについての推奨事項「Careful Connections: Keeping the Internet of Things Secure」を2020年9月に公表し、プライバシー保護のために事業者が取り組むべき事項を示している。加えて、FTCは特にプライバシー性が高い分野について、ガイダンスや声明を都度、上乗せ的に公表し、IoT機器のプライバシー保護への注意を喚起し、生体情報を取得する際のポリシーステートメント「Policy Statement of the Federal Trade Commission on Biometric Information and Section 5 of the Federal Trade Commission Act」を2023年5月に公表している。

欧州

　欧州の保護指令第29条作業部会（現EDPB：European Data Protection Board）は、2014年にEUデータ保護指令をIoTデータに適用していくかについての意見書「Opinion 8/2014 on the on Recent Developments on the Internet of Things」を公表し、同意見書の中で、プライバシーに関するIoTデータ保護上の課題として、①コントロール権の欠如と情報の非対称性、②利用者の同意の質、③データ分析・推察とデータの二次利用、④不適切なプロファイリング、⑤サービス利用時の匿名性の制限、⑥セキュリティと効率性のバランス——を挙げている。その課題に対応するため、EUデータ保護指令およびeプライバシー指令のうち、それぞれ関連する条項を順守する必要があると指摘している。

日本

　日本は2023年9月時点で一般的なIoT機器に対してリスクを低減もしくは回避するためのルールはなく、IoT機器から取得されるデータの特性に鑑みたガイドラインの作成等が業界ごとで進んでいる。一例として、電子情報技術産業協会（JEITA）のスマートホーム部会は、個人情報保護法の枠に収まらないデータも含めて、消費者のIoTデータを取り扱う事業者が実施すべきプライバシー対策を取りまとめ、2023年3月に「スマートホームIoTデータプライバシーガイドライン」を公表した。

図表3.3-5　**IoTデータ特有のプライバシーに関する4つの論点**

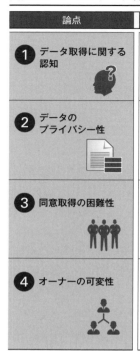

論点	概要
① データ取得に関する認知	・長年一方向（オフライン）であったため、利用者がデータを取得されていることを認識しにくい ・たとえば、インターネットに接続されたテレビ（受信機）から、視聴したテレビ番組に関する視聴データが放送事業者等に送信されることの認知率は約32%にとどまる
② データのプライバシー性	・IoTデータは、機器のオン・オフの情報など、個人情報保護法における「個人情報」には該当しないものもある ・一方で、それらのIoTデータから、不在時間や子どもが留守番をしている時間がわかったり、発熱している人を判別できたりする場合もあり、個人情報には該当しなくとも、プライバシー性の高いデータである可能性がある
③ 同意取得の困難性	・IoT機器は契約者のみが利用するとは限らず、複数人で共有されることも多いため、IoTデータの取得・利用について利用者全員の同意を得ることが難しい ・たとえば、テレビやエアコンは通常世帯財として扱われており、それらから取得されるデータは世帯構成員全員がデータ主体となり得る
④ オーナーの可変性	・IoT機器は、途中で売却・譲渡等によってオーナーが変わる場合もある ・しかし、オーナーが変わった際に、そのことを事業者側が把握できず、通知・同意がないまま新しいオーナーからデータを取得してしまったり、前のオーナーのデータがきちんと消去されずに新しいオーナーが閲覧できたりする状態になってしまう等のリスクがある

　同ガイドラインでは、スマートホーム関連事業者に求めるルールとして、①どのようなデータをどのように取得して、どのような目的に利用するかを、データのライフサイクルにわたって説明する際の記載項目および粒度に関するルール、②利用者からの同意取得をどのような場合に考慮する必要があるか、どのような方法で同意を取得するべきかに関するルール、③利用者自身が、データの開示や訂正・追加・削除、利用停止などのコントロールができる機能の提供に関するルール——を定めている。

 ## IoTデータのプライバシーの論点

　ネットワークに接続できるモノ、すなわちIoT機器が登場し、社会に浸透したのは最近であり、それゆえにIoTデータの取り扱いにかかわるプライバシー

問題の歴史はそれほど長くない。一方で、IoT機器はその特性ゆえに、IoTデータならではのプライバシー問題が存在する。前述したIoTデータのプライバシーに関するルール作りがここ数年で進みつつあるのはそのためである。以下では、IoTデータ特有のプライバシーに関する4つの論点を挙げる（図表3.3-5）。

① データ取得に関する認知

IoT機器は、長年ネットワークに接続されてこなかったモノであるため、その利用時にデータが取得されていることを利用者が認識しにくい。たとえば、かつては放送事業者から視聴者に一方向で番組が送信されていたテレビ（受信機）は、現在ではネットワーク接続が一般的となっており、こうしたテレビが視聴データを取得していることを認識している視聴者はどのくらいいるだろうか。総務省の調査によると、「放送事業者等により『視聴データ』が取得されていることを認知している割合」は、約32％にとどまる（次ページの図表3.3-6）。これは、「ネットサービスにおいて『閲覧データ』等が取得されていることを認知している割合」の約71％の半分以下である。

このような状況を踏まえ、放送業界では、オプトアウト方式（本人に通知・公表することを前提として、事前に本人から同意を取得する代わりに、本人が事後的に停止を申し出ることができる状態にする方法）で取得する視聴データの取り扱いについて、周知告知のあり方も含めて検討する「視聴関連情報の取扱いに関する協議会」を設置し、検討した結果を自主ルールとして取りまとめた「オプトアウト方式で取得する非特定視聴履歴の取扱いに関するプラクティス（ver.2.2）」を公開している（次ページの図表3.3-7）。

② データのプライバシー性

日本では、個人情報を取り扱う事業者に適切な取り扱いを義務づける個人情報保護法が制定・運用されているが、IoT機器が取得するデータの中には、機器のオン・オフの情報など、個人情報保護法が保護の対象とする「個人情報」には該当しないものもある。一方で、それらのIoTデータから、不在時間や子どもが留守番をしている時間がわかる場合や、発熱している人を判別できる場合もあり、個人情報には該当しなくとも、プライバシー性の高いデータである可能性がある（次ページの図表3.3-8）。

図表3.3-6　視聴データと閲覧データの認知

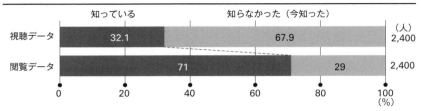

（出所）総務省「オプトアウト方式による非特定視聴履歴の取得の在り方の検討の視点」（2021年9月）
https://www.soumu.go.jp/main_content/000771380.pdf

図表3.3-7　放送業界で検討された周知告知の類型

類型		概要
自社媒体	ホームページ／ウェブサイト	・データ収集に関する説明文の掲載 ・動画コンテンツの埋め込み
	番組・PRスポット	・番組内での説明 ・PRスポットの放送
	データ放送画面	・データ収集の概要説明 ・データ収集のステータス表示 ・オプトアウトボタンの設置
他社媒体	EPG（電子番組ガイド）	・データ収集に関する広告の掲出
	新聞・雑誌	・一般紙、専門紙等へリリース
	ウェブメディア	・SNSの放送事業者公式アカウントによる発信 ・SNSへの広告の掲出 ・TVer上にある自局の広告枠での説明

（出所）視聴関連情報の取扱いに関する協議会「オプトアウト方式で取得する非特定視聴履歴の取扱いに関するプラクティス（ver.2.2）」（2023年3月）
https://www.sarc.or.jp/documents/www/NEWS/hogo/2022/optout_practice_ver2.2.pdf.pdf

図表3.3-8　プライバシー性の高いIoTデータの例

IoT機器	取得されるデータ	推知されるリスクがある プライバシー性の高い情報
エアコン	使用・稼働時間（開始・終了時刻）	在宅時間、不在時間がわかる
	カメラ映像・画像認識データ	映像のシルエットから、家に子どもしかいない時間がわかる
	温度・湿度センサーデータ	発熱している可能性のある人がわかる
テレビ	視聴情報	視聴した番組から、思想・信条などの要配慮個人情報が推知される
	音声データ（ボイスアシスタント）	機器の操作とは無関係の私的な会話が取得される
自動車	ナビ設定（目的地設定履歴等）	自宅、職場等が推測される
	走行データ	法定速度を超過して走行したことがわかる

そのようなプライバシー性の高いデータ処理を避けるため、取り扱うデータの特性に応じて、業界独自のルールを定めている。たとえば、放送業界では、個人情報保護委員会と総務省が共管する「放送受信者等の個人情報保護に関するガイドライン」において、視聴履歴をもとに要配慮個人情報（思想・信条、病歴など）を推知することが禁止されており、これは放送業界独自のルールになっている。

③ 同意取得の困難性

IoT機器は契約者のみが利用するとは限らず、複数人で共有されることも多いため、IoTデータの取得・利用について利用者全員の同意を得ることが難しい。

自動車を例に挙げると、家族間での共有や、レンタカーや社用車として利用されることもあり、さまざまな人に貸し出される可能性がある。そのような場合、契約者以外の車両利用者から直接同意を取得することが困難であるため、多くの自動車メーカーでは、利用規約等において、データの取り扱い等も含め契約者が車両利用者に周知するよう求めている。

④ オーナーの可変性

IoT機器は、売却・譲渡等によって途中でオーナーが変わる場合もある。その際、IoTデータにかかわるプライバシーの問題として以下の3点が挙げられる。

- オーナーが変わったことを事業者側が把握できず、通知・同意がないまま新しいオーナーからデータを取得する
- 前のオーナーのデータがきちんと消去されずに、新しいオーナーが閲覧できる状態になる
- 売却・譲渡後に前のオーナーが新しいオーナーのデータにアクセスする

このようなリスクを避けるため、たとえば自動車業界では、利用規約等で譲渡等の際にオーナーの責任でデータを削除すること、譲渡等以降のデータへのアクセスの禁止を求めるなどで対応している。

IoTプライバシーへの対応には、
業界を挙げての対応が急務

　前項までに述べたとおり、IoT機器はその特性ゆえに、IoTデータならでは
のプライバシー問題が存在する。IoTデータを取得・利用する企業は、これら
の問題を認識した上で、利用者のプライバシーに配慮した設計・開発に努める
ことが望ましい。また、IoTデータといっても千差万別で特性も異なるため、
特定の業界で共通的な課題となり得るプライバシー問題については、個社ごと
の対応ではなく、業界全体でルールを定めることによって、より汎用的で利用
者が認知しやすい取り組みとなることが期待できるだろう。

第 4 章

サステナビリティ経営の未来

4.1 迫られるサーキュラーエコノミー

経営課題としてのサステナビリティ

本章では、ICT産業が地球と社会の持続可能性（サステナビリティ）にどう貢献できるのか、また、ICT産業自体が持続可能な産業として健全に発展していくために何をすべきかについて、近年のトレンドを整理した上で、取り組むべき施策について論じる。

経済産業省は2022年8月に「伊藤レポート3.0」を公開した[1]。伊藤レポートは2014年に公開された「伊藤レポート」、2017年に公開された「同2.0」と、一貫して企業の持続的成長、長期的な企業価値の創造に向けた提言をしてきた[2,3]。同じく2020年および2022年に公開された「人材版伊藤レポート」、および「同2.0」はあらゆる業種・企業に人的資本経営ブームを巻き起こした[4,5]。

伊藤レポート3.0でも、企業の持続的・長期的経営が主題であるが、特に、「SX（サステナビリティ・トランスフォーメーション）」というコンセプトを掲げ、企業のサステナビリティと社会のサステナビリティの「同期化」に向けた経営・事業変革を提唱している。

企業の社会的責任（CSR）が問われるようになり久しいが、CSR報告書や統合報告書などを通じて、投資家にリスクを伝達したり、ESG（Environment：

1) 経済産業省　伊藤レポート3.0（https://www.meti.go.jp/press/2022/08/20220831004/20220831004-a.pdf）
2) 経済産業省　伊藤レポート（https://www.meti.go.jp/policy/economy/keiei_innovation/kigyoukaikei/pdf/itoreport.pdf）
3) 経済産業省　伊藤レポート2.0（https://www.meti.go.jp/policy/economy/keiei_innovation/kigyoukaikei/pdf/itoreport2.0.pdf）
4) 経済産業省　人材版伊藤レポート（https://www.meti.go.jp/shingikai/economy/kigyo_kachi_kojo/pdf/20200930_1.pdf）
5) 経済産業省　人材版伊藤レポート2.0（https://www.meti.go.jp/policy/economy/jinteki_shihon/pdf/report2.0.pdf）

環境、Social：社会、Governance：ガバナンスの頭文字をとったもので、企業が持続的成長を実現する上で重要な3つの側面）投資を呼び込んだりといった、投資家向けコミュニケーション上の目的を果たすためのチェックボックス対応が中心であった。それに対して企業と社会のサステナビリティの「同期化」とは、企業の長期経営計画と社会課題の解決を統合し、それによって企業と社会を長期的に持続可能な存在とする。地球環境や社会に負荷をかけながら自社だけが儲けるというスタンスでは、世界の投資家から見放される。格付け機関はESG評価（環境、社会、ガバナンスの面で問題がないか・競争力のある取り組みなのか）をスコアリングし、それは投資における重要な評価指標になっている。社会の持続可能性を棄損する企業は自社の持続可能性も保てないというのが現代の投資家のコンセンサスである。

　東京証券取引所と経済産業省は、「SX銘柄」を創設し、SXを通じて持続的に企業価値向上を期待できる優れた上場企業を選定することを発表した。第1回の選定は「SX銘柄2024」として2023年11月まで募集し、その後選定、公開が予定されている[6]。

　サステナビリティが重要であるのは、投資家対応だけが理由ではない。各企業はサステナビリティを実現する上で、自社だけでなく取引先にも「サステナブル調達」の徹底を求めている。自社ではなく調達先において人道的問題のある生産プロセスが判明し、国際的な糾弾を受けたという事例に象徴されるように、自社だけではなく自社のサプライチェーン全体にわたって人権や環境問題に対応しなければ、そのリスクは自社のリスクになるからである。

　そして、サステナビリティへの社会的関心の高まりから、サステナビリティは採用や従業員のエンゲージメントにも影響する。デロイトが世界のZ世代（1995年〜2004年生まれ）とミレニアル世代（1983年〜1994年生まれ）に対して実施した調査[7]では、Z世代の69%、ミレニアル世代の73%は「環境への負荷を最小化したい」と考えており、Z世代の50%、ミレニアル世代の46%は「気候変動に対して企業に行動を起こすよう求める」と答えている。サステナ

6）　日本証券所グループ　2023年7月21日プレスリリース　（https://www.jpx.co.jp/corporate/news/news-releases/1120/20230721-01.html）
7）　Delloite "2023 Gen Z and Millennial Survey"（https://www.deloitte.com/global/en/issues/work/content/genzmillennialsurvey.html）

ビリティへの貢献が低い企業は従業員のエンゲージメントを高められない時代になりつつあり、従業員のエンゲージメントを維持できなければ、流動化の激しい採用市場の中で優秀な人材に入社し定着してもらうことは難しい。

サステナビリティへの貢献が低い、あるいはサステナビリティに対する責任を果たせない企業からは、投資家、取引先、従業員が離れていくことになる。つまり、サステナビリティに貢献しなければ、その企業はサステナブルではいられないということであり、いまやサステナビリティはすべての企業にとって避けられない経営課題である。

通信業界におけるサステナビリティ

サステナビリティへの企業の取り組みとして現在最も注目を浴びているテーマは「脱炭素：カーボンニュートラル」である。2023年夏、世界各地で観測史上最高気温を記録し、国連が「地球温暖化の時代は終わり、地球沸騰（global boiling）の時代が来た」と述べたように、地球温暖化は新たな段階を迎えている[8]。

温暖化ガスの排出抑制が世界的な課題となる中で、日本は2050年のカーボンニュートラル達成を目指している。あらゆる産業がその実現に向けて取り組みを加速させており、国内の主要通信事業者は、たとえばNTTドコモ、KDDI、ソフトバンクは2030年（NTTグループとしては2040年）、楽天は2023年にカーボンニュートラル達成を宣言している。

通信産業は宣言も取り組みも先進的であり、また他産業、特に製造業や素材産業、エネルギー産業のように工場や発電所など環境負荷の大きい資産を保有しているわけではないことから、他産業に比べて問題視されにくいポジションにある。以下に具体例を示すが、通信事業者では保有する通信設備やデータセンターでの電力消費が大きく、機器の省エネや再生可能エネルギーの活用によってその達成を図ろうとしている。

NTTドコモは消費電力の約7割が基地局由来であることに着目し、「グリーン5G」として、基地局等で消費される電力の100%を再生可能エネルギーで

8）　UN News（https://news.un.org/en/story/2023/07/1139162）

賄う5Gサービスをブランディングしている[9]。通信以外でも、「ドコモでんきGreen」はCO_2実質排出ゼロの電力サービスとして提供されている[10]。また、ドコモショップに太陽光パネルを設置し、店舗での安定的な電力供給を担保するとともに、店舗業務まで含めたカーボンニュートラルを目指している[11]。

　一方、KDDIは、2030年のカーボンニュートラル宣言だけでなく、2026年度に世界中に展開しているデータセンターのカーボンニュートラルを実現すると宣言している[12]。カーボンニュートラルの要請はグループ全体に及び、それには多様なCO_2排出源が含まれる。CO_2排出を着実に削減するためには、排出源を分割してそれぞれのカーボンニュートラルを達成していくしかない。そして同社はCO_2排出に対して「スコープ1（自社排出）」「スコープ2（電力などのエネルギー調達に伴う間接排出）」「スコープ3（自社の関与するサプライチェーンにおける取引先による排出）」それぞれについて測定し、外部独立機関による保証を取得している[13]。

　ソフトバンクもNTTドコモやKDDIと同様の取り組みを進めており、2030年のカーボンニュートラルに加え、2050年までにスコープ3、つまり取引先を含めた事業にかかわる温室効果ガスをネットゼロにすると宣言している[14]。基地局の負荷が大きい点も他社と同じだが、SBパワーから購入した再生可能エネルギーで基地局の消費電力の30%を賄うことや、ソフトバンク次世代電池Lab.において通信機器や端末に搭載される電池を高容量化・高エネルギー密度化し、環境負荷の低減を目指すなど、グループ内でのシナジーも利かせてカーボンニュートラルを目指している[15]。

9） NTTドコモ　グリーン5G（https://www.docomo.ne.jp/corporate/csr/ecology/environ_management/green5g/）
10） NTTドコモ　ドコモでんきGreen（https://www.docomo.ne.jp/denki/green/）
11） NTTドコモ　2022年3月29日プレスリリース（https://www.docomo.ne.jp/info/news_release/2022/03/29_00.html）
12） KDDI　2022年4月7日プレスリリース（https://news.kddi.com/kddi/corporate/newsrelease/2022/04/07/5984.html）
13） KDDI　外部保証（https://www.kddi.com/corporate/sustainability/efforts-environment/assurance/）
14） ソフトバンク　2023年6月19日プレスリリース（https://www.softbank.jp/corp/news/press/sbkk/2023/20230619_02/）
15） ソフトバンク　ネットゼロ紹介サイト（https://www.softbank.jp/corp/sustainability/special/netzero/）

楽天モバイルも、楽天エナジーを通じて再生可能エネルギーを調達するなどグループシナジーを発揮して、他社以上に前倒ししたカーボンニュートラル目標の達成を目指している。

NTTグループの推進する「IOWN（Innovative Optical and Wireless Network）構想」では、光通信技術を中心とした技術革新による通信の低消費電力化、それに伴う環境負荷低減を実現することが1つの目標となっている。再生可能エネルギー活用に加えて、このような革新的な技術の応用・普及の効果にも大きな期待がある。

海外の通信事業者もサステナビリティレポート等で積極的なカーボンニュートラルへの貢献を発信している。たとえば米国 Verizon Communications（以下 Verizon）は2030年に自社の電力を100％再生可能エネルギーにし、2035年に自社のカーボンニュートラル達成を[16]、そして英国 Vodafone Group（以下 Vodafone）は、2030年に自社のカーボンニュートラル、2040年にバリューチェーンすべてにおけるカーボンニュートラル（つまりスコープ3）の達成を掲げるなど[17]、国内通信事業者と同様に2050年から大きく前倒しした目標を掲げている。また、スペイン Telefónica はエネルギーだけでなく、水資源についても消費量を「見える化」しており[18]、ドイツ Deutsche Telekom は環境と社会的責任を満たした製品を認証する「GoodMagenta」「GreenMagenta」という自社独自の認証プログラムを提供している[19]。

このように欧州ではエネルギー以外の流通に対してもまず可視化し、その調達判断にサステナビリティの視点を含めるという先進的な取り組みがみられる。また Verizon の「2030年までに2000万本の木を植える」という目標は、カーボンニュートラル達成という目標以上に、消費者の感性に訴えるマーケティング効果のある取り組みといえる。

---

16) Verizon Climate Protection（https://www.verizon.com/about/responsibility/climate-protection）

17) Vodafone Sustainability（https://www.vodafone.com/business/sustainability）

18) Telefónica Environmental Responsibility（https://www.telefonica.com/en/sustainability-innovation/environment/environmental-responsibility/）

19) Deutsche Telekom Sustainability Label（https://www.telekom.com/en/corporate-responsibility/our-approach/sustainability-label）

「サーキュラーエコノミー」による サステナビリティの実現

カーボンニュートラルに続くサステナビリティのテーマの1つとして、近年盛り上がっているのが、本節のテーマ「循環型経済：サーキュラーエコノミー」である。

サーキュラーエコノミーとは、環境白書の定義によると「従来の3Rの取組に加え、資源投入量・消費量を抑えつつ、ストックを有効活用しながら、サービス化等を通じて付加価値を生み出す経済活動であり、資源・製品の価値の最大化、資源消費の最小化、廃棄物の発生抑止等を目指すもの」とされる[20]。つまり、原材料から製品を生産し、その製品を消費した後に廃棄する、という直線的なプロダクトライフサイクルではなく、そもそも少ない資源で製品を生産し、消費した後にも再利用し、再利用可能な資源を取り出して有効活用するといった循環的なプロダクトライフサイクルを設計することで、経済全体を循環的かつ持続可能にするというコンセプトである。

地球環境の保全のために、特定の生産・消費活動を禁止したり、地球環境保全のためのコストを投じたりする営みは企業にとっては負担でしかないが、サーキュラーエコノミーの実現は、省資源化や希少資源の再利用、廃棄コストの低減など、工夫によっては経済合理性が働き、単純な社会貢献活動ではない。経済活動とサステナビリティとの両立の道筋が立てやすいことから、サステナビリティへの貢献を図る上で企業が取り組みやすいテーマである。

通信業界におけるサーキュラーエコノミー

デロイトの調査[21]では、2022年の世界のスマートフォンの総量は45億台に達し、それらが排出するCO_2の総量は1億4600万トンとされている。これは2021年に世界で排出されたCO_2総量の0.4%程度であるが、それでも少ない数

20) 環境省「令和3年版環境白書——循環型社会白書／生物多様性白書」（https://www.env.go.jp/policy/hakusyo/r03/html/hj21010202.html）
21) Deloitte. Insights（https://www2.deloitte.com/us/en/insights/industry/technology/technology-media-and-telecom-predictions/2022/environmental-impact-smartphones.html）

値ではない。そして、このスマートフォンから排出されるCO_2の83％は、2022年に出荷される14億台のスマートフォンの製造、輸送および初年度の使用に起因するとしている。すでに利用されている31億台のスマートフォンの利用に伴うCO_2排出は11％、リファービッシュ（修理や再整備等）に伴う排出は4％、廃棄に伴う排出は1％としている。つまりスマートフォンのライフサイクルでのCO_2排出量の抑制を考える際には、製造と輸送のプロセスのCO_2排出を抑制することが重要となる。

スマートフォンのライフサイクルをめぐっては、スマートフォンを製造する上での素材や工場の稼働プロセス、製品の輸送における環境配慮も必要だが、「スマートフォンを長く大切に使い、再利用すること」が一番シンプルな解決アプローチである。スマートフォンはきわめてパーソナルな製品ということもあり、中古品の利用をためらうユーザーも多いが、流通量は確実に増加している[22]。適切な措置をとって中古端末を販売している事業者を認証するプログラム[23]や、通信事業者が自社で認定した中古端末（CPO：Certified Pre-Owned）を販売するサービスも始めており、消費者が中古端末を安心して購入できる環境が整ってきている。

具体的には、NTTドコモは2021年度に323万台[24]、KDDIは2021年に260万台[25]、ソフトバンクは2021年度に253万台[26]の携帯電話（スマートフォンを含む）の端末を回収している。2021年度の携帯電話端末出荷台数は約3600万台[27]であったことを考慮すると、廃棄端末のうち、かなりの割合を回収できていることがうかがえる。回収した端末は希少金属等の原材料の再利用にも

22）MM総研　2022年7月26日プレスリリース（https://www.m2ri.jp/release/detail.html?id=548）
23）リユースモバイルジャパン　リユースモバイル事業者認証制度（https://rm-j.jp/certification/index.html#system）
24）NTTドコモ　資源循環型社会の実現（https://www.docomo.ne.jp/corporate/csr/ecology/resources/?icid=CRP_CORP_csr_ecology_to_CRP_CORP_csr_ecology_resources）
25）KDDI　循環型社会（https://www.kddi.com/corporate/sustainability/efforts-environment/recycling/）
26）ソフトバンク　ESGデータ（https://www.softbank.jp/corp/sustainability/documents/esg-data/environment/）
27）IDC Japan 四半期出荷台数（https://www.idc.com/getdoc.jsp?containerId= prJPJ49240422）等

用いられるが、程度のよいものは、性能検査・クリーニング等を施してリユースされたり、リファービッシュされたりする。通信事業者によるCPOも販売されており、ハイエンド端末を安価に購入できる選択肢となっている。

　海外においてもサーキュラーエコノミーの実現に向けた廃棄端末の回収、再利用は活発化している。オーストラリア最大手の通信事業者Telstraは、使用済み携帯電話端末の復元および提供事業を展開する同国のKingfisherと連携し、「Upgrade & Protect」というプログラムを提供している。これは端末購入費用に加え、オプションとして毎月一定額を支払うものであり、一定の手数料を支払えばいつでも別の端末に変更することができるサービスである（特定のタイミングであれば手数料は無料）[28]。回収された端末は、TelstraのサブブランドであるBELONGの端末としてユーザーに販売され、端末は「第二の人生」を新たなユーザーのもとで送ることになる。こうして、Telstraグループの中で端末のサーキュラーエコノミーが実現されている点が特徴的である。

　国内でもNTTドコモは2023年9月から「いつでもカエドキプログラム＋」のサービスを開始するなど[29]、ユーザーの端末購入負担を下げながら、使用した端末回収が図られている。CPOの販売量はまだ限定的ながら、端末回収のしくみと再販売のしくみは整っている。それらをつなぎあわせ、Telstraのように自社の中でサーキュラーエコノミーを完結させることができれば、環境への負荷を下げるだけでなく、そのような取り組みに共感するファンを増やすことができるだろう。

　また、Telstraの場合、携帯電話端末の提供、回収および再利用をKingfisherという第三者がプラットフォームとして提供している点が重要である。サービス利用者にとっては多様な端末をいつでも交換できることが必要だが、そのためにはサービス提供者はリユース・リファービッシュに応えられる多様な端末を十分に確保することが求められる。上述のNTTドコモの「いつでもカエドキプログラム＋」のように、通信事業者がサービスを提供する場合もあれば、アップルの「Trade In（下取り）」プログラムのように端末提供事業者がサー

---

28) Telstra Upgrade and Protect（https://www.telstra.com.au/mobile-phones/
　　mobiles-on-a-plan/upgrade-and-protect）
29) NTTドコモ　2023年8月22日プレスリリース（https://www.docomo.ne.jp/info/news
　　_release/2023/08/22_01.html）

ビスを提供する場合もあるが、1社でサービス提供するよりも第三者であるプラットフォーマーが端末回収、整備、提供を行うほうが端末の流通量は大きく、効率もよくなる可能性がある。Kingfisherは「モバイル・サーキュラー・エコノミー」を標榜し、通信業界におけるサーキュラーエコノミーの活性化を推進しており、通信事業者でも端末提供事業者でもない第三者が、サーキュラーエコノミーを背景にプラットフォーマーを目指す構図からは、サーキュラーエコノミーを制約や義務ではなく、ビジネスチャンスとして捉えるべきという教訓にもなる。

　携帯電話端末のライフサイクルを循環型にする、ユーザーサイドのサーキュラーエコノミーに加え、提供者サイドのサーキュラーエコノミーも進んでいる。Telefónicaは、販売した携帯電話端末だけでなく、自社内のネットワーク機器の再利用数・率を集計して開示しており、「2024年までに、CPE（Customer Premises Equipment：顧客構内設備）の90%をリユースあるいはリファービッシュとする」など自社内機器にまでサーキュラーエコノミー達成目標を定量的に掲げ、「Zero Waste Company」となることを標榜している[30]。販売した端末だけでなく、自社の機器も含めたサーキュラーエコノミーを実現している。

　Vodafoneも同様に、2025年までに「E-waste：電気電子機器廃棄物」をゼロにし、すべて再利用するという目標を掲げている[31]。同社は2022年に、99%のE-wasteを再利用したとのことだが、それを100%にするために、「Asset Marketplace」を立ち上げている点が特徴的である。これはVodafoneグループ内での中古機器の社内取引マーケットである。同グループは世界中に通信事業者を抱えるため、使用済みの通信機器の再利用可能性を探ることができる。このような取り組みは、一般に99%から100%の間のハードルがきわめて高いのだが、1社だけでなくグループ大でサーキュラーエコノミーを形成することで、廃棄機器をゼロにするという高い目標にチャレンジしている。

　同社はこのAsset Marketplaceをさらに拡張し、ほかのマーケットプレイ

30) Telefónica Circular Economy（https://www.telefonica.com/en/sustainability-innovation/environment/circular-economy/）
31) Vodafone 2022年2月23日プレスリリース（https://www.vodafone.com/news/planet/circular-economy-plan）

スと接続することで、Vodafoneグループ外の通信事業者とも連携を図ろうとしている。マーケットメカニズムでは参加者が多くなるほどマッチングもしやすくなり、その結果、E-wasteの総量も削減されることになる。業界を挙げての協力とサーキュラーエコノミーネットワークの形成が期待できる[32]。

サーキュラーエコノミーをビジネスチャンスに

　サーキュラーエコノミーは「地球のためにやったほうがよいこと」から、「企業としてやらなければならないこと」になりつつある。欧州委員会が2020年に公開した「A New Circular Economy Action Plan」の中で、サーキュラーエコノミーの実現に向けたデジタル活用の可能性として、素材のリサイクル・リユース情報や温室効果ガス排出情報等をデジタル・パスポート等のソリューションで製品に紐づけ、製品のライフサイクル全体で環境負荷を抑制することが提案されている[33]。欧州委員会はこの実現に向けて、2022年3月にEcodesign for Sustainable Products Regulationを発行し、製品に使用される素材や部品をトラッキングするための「DPP：Digital Product Passport」の導入を目指している[34]。

　DPPはまずバッテリー（蓄電池を含む）を対象とした「バッテリー・パスポート」として、規制化が図られようとしている。2023年7月に、欧州議会と欧州理事会はバッテリーの製造、流通および廃棄に際しての措置に関する新たな規制を採択した[35]。バッテリー・パスポートとはその規制を実現するための肝であり、具体的には、バッテリーを構成する素材やリサイクルの状況など製品のライフサイクルなどを含む情報で、バッテリーの流通にあたってはこの

---

32) Vodafone Building a circular economy（https://www.vodafone.com/sustainable-business/our-purpose-pillars/planet/building-a-circular-economy）
33) European Commission Circular economy action plan（https://environment.ec.europa.eu/strategy/circular-economy-action-plan_en）
34) European Commission Ecodesign for Sustainable Products Regulation（https://commission.europa.eu/energy-climate-change-environment/standards-tools-and-labels/products-labelling-rules-and-requirements/sustainable-products/ecodesign-sustainable-products-regulation_en）
35) European Commission Batteries and accumulators（https://environment.ec.europa.eu/topics/waste-and-recycling/batteries_en）

バッテリー・パスポートによって各種情報を追跡可能とすることを要請する[36]。バッテリーのサプライチェーンに組み込まれた企業は、この規制に対応しなければ取引先として選定されない。将来的に、サステナビリティを大義とし、バッテリー以外の製品にもサーキュラーエコノミー実現のためのDPP導入がなされる可能性も十分あり、仮にそうなればサプライチェーンにかかわるすべての企業が影響を受ける。ただ、それは企業活動を縛るだけでなく、新たな市場形成にもつながるかもしれない[37]。

　一例として、ドイツのCircunomicsがある。同社は欧州市場においてバッテリー情報を管理するプラットフォームを提供しており、バッテリーの状態や将来の利用可能性を予測した情報提供だけでなく、使用済みバッテリーのマーケットプレイスも展開している[38]。そこではたとえば自動車関連事業者に売却するのか、それともエネルギー貯蔵事業者に売却するのかといった判断をする。同社は「サーキュラー・バッテリー・エコノミー」を標榜し、欧州最大級のバッテリー再利用ネットワークを築いており、これは希少資源を利用するバッテリーの有効活用というサステナビリティの側面と、バッテリーの耐用年数を延ばしつつ使用済みバッテリーを適切な価格で流通させるという経済合理性を両立させたサーキュラー・エコノミー・ビジネスの好例といえよう。

　また、オランダのCirculariseは、バッテリー以外のプロダクトにまでDPPを拡張させたプラットフォームを提供している[39]。DPPをブロックチェーン上に実装することにより、製品情報をサプライチェーンの全体にわたって透明性のある形で提供しつつ、情報の改ざんを抑制している点も先進的である。本プラットフォームはすでにドイツの自動車メーカーPorscheへの導入など実績を上げており、この例では、製造時期や製造場所といった一般的な情報だけでなく、各種部材に天然資源やプラスチックがどれくらい含まれているのか、そして環境負荷をどの程度排出しているのかといった情報をDPPによって管

---

36) Council of the EU 2022年12月9日プレスリリース（https://www.consilium.europa.eu/en/press/press-releases/2022/12/09/council-and-parliament-strike-provisional-deal-to-create-a-sustainable-life-cycle-for-batteries/）
37) 製造業における欧州の取り組み、企業間連携の枠組み作りについては、本書第2章5節の主題としており、参照されたい。
38) Circunomics（https://www.circunomics.com/）
39) Circularise（https://www.circularise.com/）

理している。各社の機密は保持しつつ、資源の再利用や廃棄物の最小化、つまりサーキュラーエコノミーを実現するための情報をサプライチェーン全体で共有している。

さらに、DPPが付加された自動車についてはその購入者もこれらの情報を閲覧することが可能であり、製造プロセスの透明性を示すとともに、環境意識の高い購買層への付加価値として訴求している[40]。

欧州のDPPやバッテリー・パスポートの推進から得られる示唆を参考に、サーキュラーエコノミーの実現に向けて、企業や政府がどのような取り組みを行うべきかを提言したい。

企業に対して

- 製品の特定：サーキュラーエコノミーの実現により、希少資源の再利用やCO_2排出の抑制の観点で大きなインパクトのある製品を特定する
- 定量化と目標設定：製品を構成する希少資源の使用量や、製造・加工・利用に伴うCO_2排出量等の情報を定量的に捕捉し、将来的に達成したい目標を定量的に定める
- エコシステムの設計と運用：サーキュラーエコノミーを実現するためのエコシステムを設計する。そのエコシステム内を製品が流通するプロセスで、DPPのように構成資源やライフサイクル情報を追跡可能にし、目標への達成状況を定量的にモニタリングする

政府に対して

- ルール化：製品のサプライチェーンに関与するすべての関係者がこの活動にコミットするように、適切なルールを設ける

本節において、携帯電話端末や通信機器のサーキュラーエコノミーが動き始めていることを述べた。上に挙げた「企業に対して」の提言についても、部分的にはすでに実現できている。国内ではまだ通信事業者やベンダーの個社の取

---

40) Circularise Achieving visibility into the Porsche supply chain（https://www.circularise.com/resource/achieving-visibility-into-the-porsche-supply-chain）

り組みだが、サーキュラーエコノミーは必ずしも競争領域ばかりではない。自動車産業のサプライチェーンはきわめて複雑だが、欧州ではバッテリーのサーキュラーエコノミーという大義のもとで協調が進みつつある。通信産業のサプライチェーンは自動車産業と比較してステークホルダーが限定的なので、協調できる領域をみつけやすいはずだ。それは地球と社会のサステナビリティに貢献するだけでなく、個社のサプライチェーンの安定や効率化、そして消費者への訴求など、ビジネスにおける便益ももたらすことになるだろう。

なぜいま、「情報アクセシビリティ」が求められるのか

デジタル化の進展にコロナ禍が拍車をかけ、非接触・非対面のサービス提供が増え、日常生活にデジタルツールは欠かせないものとなった。たとえば、キャッシュレス決済の普及に伴い、アプリで支払いを完了する場面が増えた。またレストランでは備えつけのタッチパネル式のタブレット端末等を用いて注文を完了する店舗も多くなった。社会参加には、こうしたデジタルツールが欠かせないものとなる一方で、これらのツールを何らかの理由で活用できないために利便性が低下したり、不利益を被ったりする人も増加しており、デジタルによる恩恵を受けられる人とそうでない人との間に格差、すなわち情報格差（デジタルデバイド）が生じている。この格差を解消するために重要となるのが「情報アクセシビリティ」の考え方である。

情報アクセシビリティという言葉を聞いたことがない、または障がい者[1]向けに特化した対応と誤解をしている方もいるのではないだろうか。

JIS規格[2]においてアクセシビリティは、「さまざまな能力をもつ最も幅広い層の人々に対する製品、サービス、環境又は施設（のインタラクティブシステム）のユーザビリティ」と定義されている。NRI（野村総合研究所）ではこの定義も踏まえ、情報アクセシビリティを、「ICT端末やサービスを使って高齢者や障がい者等が『円滑に』情報を取得・利用できること、またその意思表示や、他人との意思疎通を図ることができるようにするために、ICT機器・サービスが備えるべき機能」と整理する。

あらゆるものがデジタル化され、デジタルツールでつながることが一般的に

---

1) 本稿では、原則として「障がい」という表記を使うものの、「障害者手帳」および法令・委員会・調査の名称のみ「障害」と表記する。

2) JIS X 8341-1:2010（ISO 9241-20：2008）「高齢者・障害者等配慮設計指針—情報通信における機器，ソフトウェア及びサービス—第1部：共通指針」より抜粋。

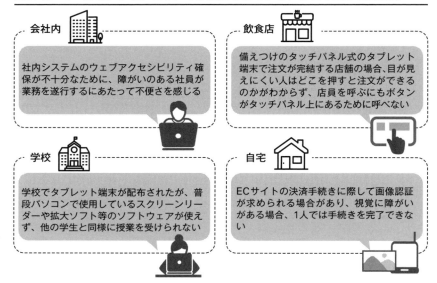

図表4.2-1　情報アクセシビリティが配慮されていないことで生じる問題例

会社内
社内システムのウェブアクセシビリティ確保が不十分なために、障がいのある社員が業務を遂行するにあたって不便さを感じる

飲食店
備えつけのタッチパネル式のタブレット端末で注文が完結する店舗の場合、目が見えにくい人はどこを押すと注文ができるのかがわからず、店員を呼ぶにもボタンがタッチパネル上にあるために呼べない

学校
学校でタブレット端末が配布されたが、普段パソコンで使用しているスクリーンリーダーや拡大ソフト等のソフトウェアが使えず、他の学生と同様に授業を受けられない

自宅
ECサイトの決済手続きに際して画像認証が求められる場合があり、視覚に障がいがある場合、1人では手続きを完了できない

なった現代においては、高齢者・障がい者にかかわらず、すべての人が製品・サービスを利活用でき、必要な情報を取得、発信できる状態となることが求められる。ゆえに、それらの製品・サービスを提供する企業にとっても、情報アクセシビリティに対応することの重要性がこれまで以上に高まっている。

　では、情報アクセシビリティ対応とは具体的にどのようなことを指すのか。情報アクセシビリティに対応した製品・サービスとは、「さまざまな状況下において」「さまざまな使い方に対して」同等の価値を提供できるものであると考える。「さまざまな状況下」とはたとえば、画面の文字を拡大できる機能は、視覚に障がいのある人だけでなく老眼の人にも役立つ。また字幕を表示する機能は耳が聞こえにくい人だけでなく、電車内などの音声を出せない状況下で動画を閲覧する場合にも機能する。消費者の置かれる状況が変化し続ける中で、製品・サービスが活用される多様なコンテキストにおいて同等の価値を提供できる機能を有することは、利用者の利便性の向上につながる。

　次に「さまざまな使い方」としては、たとえば上述の備えつけのタッチパネル式の端末で注文が完結するしくみの店舗の場合、目が見えにくい人はどこを押すと注文ができるのかがわからず、店員を呼ぶにもボタンがタッチパネル上

にあるために呼べないとの声がある。これは、さまざまな使い方に対しての配慮が至っていないために使えない人が生じる1つのケースである。製品・サービスを開発する際に、さまざまな人の使い方を想定し、多くの人が使えるしくみを考えることが情報アクセシビリティ対応の重要な要素である（図表4.2-1）。

　情報アクセシビリティへの取り組みが進んでいる欧米諸国では、それに取り組むこと自体がブランド価値の向上やマーケットリーチの拡大につながると考える企業が多い。日本企業はいかにして、情報アクセシビリティに取り組むべきだろうか。

 **欧米と比較して情報アクセシビリティへの
対応が遅れている日本企業**

　障害者権利条約批准国のデジタル・アクセシビリティへの対応状況を評価する指標「DARE[3]」によると、日本の評価は36点／100点満点で、世界137カ国中75位であった。

　DAREは、障害者権利条約批准国が情報アクセシビリティにどの程度対応しているかを評価する指標であり、障害者差別禁止など法律等の整備状況、政府に専門組織があるかなど体制の整備状況、ウェブやテレビなどの対応状況の実態等が評価項目となる。1位はカタールの89点、G7諸国はイタリア75.5点、フランス72.5点、米国71.5点、英国66.5点、ドイツ62.5点、カナダ56点となっており、先進国の中でも日本はかなり低い。

　日本は課題先進国といわれ、その中でも高齢化は最も大きな課題である。高齢化は視力や聴力の低下を伴うことも多く、情報アクセシビリティへの対応は喫緊の課題である一方で、欧米と比較して対応が大きく遅れているのが現実である。

　欧米企業では20年以上前から、情報アクセシビリティへの対応は企業として取り組むべき事項であると考え、実践してきた。たとえばアップルの「iPhone」は光や振動といった感覚的な通知を行ったり、聞こえ方に合わせてヘッドフォンをカスタマイズしたりできる機能等を標準で搭載している。これ

---

3) DAREとは"The Digital Accessibility Rights Evaluation"の略。G3ict（Global Initiative for Inclusive Information and Communication Technologies）が公表している。2020年3月に公表された順位および点数を掲載。

らは聴覚に障がいのある人だけでなく、音を出せない環境や聞こえにくい環境にある場合でも利便性が高い機能である。

　また、マイクロソフトの製品である「Xbox」は、カスタマイズ要素として、音声をテキスト化する機能や、色覚異常のある人に対応するカラーフィルター機能等を提供することで、情報アクセシビリティ対応を図っている。さらに「Xbox Adaptive Controller」を追加アクセサリーとして販売し、キーボードだけではなく、ボタンやレバー等の多様な機器を接続して操作をすることも可能としている。

　それでは、日本企業における取り組みはなぜ十分に進んでいないのか。この理由として、情報アクセシビリティに対応することへの意識がそもそもない、または「一部の利用者に対してのみ有効な対応」であるとの誤認識から対応の優先度が低いケースや、企業がその重要性や得られるメリットを認識しているケースが少ないことが挙げられる。これらの理由から、情報アクセシビリティ対応を全社的に進める企業はまだ少なく、取り組んでいる一部の企業でも社内の有志やCSR活動としての取り組みにとどまっていることが多い。

日本企業にとって情報アクセシビリティ対応が「成長ドライバー」となり得る理由

　情報アクセシビリティ対応は多くの日本企業に見過ごされてきたといえる。しかし、先んじて対応を進めてきた先進企業の事例等を踏まえると、情報アクセシビリティに対応することは企業のビジネスの成長にも寄与すると考えられる。自社ビジネスの成長に寄与すると考える主な理由を2点述べる。

理由①：サービス利用者数の増加につながる可能性が高い

　前述のとおり、情報アクセシビリティ対応により、障がい者をはじめとした、これまで製品・サービスを利用できなかった人たちがそれらを利用できるようになる。また、高齢者等の、これまで利用しづらさを感じていた人たちにとっても使いやすい製品・サービスとなる。そのため、情報アクセシビリティ対応が利用者数の増加につながる可能性は一般的に高い。

　日本企業に先んじて対応している欧米企業の取り組み事例は、情報アクセシビリティ対応とサービス利用者数の増加との間に相関性のあることを示唆して

いる。

　たとえば、Airbnbは、身体的・認知的制約のある人々の旅行ニーズの高まりを踏まえ、情報アクセシビリティ対応によるサービス利用者の増加をねらい、障がいのある旅行者向け民泊仲介サイトのスタートアップ企業のAccomableを買収した。同社が買収により実際にサービス利用者数を増やせたかは定かではないものの、NRIが複数の欧米企業にヒアリングしたところ、欧米企業の中には情報アクセシビリティ対応が利用者数の増加に寄与している事例があると判明した。

　たとえば、ある米国テック企業A社は情報アクセシビリティ対応により利用者数が23％増加した。また、金融業B社は情報アクセシビリティ対応で15〜20％ほど高齢者の利用者数が増加した。高齢者は可処分所得が高いこともあり、B社にとって情報アクセシビリティ対応は収益向上にも大きく貢献しているとのことである。

　筆者らは、欧米市場と同様かそれ以上に、日本市場でもサービス利用者数の増加が期待できると考える。なぜなら、日本社会では情報アクセシビリティ対応の便益を享受する者が非常に多いからである。

　日本社会における高齢者の多さは詳述するまでもない。2018年の高齢者の総人口に占める割合は、日本（28.1％）が世界で最も高く[4]、同割合は2060年には38.1％になると推測されている[5]。また、日本眼科啓発会議が2021年6月に実施した調査では、40代以上の回答者の約51.3％が「小さな文字が読みにくい」と回答している（次ページの図表4.2-2）。同調査結果をもとに「小さな文字が読みにくい」と感じる者の推計人口を算出すると、日本では約4400万人が「小さな文字が読みにくい」と感じている計算となる。これらの結果は、加齢に伴い情報アクセシビリティ対応を必要としている者が国内に多く存在することを示している。

　また、厚生労働省は、日本における「障がいのある者」の割合について、「全人口の約7.4％が障害を有している」としている[6]。しかし、実際は7.4％よりも多いと推測される。なぜなら、厚生労働省の推計値は、障害者手帳所持者

4）　総務省「人口推計（2018年〈平成30年〉10月1日現在）」。
5）　内閣府「令和2年版 高齢社会白書」。
6）　厚生労働省「平成28年生活のしづらさなどに関する調査（全国在宅障害児・者等実態調査）」。

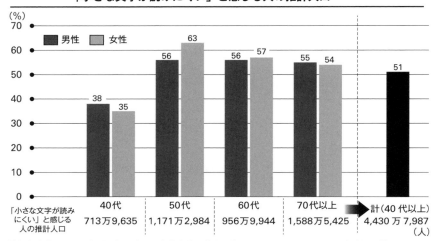

図表4.2-2 「小さな文字が読みにくい」と感じる人についてのアンケート結果と、「小さな文字が読みにくい」と感じる人の推計人口

（注）各世代ならびに総計の推計人口は小数点第1位を四捨五入している。そのため、各世代の推計人口を足し合わせた値は、総計として記載された値と必ずしも一致しない
（出所）日本眼科啓発会議「アイフレイル世代に聞いた『目の健康に関する意識調査』」（2021年）、推計人口は総務省「人口推計（2021年〈令和3年〉10月確定値）」より

もしくは自立支援給付受給者の推計値であり、「公的障がい者制度の非利用者だが障がいのある者」を捕捉しきれていないからである。

　そこで、NRIは2023年2月に、全国の10代から80代の男女3336人に対してインターネットアンケートを実施し、日本における「障がいのある者」の出現率を調査した。調査は国連障害者権利委員会がその利用について勧告を行っている「ワシントングループの設問（WG-SS）」[7]に基づいて実施した。その結果、日本における出現率は17.2%であった[8]（図表4.2-3）。

7） 日常生活における6つの機能（視覚、聴覚、歩行、認知、セルフケア、コミュニケーション）それぞれについて、苦労の程度を4段階（「苦労はない」「多少苦労する」「とても苦労する」「全くできない」）で尋ねる形式の設問。6つの機能に関する設問において、1つでも「とても苦労する」「全くできない」のいずれかを選んだ者が「障がいのある者」として定義される。詳細はWashington Group on Disability Statistics「Creating Disability Severity Indicators Using the WG Short Set on Functioning (WG-SS) (CSPro)」を参照されたい。
8） 日本の年代別人口構成比に基づいてウェイトバック集計を行った結果を踏まえて算定した。ウェイトバック集計にあたっては、総務省「人口推計（2022年〈令和4年〉10月1日現在）」を利用した。

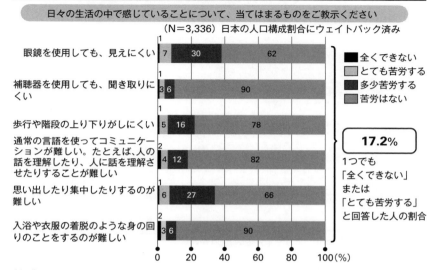

図表4.2-3 「ワシントングループの設問（WG-SS）」に基づく
「障がいのある者」の出現率調査

（出所）Washington Group on Disability Statistics「Creating Disability Severity Indicators Using the WG Short Set on Functioning（WG-SS）（CSPro）」、総務省「人口推計（2022年〈令和4年〉10月1日現在）」をもとに作成

　なお、WHO・世界銀行の調査に基づくと、高所得国における障がい者の割合は約11.8%[9]とされている。WHO・世界銀行の調査とNRIの調査とでは捕捉方法が異なるため一概に比較することはできないが、日本において「障がいのある者」の多さを表すデータといえよう。

理由②：早い段階での情報アクセシビリティ対応は全体的なコストを最小化する

　多くの欧米企業は、製品・サービスのリリース後に情報アクセシビリティ対応をすることは非常にコストがかかると認識している。

　英国バークレイズは、自社アプリのリリース後の情報アクセシビリティ対応

9）　World Health Organization, The World Bank「World Report on Disability」2011.

のために、推定30万ポンド（約5500万円[10]）を要した。しかし、アクセシビリティをサービス設計段階から検討すれば、10分の1程度のコストに収められたと判明した[11]。また、米国調査会社のForresterは企業・NPO等の経営

図表4.2-4　**情報アクセシビリティ対応が自社ビジネスの成長に寄与する理由と先進企業における対応の効果**

情報アクセシビリティ対応が自社ビジネスの成長に寄与する理由	対応の効果

1 サービス利用者数の増加につながる可能性が高い

ウェブトラフィック全体の最大20％が、4つのユーザーグループ（聴覚障がい者、視覚障がい者、身体障がい者、認知障がい者）からもたらされている。仮に15％だとしても7人に1人の割合である

米国系テック企業
前アクセシビリティチームリーダー

弊社はアクセシビリティ機能を導入したところ、23％の成長を遂げることができた

米国系テック企業
前インクルーシブデザイン部門
責任者

情報アクセシビリティ対応によりTAM（Total Addressable Market）を増やすことができる。障がいは自閉症や、色盲など「見えない」障がいについても含む。その人たちのニーズが製品で満たされていなければ、自社の顧客にはならない

米国系テック企業
前インクルーシブデザイン部門責任者

2 早めの情報アクセシビリティ対応はコストを最小化する

新しいソフトウェアコンテンツをリリースした後、バグの発見・修正を行うと、1バグあたり約100ドルがかかる。コンテンツリリース前の情報アクセシビリティ対応により、何万ドルも節約できることになる

米国系テック企業
前アクセシビリティチームリーダー

- 自社アプリのアクセシビリティに関する問題を事後的に修正するための費用を算出したところ、30万ポンドだった
- アクセシビリティを早期から検討し、多様なユーザーを巻き込むことで、アプリをアクセシブルに構築するためのコストは3万ポンド（10分の1）になった

バークレイズ
デジタルアクセシビリティ部門
責任者

（出所）バークレイズ資料およびNRIのヒアリング結果をもとに作成

10）2023年9月20日時点の為替レートをもとに算出。
11）バークレイズ「Accessibility guide for Suppliers」2020。

者・マネジメント層12名へのインタビュー結果を踏まえ、「情報アクセシビリ
ティ対応は不必要なコールセンター対応の減少をもたらしコスト削減につなが
る」としている。電話問い合わせが年間100万件ある団体の場合、ウェブサイ
トによる情報アクセシビリティ対応により25万ユーロ（約3950万円[12]）のコ
スト削減が可能だと同社は試算する。

　情報アクセシビリティ対応が現時点で十分に取り組めていない日本社会では
必然的に事後的対応となるが、なるべく早く対応することはコストの最小化と
いう面で望ましい。デジタル化が今後さらに進展すると、オフラインで提供し
ていたサービスをオンラインのみとする企業も増える。仮に当該サービスの情
報アクセシビリティが不十分であった場合、サービスをオンラインで利用して
こなかった高齢者や、障がいのある人から多くの不満・要望が寄せられるだろ
う。また、現在デジタル機器・サービスの利用に慣れている中年層であって
も、加齢に伴い身体的・認知的機能に制限が生じ、情報アクセシビリティの高
低に敏感になることも予想される。そのため、こうした社会の潮流を先読み
し、いまから対応を始めることの意義は大きい（図表4.2-4）。

情報アクセシビリティ対応を進める上でのステップ

　これまで述べてきたとおり、情報アクセシビリティ対応は多くの日本企業で
見過ごされてきたものの、取り組む意義は大きい。では、どのように対応を進
めればよいだろうか[13]（次ページの図表4.2-5）。

ステップ①：対応に前向きな風土醸成

　情報アクセシビリティ対応を実践する前段階として、対応が社内で公認さ
れ、協力を得られる状況を作る必要がある。そのためには、対応の重要性をで
きるだけ多くの社員に身をもって理解してもらうこと（ステップ①-A：「自分

12）2023年9月20日時点の為替レートをもとに算出。
13）企業での情報アクセシビリティ対応は経営層やマネージャー層の号令のもと、トップダウン
　　的に進むケースと、現場社員が起点となって、経営層やマネージャー層を説得するボトムアッ
　　プ的に進むケースの両方がある。筆者らは、どちらのケースでも取り組みのステップ自体は
　　同様と考える。

図表4.2-5　**情報アクセシビリティ対応のステップ**

| ステップ①
対応に前向きな風土醸成 | ステップ②
情報アクセシビリティ対応の実践 |

情報アクセシビリティ対応が社内で公認され、
協力してもらえる状況を作る

情報アクセシビリティ
対応の
「**自分ごと**」化

情報アクセシビリティ
対応の
「**自社ごと**」化

当事者による
プロトタイプへの
フィードバック

設計開発
ガイドラインの
整備

- 勉強会・研修を通じて障がい当事者の困りごとを社員が身をもって理解する機会を創出し、社員の情報アクセシビリティ対応に対する当事者意識を醸成する
- 勉強会・研修の実施にあたっては、可能な限り社内の当事者の協力を仰ぐことが望ましい

- 「企業理念・ミッションを踏まえると、自社が情報アクセシビリティ対応を進める必要がある」と他の社員に説明し、自社が対応を進めることへの納得感を得る
- 自社製品・サービスの利用者層や成熟段階等を踏まえながら、情報アクセシビリティ対応がどのように自社サービスの成長につながるかを他の社員に説明する

- 設計・開発段階から障がい当事者や高齢者のフィードバックを得ることで、情報アクセシビリティを確保した製品・サービス開発を手戻りなく進める
- 情報アクセシビリティを確保した製品・サービスの設計・開発を行う上で順守すべき事項をルール化したガイドラインを策定することで、製品・サービスの情報アクセシビリティを向上させる

ごと」化）と、会社として対応に取り組む理由を自社に引きつけて社内に伝え、賛同してもらうこと（ステップ①-B：「自社ごと」化）を一体となって進める。それぞれの具体的な取り組み方法や、先進企業の取り組み事例について、以下に述べる。

ステップ①-A：情報アクセシビリティ対応の「自分ごと」化

　情報アクセシビリティ対応が社内で公認され、協力を得られる状況を作るために、職層を問わずできるだけ多くの社員に対して情報アクセシビリティ対応の当事者意識を醸成する（＝「自分ごと」化）。これには、勉強会・研修等を通じて情報発信することが有効である。先進的な対応を進めている企業の多くは、図表4.2-6に示す4つの施策に取り組んできた。特に「B 障がい当事者の生の声の紹介」や「C.障がいの疑似体験の実施」は、重要性を周知する上で効果が高い。

　勉強会・研修の実施にあたっては、可能な限り社内の当事者の協力を仰ぐ。

勉強会・研修で提供する内容		詳細
A	障がい者・情報アクセシビリティに関する基礎情報の紹介	・障がい者に関する統計情報 ・障がいに起因する困りごとの紹介 ・情報アクセシビリティに関する基礎情報（情報アクセシビリティ向上により達成するべき事項、アクセシビリティとユーザビリティとの違い等）
B	障がい当事者の生の声の紹介	・障がい当事者を招いた講演会やワークショップの実施
C	障がいの疑似体験の実施	・当事者の困りごとを体験・体感する機会の提供 　例：色覚特性のシミュレーション体験 　　　スクリーンリーダー使用のデモンストレーション
D	即時的に取り組みが可能な情報アクセシビリティ対応の紹介	・障がい者に対する正しい言葉遣い ・資料作成における配慮方法の紹介（色使いや文字情報での情報共有等）

（出所）総務省「情報アクセシビリティ推進ガイドブック」をもとに作成

社内の当事者が自社製品・サービスを利用するときの困りごとを紹介することで、社員は自社製品・サービスの情報アクセシビリティ対応の重要性をより親近感を持って理解することができるからである。

　なお、欧米企業の多くや日本企業の一部では、障がい者やLGBTなど、企業内で共通の特性・経験や問題意識を持つ社員とそのサポーターのグループであるERG（Employee Resource Group）が組成されており、障がい者のERGが勉強会や研修に協力するケースもある。これらの企業では、彼らとの連携を通じて勉強会・研修を実施することも望ましい。また、組成されていない場合は、ERGの活動を財政面で支援するなどにより組成を促すことも一案である。

ステップ①-B：情報アクセシビリティ対応の「自社ごと」化

　情報アクセシビリティ対応を組織的に実践する上では、「なぜ自社が情報アクセシビリティ対応に取り組む意義があるのか」を他の社員に納得してもらう必要がある。

　たとえば、経営層や管理職層の号令のもと、トップダウン型で対応を進めるケースでは、実際に設計・開発に携わる現場社員の納得感を醸成する。また、現場社員が起点となって、ボトムアップ的に対応を進めるケースでは、他の社員ひいては管理職層の納得感を醸成する必要がある。

自社が情報アクセシビリティ対応に取り組む意義について周囲の納得を得る上でのポイントとしては以下の2つがある。

　1つは、自社の企業理念・ミッションを踏まえて意義づけることである。「自社の企業理念・ミッションを踏まえると、情報アクセシビリティ対応は必要である」と説明すれば、周囲もなぜ会社として情報アクセシビリティ対応に取り組むべきかが納得しやすく、賛同も得やすい。

　このような事例として、グループウェアの開発、販売、運用を展開するサイボウズがある。同社の取り組みは1人の現場社員が起点となってボトムアップ的に始まったが、その際、「情報アクセシビリティは企業理念の達成に必要な考え方だ」とマネージャー層ならびに現場社員に説くことで対応への納得感を醸成した。同社にとってアクセシビリティは「チームに参加したいと願う利用者を、尊重し、支援すること」であり、「チームワークあふれる社会を創る」という企業理念を達成するために必要な考え方の1つと位置づけた。

　もう1つは、自社製品・サービスの利用者層や成熟段階等を踏まえて意義を説明することである。前述のとおり、情報アクセシビリティ対応はサービス利用者の増加につながる可能性が高く、今後発生するコストを最小化できる。これらを論拠としつつ、製品・サービスの利用者層や成熟段階を踏まえ、押し出すポイントに濃淡をつけることで、納得感のある意義づけができる。

　たとえば、ToB（企業向け）のウェブサービスを提供している場合は、「情報アクセシビリティ対応が不十分だと、顧客企業の社員全員が製品・サービスを利用できる状態とはいえず、提供価値として不十分である」といった意義づけが理解を得やすい。また、ToC（消費者向け）の製品・サービスで、これまで高齢者や障がい者への訴求ができていない場合は、日本社会における高齢者・障がいのある者の割合の多さを踏まえ、自社製品・サービスがこうした消費者にいかに訴求するかを伝えると納得感を得やすい。

ステップ②：情報アクセシビリティ対応の実践

　情報アクセシビリティ対応の「自分ごと」化と「自社ごと」化を両輪で進めることにより、対応を前向きに進める風土が醸成される。それでは、実際に情報アクセシビリティ対応を向上させる上でどのような取り組みが効果的か。例として、当事者によるプロトタイプへのフィードバック、および設計開発ガイ

		取り組みの概要
社内の当事者との連携	ソニー	・企画・開発過程において障がいのある社員からのフィードバック結果を、製品・サービスに反映する活動を推進している ・たとえばテレビ開発では、視覚障がいのあるユーザーからのフィードバックを製品改善に役立てている ・2025年度までに原則すべての製品・サービスを障がい者や高齢者に配慮した仕様とするため、製品・サービスの開発過程で障がい者の意見を取り入れることを必須とする
	グーグル	・「ドッグフーディング」や「敵対的テスト」と呼ばれる、多様な社員を交えた製品テストを行い、情報アクセシビリティ対応を実施している。実施にあたっては、ERGを通じて効率よく社内の当事者を集めるしくみを整備している ◎ドッグフーディング：ローンチ前のプロダクトについて内部で議論したり、テストしたりすること。フォーカスグループやユーザーテストが含まれることもある ◎敵対的テスト：社内の多様な職員の協力のもと（障がい者のみならず、性的マイノリティや人種的マイノリティ等）、ローンチ前の製品の不具合を1つ残らず明らかにすること
社外の当事者との連携	マイクロソフト	・社外の障がい当事者（障がい者団体）からのフィードバックを得て製品・サービスの設計開発に取り組む ・2021年に提供が開始された「Windows11」は、設計プロセスの初期段階から、社外の障がい当事者（障がい者団体）からのフィードバックへの対応を行うことを念頭に置いて、開発が進められた
	アマゾン・ドット・コム	・2016年に全米盲人連合（NFB）と協業し、自社の教育コンテンツ、プラットフォーム、アプリケーションの改善に向けて製品・サービスへのフィードバックを得る機会を継続的に設置することとした

（出所）総務省「情報アクセシビリティ推進ガイドブック」、全米盲人連合（NFB）HP、および日本経済新聞2023年1月20日付朝刊「ソニー、全商品で高齢・障害者配慮 25年度までに開発ルール化」をもとに作成

ドラインの整備を紹介したい。

当事者によるプロトタイプへのフィードバック

　情報アクセシビリティへの対応として、当事者によるプロトタイプへのフィードバックが効果的である。特に、設計・開発段階からフィードバックを得ることが、対応を手戻りなく進める上で重要である。

　フィードバックを得るためには、社内の当事者を巻き込む方法と、社外の当事者を巻き込む方法があるが、費用を抑えつつ既存のネットワークを活かせるという点では、前者のほうが始めやすい。そこで、以下では社内の当事者を巻き込むことに焦点を当てて具体的な取り組み方法を紹介したい。なお、社外の当事者を巻き込む先進企業の事例は図表4.2-7を参照されたい。

社内の当事者を巻き込んでいる先進企業の中には、社内で情報アクセシビリティの向上を目指して活動する社員や、特例子会社の社員に、設計開発プロセスへの参加を依頼している事例がある。ソニーは、企画・開発過程で障がいのある社員からのフィードバック結果を製品・サービスに反映する活動を推進してきており、たとえばテレビ開発では、視覚障がいのあるユーザーからのフィードバックを製品改善に役立てている。

　また、前述のERGを巻き込むこともフィードバックの効率を高める上で有効で、この点からも、ERGの組成が望まれる。たとえば、グーグルでは「ドッグフーディング[14]」をはじめ社員を交えた多様な製品テストを行っており、テスト実施時にはERGを通じて社内の当事者の協力を得ている。

　なお、一部企業では、開発段階で当事者からフィードバックを得ることを必須とする動きも出てきている。ソニーは、前述の取り組みに加え、2025年度までに、製品・サービスの開発過程で障がい者の意見を取り入れることを必須と定め、情報アクセシビリティ対応をいっそう推進している。

設計開発ガイドラインの整備

　次に、情報アクセシビリティを確保した製品・サービスの設計・開発で順守すべき事項をルール化したガイドラインの整備にあたり、先進企業が留意しているポイントを2つ紹介する。

ポイント①：自社にとって取り組みやすい内容からガイドライン化する

　情報アクセシビリティに関する産業規格や国際標準は国内外ですでに公表されており[15]、先進企業はこれらを基本としつつ、自社向けにガイドラインを策定している。一方、産業規格や国際標準は対象製品が広範であり、記載内容が難解である。そのため先進企業は、初期対応として、自社が取り組みやすい項目（情報を伝える画像に代替テキストを提供する、色に頼らなくても理解できるようにする等）を抜粋しガイドライン化している。たとえば、SaaS（Software as a Service）型クラウドサービスを開発・運営するfreeeは、抽象的な表現

14）製品開発におけるテスト手法の1つ。自社の製品を自社の社員自身が試すこと。
15）JIS X 8341シリーズやWCAG（Web Content Accessibility Guidelines）、米国リハビリテーション法508条基準、EN 301 549などが挙げられる。

を開発者が理解しやすい表現にしたり、自社の製品特性を踏まえた達成基準を設けたりといった工夫を行い、「freeeアクセシビリティー・ガイドライン」として公表している。

ポイント②：ガイドラインの順守を徹底するしくみも併せて作る

ガイドライン策定の効果を最大化するには、順守を徹底するしくみづくりも必要である。そのため先進企業の一部では「チェックリスト」を作成・活用している。開発した製品・サービスがこれらの記載内容を満たしているかどうかによってガイドラインへの準拠状況が把握でき、ガイドラインの周知徹底につながる。

たとえば、上述のfreeeは自社ガイドラインの順守のためにチェックリストを運用している。また、チェックリスト上で「NG」となりやすい項目については、開発段階でどのように対処すればよいかを取りまとめて社員に提示することで、対応の高度化を図っている。

日本を情報アクセシビリティ先進国に

本節では、情報アクセシビリティ自体や、それがもたらす可能性について述べてきたが、情報アクセシビリティの本質は、「すべての人が同じように情報を得、それを活用できること」だと筆者は考える。これは、障がい者や高齢者だけではなく、日常生活においてさまざまな不便を感じる人々が情報の活用方法をカスタマイズすることにより、自分にとって不可欠な情報に当たり前にアクセスできるようになるとともに、それらの利便性を享受できることであり、顧客のニーズに合わせた製品開発でなくてはならない考え方である。

日本企業は元来、細かい配慮をし、かゆいところに手が届く製品開発を得意としてきた。これらの開発で培ったノウハウは、情報アクセシビリティ対応でも大いに活用が望まれ、また、日本企業が強みを持つ分野である。日本企業が情報アクセシビリティ対応を進め、2030年には世界を先導する企業として、日本企業の名前が連なる姿を期待したい。

4.3 核融合技術はエネルギーの未来となるか

 核融合発電とは何か

　本節では、近年民間投資が集まりつつある「核融合」とその技術を用いた「核融合発電」について述べる。

　本書では、主に2030年までの市場を扱っているが、核融合発電は政府ロードマップでも社会実装の開始は2045年頃、各スタートアップ企業も2035年前後の発電開始という時間軸を掲げており、他の市場とは大きく異なっている点にご留意いただきたい。

　他方で、核融合の実現・核融合発電の社会実装に必要な要素技術は2030年時点では一定程度の水準に達していると推測される。これらは核融合実現のため、従来の業界認識を大きく変えるような技術のブレークスルーによってもたらされており、そのため2023年の現時点から着目しておく必要がある。「地上の太陽」「無限のクリーンエネルギー源」ともいわれる核融合発電およびその要素技術について理解し、自社ビジネスにどのように結びつくかについて検討を進めておくことは、長期の成長とサステナビリティの実現につながる。

　核融合への社会的な関心は急速に高まっている。メディアでは特集が組まれ、核融合発電スタートアップ企業の資金調達に関するニュースもこれまで以上に耳にするようになったと感じる。それもそのはずで、Fusion Industry Associationによれば、2022年のグローバルでの核融合関連企業への投資額は14億ドルという規模になった。2022年までの累計投資額が62億ドルであることからも、足元では多くの資金が投資されるようになってきている[1]。

　このように核融合発電が話題になってはいるものの、「地上の太陽」「無限のクリーンエネルギー源」と呼ばれる核融合がどういう原理であるのかを正しく理解している人は多くない。国民的なロボットアニメである「機動戦士ガンダ

---

1)　Fusion Industry Association「The global fusion industry in 2023」2023年。

202

図表4.3-1　**核分裂と核融合の原理の違い**

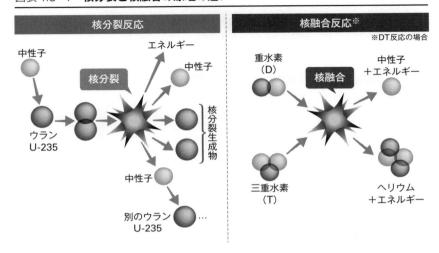

図表4.3-2　**原子力発電と核融合発電による比較**

原子力発電		核融合発電
ウラン燃料1グラムあたり 石油1.8t相当	取り出せる エネルギー量	DT燃料1グラムあたり 石油8.0t相当
いかに反応を制御するか、が重要	原理	いかにして反応が起こる環境を 維持し続けるか、が重要
高レベルの放射性廃棄物が残る 放射能が下がるまでに数万～10万年	環境負荷 （放射性廃棄物の レベル）	低レベルの放射性廃棄物が残る 放射能が下がるまでに100年

ム」でもその動力源として用いられる核融合について、まず述べたい。

　核融合とは、その名のとおり軽い原子核同士の融合により重い原子核へと変化する「核融合反応」のことである。このとき、融合反応が起こる前の質量よりも融合反応後の質量のほうが軽いため、差分がエネルギーとなる。そしてアインシュタインの公式である「$E=mc^2$（エネルギー：E、質量：m、光の速度：c）」より、わずかな質量から非常に大きなエネルギーを得ることができる。たとえば、核融合の燃料として想定されているDT（D：重水素、T：三重水素＝トリチウム）では、1グラムで石油約8トンと同等のエネルギーを放出する。さらに、DT燃料のうち、Dは海水に0.014％含まれるとされており、

ほぼ無尽蔵の燃料となる。このため、核融合は無限のクリーンエネルギー源とされており、核融合の実現により環境問題・エネルギー問題、そしてエネルギーに関連する経済問題といった人類が抱える問題を解決し得るとされる。自然界では、太陽がまさに核融合の原理であり、その巨大なエネルギーと長寿命から、核融合実現による人々の生活への影響がうかがえる。

　ところで、核融合と聞いて似た言葉を思い浮かべる人もいるのではないか。「核分裂」である。核分裂は、原子力発電に用いられる原理であり、ウラン等の重い原子核が分裂し、核分裂生成物と中性子になる反応のことである。核分裂の場合、ウラン燃料1グラムで得られるエネルギーは石油1.8トンに相当し、この点からも核融合のエネルギーの大きさがわかる。また、その原理の違いから、原子力発電と核融合発電では安全性や環境負荷で大きな差がある。

　前ページの図表4.3-1に核分裂と核融合の原理の違い、図表4.3-2に原子力発電と核融合発電の比較を示す。

　核分裂では、分裂により発生した中性子が別のウランと再度反応し、さらに分裂が続くため自己制御性がなく、抑えるためのしくみが欠かせない。これが核分裂に安全上の配慮が必要とされる理由である。そこで原子力発電では、核分裂が自然に抑えられる性質となるような設計を構築する。

　一方、上述のとおり2つの原子核同士を衝突させて融合させる核融合の場合、両原子核ともに正の電荷を持っていることから非常に高速でないと衝突が起きない。必要な速度は秒速1000kmで、それを実現するため、核融合炉では材料であるDTを1億℃以上に加熱すること（プラズマ状態を維持すること）が求められる。つまり、原子核を超高温にした上で、それらが反応するよう高密度で、かつ長時間同じ場所に閉じ込めておかなければ核融合は起きない。核分裂が、いわば「反応をいかに制御するか」が重要であるのに対し、核融合は「反応が起こる環境をいかに維持し続けるか」が重要である。そのため、安全性の面では核融合が優位であるとされる。

　加えて、両者には副産物である放射性廃棄物についても大きな違いがある。広く知られるように、核分裂は高レベルの放射性廃棄物が残る。使用済み燃料を再処理し、廃液をガラスに溶かし合わせたガラス固化体が、原子力発電の燃料のウラン鉱石と同等の放射能になるまでには、数万〜10万年かかるといわれている。核融合発電も同様に放射性廃棄物が出るものの、その毒性は100年

で100万分の1にまで減衰するとみられており、核分裂とは大きく異なる。

　ここまで、核分裂と核融合の違いを述べてきたが、ここから核融合について さらに詳細に説明していきたい。核融合の燃料を、ここまでDTを前提に説明 してきたが、これはまだ確定ではない。というのも、核融合の手法と燃料はそ のどちらもまだ研究段階であり、今後の技術革新次第では、状況が大きく変わ る。とはいえ、すでに主流となっている手法は3つある。

　まず初めに手法の区分けとして、前述の「（プラズマを）長時間同じ場所に 閉じ込めておく方式」には、大きく「磁場閉じ込め方式」と「慣性閉じ込め方 式」が考えられる。磁場閉じ込め方式はその名のとおり磁力線によってプラズ マを閉じ込める方式で、主な手法としては「トカマク型」と「ヘリカル型」が ある。慣性閉じ込め方式は、レーザー等で爆縮を起こすことでプラズマを閉じ 込める「レーザー方式」が主な手法である。

　トカマク型は、古くから研究されてきた手法で、閉じ込め性能が高いとさ れ、核融合に必要なプラズマの生成にも成功していることから、フランスで建 設中の国際プロジェクト「ITER（語源はInternational Thermonuclear Experimental Reactor：国際熱核融合実験炉、『イーター』と読む）」でも採 用されている。日本では国立研究開発法人量子科学技術研究開発機構（QST） によって研究が進められている。茨城県那珂市で稼働する核融合実験装置 「JT-60SA」もトカマク型である。ただし、トカマク型はプラズマの安定性に 課題があるとされている。

　ヘリカル型は、ねじれたコイルが組み合わさった形状で、プラズマの安定性 に優れ、長時間運転に優位性を持つ。日本では、大学共同利用機関法人自然科 学研究機構核融合科学研究所による「大型ヘリカル装置（LHD）計画」に よって研究が進められている。また、スタートアップ企業であるHelical Fusionもこの手法を採用した核融合発電の早期実現を目指している。ヘリカ ル型は、プラズマの閉じ込め性能に課題があるとされている。

　レーザー方式は、日本では大阪大学のレーザー科学研究所レーザー核融合シ ステム（LFS）によって研究が進められているほか、大阪大学発のスタート アップ企業であるEX-Fusionもこの手法を採用している。レーザー方式の場 合、閉じ込め時間は一瞬で、その間に核融合反応を起こし、かつそれらの反応 を連続的に起こす必要があるため、レーザーの精度・効率の向上、連続的な照

射の実現といった課題がある。

　──以上みてきたように、ひとくちに核融合といっても多くの手法がある。また現在市場を盛り上げている核融合スタートアップ企業各社は、これら主要な手法ではない、革新的な炉形式によってその実現を目指している。それぞれの手法は、いずれも一長一短でこの先の技術的な飛躍が望まれるため、今後どういった手法がデファクトスタンダード（事実上の標準）となっていくのかは見極めていく必要がある。

なぜいま、核融合発電が話題なのか

　ここまで、核融合の概要を述べてきた。核融合発電はいまだ手法や燃料は定まっていない研究途上の技術である。しかし、実現すれば燃料は海水から採取可能で、燃料1グラムで石油8トン分のエネルギーを得られるまさにエネルギーの未来を担い得ることは前述のとおりである。そんな核融合発電が、なぜいまメディアの関心を集め、民間投資を集めるようになってきているのかの理由を解説する。その前に、現在に至るまでの核融合に関する流れを簡単に述べる。

　核融合の研究は古く、1932年には英国のCockcroftとWaltonによって核融合反応に伴う膨大なエネルギーの放出が発見されている。その後、第二次世界大戦をはさみ、米国やソ連等で秘密裏に研究が続けられていたとされている。1950年代中頃には技術的なハードルの高さから情報交換の必要性、および原子力の平和利用への意識の高まりから世界中で研究を協力し合う機運が生じ、日本でも1958年に原子力委員会内に湯川秀樹を中心に核融合専門部会が設立されている。そして1962年にはIAEA（国際原子力機関）が「第1回プラズマ物理と制御核融合国際会議」を開催している。その後1985年の米ソ首脳会談をきっかけに進むことになった国際協調による研究は、上述のITER計画として結実した。そしてそのITERが運転開始を目指す2025年を目前とした2023年の現在は、国際協調から企業競争への段階にあるといえる。

　そこで改めて核融合発電がなぜいま注目を集め始めているのか。その理由は大きく2つある。1つは技術的な蓋然性がみえてきたこと、もう1つは、実現の時間軸がビジネスの対象となってきたことにある。

　まず、技術的な蓋然性がみえてきたこと。これは、これまで理論でしかな

かった核融合の理論的裏づけが、2022年12月に米国エネルギー省（United States Department of Energy：DOE）により実証されたことによる。米国のローレンス・リバモア国立研究所（LLNL）の国立点火施設（NIF）において、投入量を上回るエネルギーの出力が確認された。同施設はレーザー方式による核融合の研究を続けてきており、この実証では本方式で2.05メガジュール（MJ）のエネルギー投入で、約1.5倍の3.15MJの核融合エネルギーが出力されたという。もちろん、商用化はまだ先で、レーザーの作動に必要なエネルギー分を賄えるだけの出力を実現しなければ、エネルギー収支がプラスといえず、電力供給のためにはエネルギー出力の規模をさらに拡大しなければならない。とはいえ、これまで理論でしかなかった核融合が実際に再現可能であることを証明した、という点でこの実験の成果は非常に大きい。

次に、時間軸としてビジネスの対象となってきたこと。前述の技術的な蓋然性ともかかわるが、多くの核融合スタートアップ企業の技術的マイルストーンである「原型炉による発電開始」や「商用利用開始」が2035年前後とされていること、そして実際にマイクロソフトが電力の購入契約をしたことも挙げられる。

前者について、ベンチャーキャピタルのファンド償還期間が10年間であること（近年は長期化の動きもあるが）が関係している。ベンチャーキャピタルはファンドの償還期間内にリターンを出す必要があるが、核融合のスタートアップ企業のマイルストーンがその期間内に収まりつつあり投資回収が望めるため、投資の対象として核融合スタートアップ企業へ資金が集まるようになってきた。

後者について、マイクロソフトがHelion Energyと2028年に電力供給を受ける契約を交わしており、大企業であるマイクロソフトが手掛け、かつ核融合発電として世界初の契約となるという点で注目を集めた。契約の詳細は明かされておらず、2028年というタイミングは、他のスタートアップ企業や国家プロジェクトと比較しても早すぎることから、マイクロソフトによるサステナビリティに対する株主へのアピール、Helion Energyにとっては資金調達のためのアピールではないか、との憶測もあるが、核融合発電への投資を加熱させる一因となっていることは間違いない。

台頭する核融合スタートアップ企業

　ここからは、核融合関連スタートアップ企業の中でも、注目すべき企業をピックアップする。図表4.3-3に示したように、核融合関連のスタートアップ企業の数は近年大きく増えつつある。そのうち、想定調達額から主要と思われるスタートアップ企業を海外と国内で分けて概観する。

● 海外の注目スタートアップ企業

Commonwealth Fusion Systems

所在地：米国	調達額：20億ドル以上

企業概要：2018年にマサチューセッツ工科大学からスピンアウトして創業した核融合スタートアップ企業。トカマク型の核融合炉を研究しており、小型炉「SPARC」を開発している。同社の強みは、プラズマを閉じ込めることのできる高温超電導体の開発である。同社は、マイクロソフトのビル・ゲイツ氏が出資していることでも話題を集めた。

TAE Technologies

所在地：米国	調達額：12億ドル以上

企業概要：1998年に設立された核融合スタートアップ企業。DTではなく水素とホウ素を燃料とした核融合研究の世界的リーダーで、ビーム駆動型の磁場反転配置を用いることが特徴である。設立から長いこともあり、約1400件もの特許を世界中で取得するなどしている。

Helion Energy

所在地：米国	調達額：5.7億ドル以上

企業概要：本文で述べているように、マイクロソフトに対し電力供給契約を締結したことで話題となった、2013年設立の核融合スタートアップ企業。OpenAIのCEOであるサム・アルトマン氏も出資している。重水素とヘリウムの同位体であるヘリウム-3を燃料とした独自のパルス非着火方式を用いることが特徴である。

● 国内の注目スタートアップ企業

京都フュージョニアリング

所在地：東京都	調達額：122億円

企業概要：京都大学発のスタートアップ企業として、2019年に設立された。核融合炉そのものを手掛けるのではなく、核融合炉周辺およびプラントに必要な機器・システムの研究開発を担うプラントエンジニアリング

企業である。中でも、磁場閉じ込め方式の核融合炉において、プラズマ状態を作り出すために必要な加熱システム「ジャイロトロンシステム」の開発に強みを持っており、実際に海外の研究機関等からの受注実績がある。また、文部科学省の令和4年度第2次補正予算「中小企業イノベーション創出推進事業費補助金」（SBIRフェーズ3事業）に採択されている。

EX-Fusion

所在地：大阪府	調達額：19.3億円

企業概要：大阪大学発スタートアップ企業で、レーザー核融合商用炉の実用化を目指す。レーザー核融合研究開発を遂行してきた大阪大学レーザー科学研究所、および光産業創成大学院大学の研究者により設立された。レーザー核融合の実現を目指す過程で得た光制御技術や知見は、エネルギー分野のみならず、他の産業へと転用・応用が可能であり注目を集めている。

Helical Fusion

所在地：東京都	調達額：9.1億円

企業概要：ヘリカル型核融合炉の開発を目指し、核融合科学研究所の研究者らによって2021年に設立された核融合スタートアップ企業。ダイバーターやブランケット、超電導マグネット等の核融合炉を構成する機器の開発を手掛ける。特に同社は、ダイバーターやブランケットにおいて、液体金属を使う独自の手法を採用している点が特徴。京都フュージョニアリング同様、文部科学省のSBIRフェーズ3事業に採択された。

図表4.3-3　**核融合関連スタートアップ企業の起業数推移**
（解散・合併があるため企業総数は合計数とは異なる）

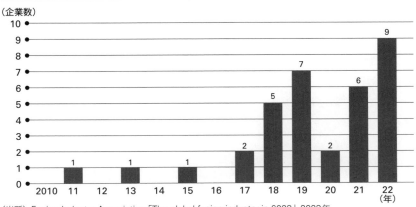

（出所）Fusion Industry Association「The global fusion industry in 2023」2023年

核融合発電の抱える社会実装上の課題

　これまで、核融合の概要と、その技術的な課題について述べてきた。ここでは核融合発電がいま抱えている社会実装上の課題を論じたい。

　前述したように核融合発電にはトカマク型・ヘリカル型・レーザー方式といった技術課題があるが、それらが克服できたとしても、現状のままでは社会実装に至るにはまだハードルがある。たとえば、ITERで研究が進められているトカマク型の社会実装へのハードルは、約4年ごとの交換が必要になるとみられるブランケットの素材を調達できるか、および他発電手法と比較してコストが見合うかである。

　初めにブランケットの素材調達のハードルについて。前述のように、核融合発電では超高温によって作り出したプラズマの中で燃料であるDとTを核融合反応させてエネルギーを得る。このエネルギーのほとんどは高速で運動する中性子として放出されるが、ここから実際の発電と連続的な稼働を可能にする変換器が「ブランケット」である。ブランケットには以下の3つの機能がある。

① 中性子を受け止める

② 熱を冷媒に伝え、発電機を回す熱エネルギーとして取り出す

③ 燃料となる三重水素をリチウム化合物や中性子増倍材によって生成する

　このとき問題となるのがブランケットの交換である。ブランケットは冷媒の高温高圧・強磁場・中性子の照射等の特殊かつ過酷な環境に置かれることから、数年（2〜5年）で交換が必要となる。これは後述するコスト面、特に中性子増倍材であるベリリウム（Be）の調達と関係がある。現在世界全体で年間約300トン生産されているBeは、核融合原型炉に必要とされるだけでも1基あたり約500トン。仮にブランケットの交換が4年ごとと見積もると、現在の生産量比で年あたり40％以上増産しなければならず、このため材料調達の難航が予想されている。

　次にコストについて。核融合発電が火力や水力をはじめ他発電と比較してメリットがなければ、社会実装へのインセンティブは働かない。メリットとは目にみえるコストパフォーマンスのよさ、とは一概にいえない。核融合発電は、地球全体で取り組んでいくべき脱炭素化に優位であり、経営判断にはそうした

点も加味されるべきである。とはいえ、既存の発電と大きな差がない水準にまでコストを下げることは要件になるだろう。

　しかし、前述のブランケットの定期的な交換ばかりでなく、そのほかにもさまざまな高度な機器が必要とされることから、核融合炉には多大な総建設費がかかるとみられている。そのため、製造技術の進歩によるコスト低減や、高圧によるプラズマの高効率化・核融合出力の増大・運転に要する電力の削減等、さらにコストの低廉化に努めていかなければならない。

　以上のような技術的な課題や社会実装の課題を踏まえた上で、日本政府は2023年4月に、わが国が国際社会において核融合を主導していくために「フュージョンエネルギー・イノベーション戦略」を発表した。本戦略では、産業育成において予見性の確保・要素技術による産業基盤の育成・産業振興にかかわる環境構築といった要素がアクションとともに挙げられているほか、技術開発においてはコア技術への注力・研究機関だけでなく民間企業を含めた協働・推進を掲げている。そして、それらを推進する活動として省庁横断での戦略推進、産官学連携での技術開発体制整備、人材育成・アウトリーチ活動が挙げられている。

核融合は既存ビジネスにどう影響するのか

　核融合はその実現に向け、技術的な課題が山積している。しかし、それらの解決はサステナビリティの面だけでなく、エネルギー問題とそれにかかわるさまざまな点できわめて有望でもある。

　そして、核融合技術が活かされるのはエネルギー分野にとどまらない。技術的ブレークスルーが次々と創出され、その技術転用はエネルギー分野以外の、既存のビジネスを破壊するポテンシャルをも秘めている。

　上述のフュージョンエネルギー・イノベーション戦略でも「フュージョンテクノロジーの他分野への波及」と明確に言及している。同戦略では、主な例として「大型構造物の製作技術、超精密加工技術」、医療向けとして「超伝導線、超伝導コイル、電磁力による影響解析技術」、資源・エネルギー分野向けとして「リチウム回収技術、金属精製技術」を挙げている。また、2023年8月には文部科学省の令和4年度第2次補正予算「中小企業イノベーション創出推

進事業費補助金」、通称「SBIRフェーズ3事業」で、核融合分野においては総額65億円の補助金を交付する公募がなされたが、そのテーマは「核融合原型炉等に向けた核融合技術群の実証」であった。総額65億円の補助金が国から民間事業者に支払われることとなり、革新的・先進的な技術の社会実装が期待される。

それでは、具体的に核融合にかかわるどのような技術や事業者が、他の領域へと波及し得るのか。まだ研究段階だが、以下に2社を紹介する。

・EX-Fusion

前述のとおり、レーザー方式の核融合の実現を目指す大阪大学発のスタートアップ企業である。同社は、移動する燃料（対象物）に対し正確にレーザーを照射する技術を持っている。同社と光産業創成大学院大学との共同研究では、自由落下する直径1mmの鉄球をセンサーで追跡し、そこにレーザーを正確に照射する技術をすでに実現しており、この技術の転用先に農業や宇宙分野がある。農業では害虫駆除、宇宙ではスペースデブリの除去を想定している。宇宙の衛星軌道上の物体（人工衛星やスペースデブリ等）は、基本的に米国宇宙戦略軍（USSPACECOM）がすでに監視をしているほか、宇宙状況把握（Space Situational Awareness：SSA）システムによっても人工衛星とスペースデブリとの衝突を回避しているが、小さいスペースデブリは把握が難しく、回避できないケースもある。同社の技術であれば、レーザーによりスペースデブリを撃ち落とせる。

このほか、レーザー技術自体は医療や半導体製造等、幅広い用途が考えられ、核融合のもたらす技術革新が他産業にも変革をもたらす可能性は十分にある。

・MiRESSO

前述の文部科学省SBIRフェーズ3事業に採択されたスタートアップ企業。国立研究開発法人量子科学技術研究開発機構（QST）の認定を受けており、核融合に欠かせないベリリウム（Be）の精製技術を持つ。同社の技術は、鉱石精製におけるマイクロ波加熱と化学処理による精製プロセスの低温化の実現にある。同社によると、低温化による経済性・安全性の向上は、Beのみなら

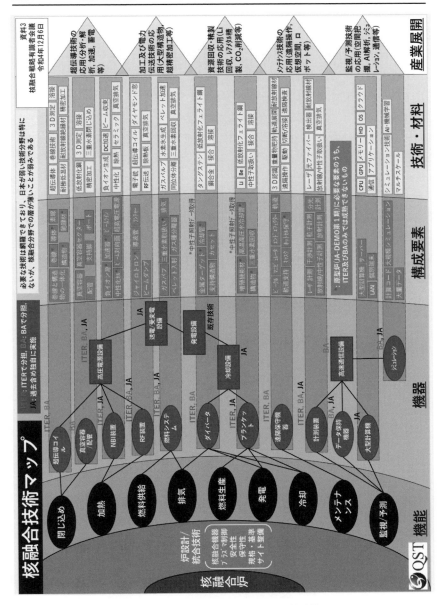

（出所）内閣府「第3回イノベーション政策強化推進のための有識者会議」資料

ず、ほかの鉱石や多金属団塊等からの材料の精製技術にも適用可能としており、核融合だけでなく資源調達にかかわるサプライチェーンの新たな担い手となる可能性がある。

　——以上のように、核融合の技術は非常に高度かつニッチな分野であるとともに、既存の産業に大きな変化をもたらす可能性も秘めている。本節で取り上げた技術以外にも、政府委員会である第3回イノベーション政策強化推進のための有識者会議の資料「核融合戦略」にはQSTの「核融合技術マップ」が添えられており（前ページの図表4.3-4）、核融合技術の活用可能性は多様な産業に広がっていることが確認できる。

　ここまで、核融合の概略とその技術の波及について論じてきた。世界が脱炭素化に向かう中、エネルギー問題の救世主となり得る核融合は、すべてのビジネスパーソンが理解を深めておくべき教養といえるかもしれない。そして核融合は、将来のエネルギー源だけでなく、要素技術としても多様な産業に影響を及ぼす可能性があることも理解しておくべきである。

4.4 宇宙ビジネスのポテンシャル

 ## 世界の宇宙ビジネス動向

　近年、宇宙空間における活動を通じた、地球規模課題の解決や安全保障の確保に注目が集まっている。宇宙産業に特化したコンサルティング会社であるEuroconsultによると、市場規模は2018年には38兆7000億円だったのに対し、2022年には55兆1000億円まで拡大している。さらに、2032年には95兆8000億円以上の市場規模になると予測されている[1]。

　市場拡大の背景として、多くの国で宇宙開発の主体が政府から民間企業へ移り変わりつつあることが挙げられる。民間企業主体の宇宙開発は、政府にとってさまざまなメリットがある。政府主体よりも素早く低コストで事業性を考慮した開発ができるだけでなく、民間企業を成長させる機会にもなる。

　そこで、米国を筆頭に宇宙先進国政府は民間企業による宇宙開発の促進に取り組んでいる。政策として宇宙開発の方向性を示すことで、民間企業による事業の方向性の検討や資金調達をしやすくしている。

　また、政府の研究機関が官需に応えるのでなく、政府が民間企業へ積極的に開発を委託したり、「アンカーテナンシー」、つまり民間企業が提供するサービスを政府が中長期的かつ安定的に購入したりすることで、民間企業による宇宙開発を支援している。

　さらに、宇宙技術を活用した地上・宇宙空間双方における安全保障の強化に向けて、民間企業が持つ技術を政府が活用する動きもみられる。民生だけでなく安全保障の用途でも使える「デュアルユース性」を備えた技術を開発する民間企業への支援も進められている。

　官需は政府として将来的に必要な研究開発に対する投資が主であり、今後安全保障面からの増加が見込まれる。産業振興の起点として重要であるが、今後

---

1) Euroconsult「Space Economy Report, 9th edition」.

市場規模が持続的に拡大するには、官需のみでは不十分である。よって、各国政府は民間企業主体の宇宙開発を通じた産業振興や民需の創出を目指している。

世界の宇宙産業を先導する米国では、米国航空宇宙局（NASA）や米国国防総省（DoD）が今後の指針を示した上で宇宙関連予算を確保し、民間企業の力を積極的に活用してきた。その結果、企業の事業予見性が向上し、Space Exploration Technologies（SpaceX）をはじめとする多くの企業が官需獲得によって成長した。たとえば、SpaceXがより多くの衛星・ロケットを製造するにあたってそれらの部品の需要が高まることで、多くの部品メーカーの受注が増加した。また、SpaceXをはじめとするロケット打上げ事業者の新規参入により打上げサービスをこれまでより容易に低価格で調達できるようになったため、民間企業による宇宙空間の商業化が進み、新たな民需が創出された。

日本の宇宙ビジネスの動向

日本においても宇宙産業は成長しており、内閣府によると、2017年には1兆2000億円だった市場規模は、2020年には4兆円にまで拡大している。さらに、2023年6月に内閣府が公表した「宇宙基本計画」では、2030年代早期に倍増の8兆円を政府目標としている[2]。

現状の日本の宇宙産業は、国内官需に依存している傾向がいまだに強い。産業振興の起点として官需の活用は有効であるが、官需だけでは規模が限定的である。よって、2030年代早期までの政府目標を達成するには、国内民需と外需のさらなる獲得が求められる。産業振興する中で国内民需は徐々に拡大しつつあるが、内需に比べて相当大きい外需の獲得は特に日本の宇宙産業に大きなインパクトを与える（図表4.4-1）。

そこで、政府は日本の宇宙産業振興に向けて、安全保障をはじめとする官需を強化し、民間の技術を積極的に活用することで、民間の技術革新を促進している。民間企業にとっての市場が拡大すると、研究開発投資の拡大や生産体制の維持につながり、優れた製品・サービスの増加を通じた国際競争力の強化も期待できる。そして、民間企業が国内民需や外需も獲得することで、市場がさ

2）　内閣府「宇宙基本計画」。

	官需	民需
内需	・政府による民間委託や民間サービスの調達によって、国内官需は創出されている ・現状、日本の宇宙産業（特に宇宙機の製造・打上げ事業）は国内官需によって支えられている ・今後の持続的な日本の宇宙産業振興に向けて、国内官需への依存から脱却することが求められる	・国内官需を獲得して成長した民間企業によって、宇宙空間の商業化が進み、国内民需が創出されつつある ・海外プレイヤーによる国内民需の侵食がみられるため、国内プレイヤーは国際競争力を高め、国内民需に応えることが求められる
外需	・市場規模としては内需よりもはるかに大きいが、現状国内プレイヤーは獲得できていない ・国内官需を獲得する中で国際競争力を高め、国外官需の獲得を目指すとよい ・その際、現地へのローカライズが必要となる	・市場規模としては内需よりもはるかに大きいが、現状国内プレイヤーは獲得できていない ・国外官需で実績を重ね、現地での信頼を得たのち、国外民需の獲得を目指すとよい

らに拡大し、国際競争力が強化されるといった好循環を実現できる。

国内官需の源である宇宙関連予算は、2020年度まで横ばいの3500億円程度であったが、2021年度より拡大し、2023年度では6119億円まで増額された[3]。また、宇宙基本計画には、政府として将来的にどのような方向性で宇宙産業を開拓していくかが示されており、その工程表を毎年更新している。

ほかにも、市場拡大・活性化に向けて、政府はさまざまな施策を講じている。補助金事業はその1つであり、たとえば経済産業省の事業である中小企業向けの事業再構築補助金にも、成長枠として宇宙機器産業および宇宙利用サービス産業が追加され、大企業だけでなく中小企業も含めて支援している。

さらに、「非宇宙産業」・スタートアップ企業の新規参入も促進している。なお、本稿でいう「非宇宙産業」とは、宇宙産業へ参入していない企業群によって構成される産業を意味する。（宇宙ビジネス以外に）既存事業を持つ非宇宙産業の企業は、盤石な経営基盤や自社事業領域でこれまで蓄積してきた知見・経験を有しているため、スタートアップ企業よりも参入しやすい。たとえば、

3）　内閣府「令和5年度当初予算案および令和4年度補正予算における宇宙関係予算について」。

内閣府が2017年より毎年主催するビジネスアイデアコンテスト「S-Booster」では、新たに宇宙ビジネスの事業化を目指す企業・個人に対して専門家によるメンタリングを通じて支援している。第1回は、ANAの社員が、衛星データを活用して上空の風を予測することで航空機の飛行経路を最適化するシステムを提案し大賞を受賞した。

　また、民間宇宙ビジネスの事業化を支援する取り組みもある。たとえば宇宙航空研究開発機構（JAXA）が2018年より行っている「J-SPARC」では、事業化意思のある民間企業等とJAXAが保有する人的リソースや資金を持ち寄り、早期の事業化やJAXAにおけるプロジェクト化を目指している。宇宙産業だけでなく非宇宙産業も巻き込んでおり、2021年にはQPS研究所と九州電力によって、電力設備管理の高度化・効率化に向けた宇宙利用に関する実証試験が行われた。

　市場拡大・活性化に向けて新規参入や事業継続、宇宙利用を支援する政府による取り組みは、宇宙ビジネスに興味を持つ非宇宙産業の企業にとって追い風となるだろう。

宇宙ビジネスの魅力

　日本における宇宙ビジネスをより盛んにするには、非宇宙産業からの新規参入が不可欠である。本書の読者の多くが宇宙ビジネスに参入していないと推察されるため、本節では宇宙ビジネスの魅力を2つの価値から論ずる。

　1つ目が市場成長性や事業性による経済的価値、2つ目がSDGs（持続可能な開発目標）への貢献や社会課題の解決による社会的価値である。もちろん、これらは独立した価値ではなく、たとえば社会課題解決へのニーズの高まりによって市場拡大が見込める等、相互に影響を及ぼし得る価値である。よって、企業は宇宙ビジネスに取り組むことで、経済的・社会的価値を同時に創出できる可能性がある。

　本節では宇宙産業のバリューチェーンを、「アップストリーム」「ダウンストリーム」の2つの経済活動に分類する。アップストリームとは、宇宙空間へ宇宙機（衛星やロケット等）を輸送するまでの地上での経済活動と、地上用途でない宇宙空間での経済活動を指し、主たる事業内容は、宇宙機の製造・打上げ、宇

	アップストリーム	ダウンストリーム
概要	宇宙空間へ宇宙機を輸送するまでの地上での経済活動と、地上用途でない宇宙空間での経済活動	アップストリームで打ち上げられた衛星を地上用途で活用する経済活動
主な事業内容	・衛星・ロケット製造 ・ロケット打上げ ・宇宙港運営 ・宇宙ステーション運営 ・地上局運営 ・深宇宙探査	・衛星運用 ・衛星通信・放送 ・衛星データ販売 ・ソリューション販売 ・プラットフォーム運営
2022年市場規模（全世界）	**5.7兆円**	**49.4兆円**

（出所）Euroconsult「Space Economy Report, 9th edition」をもとに作成

宙港や地上局を含む地上インフラ運営、宇宙ステーション運営等である。ダウンストリームとは、アップストリームで打ち上げられた衛星を地上用途で活用する経済活動を指し、衛星運用、衛星通信・放送、衛星データ販売、衛星データを活用したソリューション販売等が主たる事業内容となる（図表4.4-2）。

　衛星には主に通信衛星、観測衛星、測位衛星の3種類があり、衛星データとは、これら衛星から得られるデータの総称である。とはいえ、単なる衛星データの販売だけでは顧客の意思決定への寄与度は小さい。そこで、衛星データを解析し顧客にとって価値のある情報を抽出し意思決定を支援するソリューションの提供がダウンストリームの主となる。たとえば農業分野では、水田を観測した衛星データを解析することでコメのタンパク質含有率を推定し、適切な肥料散布を支援するソリューションがある。

　そこで以降の項では、宇宙ビジネスとして、市場成長性とSDGsへの貢献について、アップストリームとダウンストリームそれぞれ具体的な事例を挙げて論じたい。

 ## 宇宙ビジネスの市場成長性

市場成長に対する認識

冒頭で述べたとおり、世界や日本における宇宙産業の市場規模は拡大してお

り、今後も拡大は続く見込みである。背景として、各国政府は宇宙ビジネスに取り組む民間企業に各種支援施策を講じていることがある。

ところが、NRI（野村総合研究所）が2023年7月に実施した「情報通信サービスに関するアンケート調査」において、日本全国の会社員・役員計2550名に「宇宙産業が将来的に市場成長を遂げると思うか」を聞いたところ、「強く思う」「思う」と回答したのは全体の25%にとどまった。

宇宙産業の市場成長に対する認識は、このように一般的には低く、それを踏まえて、以下ではアップストリームとダウンストリームそれぞれの市場成長の蓋然性を、具体的な成長要因を挙げながら述べる。

アップストリームにおける市場成長のドライバー

2018年に1兆円だったアップストリームにおける世界の市場規模は、2022年になると5兆7000億円と急拡大している[4]。市場成長は今後も見込まれ、NRIでは2032年の市場規模は8兆～10兆円にまで達すると予測している。一般にアップストリームは、衛星開発・製造にあたって膨大な初期投資と、事業化までに長い期間を要するため、事業者にとって運転資金の確保は重要である。また、事業者を支える動きとして、主に民間委託・民間サービスの調達・補助金付与といった政府による支援やベンチャーキャピタル（VC）等からのリスクマネーの流入も期待できる。

図表4.4-3に、衛星用途別に、政府による支援やリスクマネーの流入を考慮し、市場成長のドライバーを整理した。

通信分野では、デュアルユースも可能な商用衛星通信サービスが増えており、米国DoDは防衛用の衛星だけでカバーできない部分を民間企業から調達している。直近では、ウクライナにおける通信手段としてSpaceXから衛星通信サービスを調達した。日本でも前述した宇宙基本計画で、少なくとも2033年度までBeyond5G時代を見据えた次世代通信技術開発・実証支援を行うことを公表しており、小型衛星コンステレーション（大型衛星単機または複数機ではなく、数十機以上の小型衛星を協調させて運用する形態）や光通信等に取り組む民間企業への支援が期待できる。

---

4) Euroconsult「Space Economy Report, 9th edition」.

図表4.4-3　**2032年時点での世界のアップストリーム市場規模予測（衛星用途別）**

用途	市場を構成する事業	2022年の市場規模	2032年の市場規模予測	CAGR（2022～2032年）	市場成長を支える主な要因
通信	通信衛星の製造・打上げ、関連する地上設備にかかわる事業が該当	1.8兆円	8兆～10兆円	4～5%	・デュアルユース技術開発に向けた政府による支援 ・VC等からのリスクマネー流入
観測	観測衛星の製造・打上げ、関連する地上設備にかかわる事業が該当	1.5兆円			・デュアルユース技術開発に向けた政府による支援 ・VC等からのリスクマネー流入
測位	測位衛星の製造・打上げ、関連する地上設備にかかわる事業が該当	0.2兆円			・デュアルユース技術開発に向けた政府による支援
防衛	防衛用の情報収集衛星や通信衛星等の製造・打上げ、関連する地上設備にかかわる事業が該当	1.4兆円			・安全保障確保を目的とした政府による支援 ・VC等からのリスクマネー流入
その他	宇宙探査やデブリ除去等の軌道上サービス、宇宙旅行、科学的探究等にかかわる事業が該当	0.7兆円			・将来的な市場拡大等を目的とした政府による支援 ・VC等からのリスクマネー流入

（注）2022年の市場規模はEuroconsult予測値、2032年の市場規模予測やそれまでの年平均成長率はNRI予測値である
（出所）Euroconsult「Space Economy Report, 9th edition」をもとに作成

　観測分野でも、デュアルユース性を備えた観測衛星を政府が支援しており、2022年には米国国家偵察局（NRO）がPlanet、Maxar Technologies、BlackSky Globalから衛星データを調達する契約を締結した。この契約は歴史的にみても大規模で、最長10年間で数千億円になる可能性があり、長期的な民間企業への支援となる[5]。日本では、2023年度の中小企業技術革新制度（SBIR）において、小型観測衛星ミッション等高度化実証に最長5年間で最大117億円の補助金を設け、小型観測衛星の技術開発を支援している[6]。

　一方、測位衛星は一般には政府管轄下での開発となる。米国の測位衛星であ

---

5)　米国国家偵察局「NRO announces largest award of commercial imagery contracts」。
6)　経済産業省「中小企業イノベーション創出推進事業（フェーズ3）公募テーマ参考資料」。

るGPSについて、2019年に新たな軍種として創設された米国宇宙軍が2028年までのロードマップを公表している。また、日本が保有する測位衛星は現在4基であるが、2023年度から2024年度にかけて追加で3基の打上げが決まっており、その後も継続的に運用される予定である。測位衛星から得られる測位情報はナビゲーション、危機管理、時刻同期、測量等、民間サービスへの活用の幅が広く、日本でも日本の衛星測位システムである「みちびき」を活用した事例が多くある。今後も測位衛星を活用した民間ビジネスへの波及を考慮して、各国政府は開発から運用までを民間企業と共創していくことだろう。

他方、防衛分野では、米国宇宙軍は2024年予算として過去最高の約4兆円を要求している[7]。日本でも、2023年6月に、宇宙をめぐる安全保障政策として初めての指針である「宇宙安全保障構想」の案が公表された。同案には、民間企業によるイノベーションが加速している分野の各種技術を安全保障用途に特化した衛星に活用する今後10年の方針が示されている[8]。

また、安全保障の観点から今後も防衛用途に特化した衛星の打上げが見込まれるが、デュアルユース性に鑑みると、民間の通信・観測衛星が防衛用途でも使われるケースが増えるだろう。すると、アップストリームにおける通信・観測分野の市場が相対的に大きくなることが予測される。

政府支援だけでなく、VCやファンド等からのリスクマネーも民間企業の運転資金確保に大きな役割を果たしている。直近10年間では約35兆円が宇宙産業の1791社に投資された[9]。2022年の投資額は2兆6000億円と、2021年よりも58%減少した[10]。これは、投資家がリスクを取って幅広い企業へ投資していた段階から、一部企業へ選択的に投資をする段階へ移り変わっている兆候である。特に政府支援を受けている企業は今後の事業継続性が高いと見込まれ、投資を受けやすい。企業にとっては政策に沿った事業計画を策定することが重要である。

さらに、JAXAに出資機能が付加されたことでスタートアップ企業にとって資金調達先の幅が広がった。「JAXAから出資を受けた」という箔がつく魅

---

7) 米国国防総省「Space Force Focuses on Partnerships, Spirit, Combat Readiness」。
8) 内閣府「宇宙安全保障構想」。
9) Space Capital「Space IQ - Q4 2022」.
10) Space Capital「Space IQ - Q4 2022」.

力も加わる。しかし、金額規模と手続きの煩雑さから、現在のところVC等からの資金調達のほうが魅力的である。スタートアップ企業は運転資金の枯渇が常に懸念されるため、迅速かつ簡潔な多額の資金調達は事業を推進する上で必須である。もちろん公的資金を使うにあたって必要な手続きが煩雑になるのは仕方ないが、少しでも簡易化されることで、より魅力的な選択肢となる。

ダウンストリームにおける市場成長のドライバー

2018年には37兆7000億円だったダウンストリームの世界の市場規模は、2022年時点で49兆4000億円となった[11]。エンドユーザーからの需要拡大は今後も期待できることから、NRIでは2032年に市場規模が80兆〜88兆円にまで及ぶと予測している。市場成長のドライバーを整理するべく、成長を支える主な要因であるエンドユーザーからの潜在的需要について衛星用途別に考察する（次ページの図表4.4-4）。

まず通信分野では、衛星を活用したブロードバンド通信への期待が大きい。2022年時点で、インターネットへの接続が恒常的に困難な人は世界で26億5000万人いる。その中で衛星通信の潜在ユーザーは5億9000万人といわれている[12]。

特に、小規模な農村部に住む人々への通信手段として衛星通信が注目されている。世界銀行（World Bank）は「The Digital Economy Initiative for Africa（DE4A）」という取り組みで、2030年までにアフリカのすべての個人・企業・政府がデジタル社会へ参画し、経済的に発展することを目指す。その実現に向けては、インターネット接続環境を整備することが不可欠であるが、特に散在している小規模な農村地では、通信ケーブルの敷設や基地局の建設といった対策だけでは、建設コストと売り上げを比べると経済合理性が担保できない。こうした課題に対しては、世界全体をカバーできる衛星通信の導入が有効である。SpaceXはすでにアフリカで衛星通信サービスを展開している。通信ケーブルを敷設するよりも価格優位性はあるものの、現時点では、アフリカの所得水準に照らすと依然として価格がリーズナブルでない。また、国によっ

11）Euroconsult「Space Economy Report, 9th edition」.
12）Euroconsult「Universal Broadband Access, 2nd edition」.

図表4.4-4　**2032年時点での世界のダウンストリーム市場規模予測（衛星用途別）**

用途	市場を構成する事業	2022年の市場規模	2032年の市場規模予測	CAGR（2022～2032年）	市場成長を支える主な要因
通信	テレビ・ラジオ放送やブロードバンド通信サービス等にかかわる事業が該当し、2022年時点では市場の大部分がテレビ放送事業	18.8兆円	80兆～88兆円	5～6%	• 遠隔地や航空機・船舶でのブロードバンド通信への需要 • 緊急時のバックアップとしてのブロードバンド通信への需要
観測	農業や林業、インフラ、エネルギー資源、環境保全等の分野で活用されるソリューションにかかわる事業が該当	1.0兆円	49.4兆円		• 地球規模課題解決やSDGs達成のための需要 • 業務効率化・高度化のための需要
測位	GNSS注受信機や、GNSSを活用したソリューションにかかわる事業が該当	29.6兆円			• 自動車・農機・建機・ドローン・船舶等の自動化のための需要

（注）　• GNSSとは、自分の位置情報を把握するシステムを意味する
　　　　• 2022年の市場規模はEuroconsult予測値、2032年の市場規模予測やそれまでのCAGRはNRI予測値である
（出所）　Euroconsult「Space Economy Report, 9th edition」をもとに作成

ては厳しい規制がある。たとえば南アフリカ共和国で衛星通信事業を経営するには、「株式の30％以上を同国で歴史的に差別されてきた民族が所有しなければならない」等の条件がある。このように課題は山積しているものの、将来的には、衛星通信サービスの世界的な普及による低価格化や経済発展に向けた規制緩和が想定できることから、衛星通信によって、アフリカ諸国の農村部にデジタル教育や遠隔医療が提供される日も遠くはないだろう。

　ほかにも、衛星通信は地上通信網を利用できない航空機や船舶からの通信も可能とする。また、すでにインターネット接続環境が整備されている都市部の住民にとっても、衛星通信はバックアップ回線としての価値がある。特に日本のような自然災害の多い国・地域では、有事の際の通信手段としての利用が期待されている。

　次に観測分野において衛星データは、地球規模課題の解決やSDGsの達成に向けて重要な役割を果たす。観測衛星による衛星データは、広域性・周期性・均質性に強みを持つ。広域性とは数十kmから数千kmの幅を一度に観測でき

ることであり、地上の各種計測機器よりも広範囲のデータを効率的に取得できる。周期性とは一定の周期で同じ場所を観測できることであり、同一地点の時系列変化をみる際に役立つ。均質性とは同一のセンサーで観測できることであり、世界中で観測したデータを同一の指標に変換して比較できる。これらの強みをあわせ持つ衛星データは、地球規模課題やSDGsに取り組む上で唯一無二の役割を果たす。

たとえば、温室効果ガス排出・吸収状況の可視化に活用できる。机上での計算や地上の計測機器によっても可視化できるが、世界中で数年間にわたって同一データ（この場合、温室効果ガスの排出・吸収量）を同一基準で可視化するには衛星データ以外の方法はないだろう。ほかにも衛星データは、防災・減災、具体的には災害時の浸水域や土砂崩落危険地域の状況把握に役立てることができ、しかも、広域性によって現地確認の工数が削減される。

最後の測位分野では、自動運転の文脈で測位衛星による衛星データへのニーズが高まっている。現在多くの企業が開発中である自動運転車では、自車位置推定のために衛星データが不可欠である。自動運転では、ほかにもLiDAR（レーザー光線による画像検出・測距技術）等のセンサーを用いて周囲の障害物を認識しており、各種データが補完し合っている。

また、自動運転機能のついた農機では、特に衛星データの必要性が高い。一般公道と違い道路標識や建築物が少ない農地では、LiDAR等のセンサーでの自車位置推定が難しく、衛星データへの依存度が高まるためである。実際、農業従事者が不足している日本では農機の自動運転への期待は大きい。さらに、人口増加による食糧難に直面しているインドや大規模な農場が多い米国等、各国でのスマート農業の実現に衛星データは大きく貢献するだろう。

宇宙ビジネスとサステナビリティの関係

SDGsへの貢献に対する認識

昨今、世界中の政府や民間企業がともにSDGsの達成に取り組んでいる。各国政府は宇宙技術を活用したSDGsへの貢献に期待しており、日本では宇宙基本計画においてその旨が明記されている。

ところが、前述のNRIのアンケート調査の、「宇宙ビジネスがSDGs達成や

地球規模課題解決に対して貢献できると思うか」の質問に対し、「強く思う」「思う」と回答したのは全体の17%にとどまった。

このように、一般的には宇宙ビジネスによるSDGsへの貢献に対する認識は低い。これを踏まえて、以下では、アップストリームとダウンストリームそれぞれのSDGsへの貢献可能性を、具体的な事例を挙げて論じる。

アップストリームによるSDGsへの貢献

アップストリームの宇宙ビジネスは「持続可能な宇宙開発」につながる。とはいえ、SDGsの達成に直接つながるわけでなく、それ以前に、そもそも宇宙ビジネスなど行わないほうが環境に優しいのではないか、という主張もある。しかし、次に紹介するダウンストリームの宇宙ビジネスは、SDGsの達成において他ビジネスでは代替困難であることから、持続可能な宇宙開発は重要である。SDGsはあくまで地球単位の考え方が一般的であるが、地球周辺の宇宙空間までを1つのエコシステムとして捉えることも忘れてはならない。ここでは、持続可能な宇宙開発に貢献する事例を2つ紹介する。

1つ目は、アストロスケールによる、地球の周回軌道上にある人工物であるスペースデブリの除去である。近年、衛星の打上げニーズが急激に増加しているため、スペースデブリも加速度的に増えている。スペースデブリは稼働中の衛星へ衝突したり新しく衛星を軌道投入する際に障壁となったりする危険性がある。同社は、除去専用衛星によってスペースデブリを軌道から離脱させる積極的デブリ除去技術（ADR）を用いて、宇宙空間でのサステナビリティに貢献している。ほかにも、運用を終了した衛星を除去する技術（EOL）、燃料補給による衛星の寿命を延長する技術（LEX）、故障機や宇宙物体を観測・点検する技術（ISSA）を開発している。

2つ目は、SpaceXによるロケットの再利用である。これまでロケットは使い捨てが前提となっており、2段式ロケットでは打上げ後に1段目は海へ、2段目は宇宙空間へ投棄してきた。ところが同社のロケット「Falcon9」は打上げ後、1段目は陸地へ着陸させ、再利用できる。これによって宇宙空間への輸送コストを下げ製造に要する資源を節約でき、海上投棄がなくなることで海洋汚染も低減し、持続可能な宇宙開発につながる。

ダウンストリームによるSDGsへの貢献

　すでに触れたように、ダウンストリームの宇宙ビジネスは、SDGsの達成に向けて他ビジネスでは代替が困難な役割を果たす。次ページの図表4.4-5に、SDGs17の目標において、衛星の主な用途である観測・通信・測位の各分野が貢献し得るテーマ例を整理した。観測衛星による衛星データは広域性・周期性・均質性を持つ唯一無二のデータであり、地球全体の状況を継続的に把握するのに有効であるため、特にSDGsとの親和性が高く、多くの目標に貢献し得る。また、通信衛星は、地上通信設備の構築が困難な場所にも通信サービスを提供できるため、インフラが十分に整備されていない国・地域の農村部等でのSDGsの達成に有効である。さらに、測位衛星からは、地球上の対象物の位置情報を取得できるため、対象物の移動経路を把握でき、主にトレーサビリティや自動運転関連と相性がよい。

　以下では、観測・通信・測位の各分野での事例を1つずつ紹介する。

　まず観測分野の例として、PASCOは森林の変化状況を的確に把握するため、衛星データとAI判読技術を用いた変化情報サービスを提供している。2017年度に施行された改正森林法により、自治体等の森林所有者は伐採・造林届に加え、再造林後の状況報告も義務化された。これにより、森林保有者の現地確認等の手間やコストの低減が課題となったが、同社のサービスはそうした業務負担の低減に貢献している。SDGs15「陸の豊かさも守ろう」を達成するには、今後も世界中の森林を効率的にモニタリングする必要があるため、衛星データの活用が不可欠である。

　通信分野では、SpaceXが地球の低軌道（高度2000kmまでの軌道）に約4500基にも上る「Starlink衛星」を運用している。将来的には約4万2000基が打ち上げられる予定である。通信衛星を活用すると、地上通信設備の構築が困難な場所でもブロードバンド通信サービスが利用できるようになる。SDGs3「すべての人に健康と福祉を」、同4「質の高い教育をみんなに」に関連して、たとえばアフリカの小規模な農村部に居住する、通信や医療、教育等の手段・機会を十分に持たない人々に対して、医療・教育サービスを提供できるようになる。衛星通信は、SDGsの根底となる考え方である「誰一人取り残さない」を満たす上で重要な役割を担う。

　測位分野では、Orbital InsightとUnileverは共同で、サプライチェーンの

図表4.4-5 SDGs17の目標における衛星活用テーマ例

衛星の種類

| 観測 |
| 通信 |
| 測位 |

1 貧困をなくそう

観測
通信
測位

- 貧困地域の特定
- 情報格差の是正

2 飢餓をゼロに

観測
通信
測位

- 農地モニタリング、農業の最適化
- 食糧におけるSCM

3 すべての人に健康と福祉を

観測
通信

- 大気汚染の監視
- 遠隔医療・遠隔介護の実施

4 質の高い教育をみんなに

観測
通信

- 遠隔教育の実現
- 環境教育への教材提供

5 ジェンダー平等を実現しよう

通信

- 女性やマイノリティへの教育機会の提供

6 安全な水とトイレを世界中に

観測

- 水資源にかかわる監視・管理
- 水源枯渇可能性評価の実施

7 エネルギーをみんなにそしてクリーンに

観測
通信

- 将来的な宇宙太陽光発電システム（SSPS）の実現
- 太陽光発電の最適化

8 働きがいも経済成長も

観測
通信
測位

- 宇宙産業にかかわる雇用創出、非宇宙産業における新事業領域の発掘

9 産業と技術革新の基盤をつくろう

観測
通信
測位

- インフラ監視
- スマートモビリティ、スマートシティの実現

10 人や国の不平等をなくそう

観測
通信
測位

- 情報格差の是正
- 教育格差の是正

11 住み続けられるまちづくりを

観測
通信
測位

- 人流・物流データによる都市の最適化
- 防災まちづくりの実現

12 つくる責任、つかう責任

観測
通信
測位

- スマート農業の実現
- 食品トレーサビリティの実現

13 気候変動に具体的な対策を

観測
測位

- 環境監視
- 天気予報・気象予測の高度化（GPS気象学等）

14 海の豊かさを守ろう

観測

- 水資源・漁場監視
- 海洋監視による不審船検出

15 陸の豊かさも守ろう

観測
測位

- 生物多様性モニタリングシステムの実現
- 都市環境計画の策定

16 平和と公正をすべての人に

観測
通信

- 遠隔投票の実現
- 衛星監視による国際法や条約等の検証

17 パートナーシップで目標を達成しよう

観測
通信
測位

- 個人・組織を問わずさまざまな相互連携による社会課題解決の実現

（注）各目標において、右上部に、活用が想定される衛星の種類を表示する

透明性を高めるために、衛星データを活用したソリューションを開発している。具体的には、観測衛星データから土地利用の時系列変化を把握し、不当な森林伐採が起きた可能性のある場所を特定した上で、伐採後にできた農園からパーム油や大豆等が運ばれていないかどうかを測位衛星データから追跡する。SDGs12「つくる責任、つかう責任」の達成に向けては、商品の原材料の生産から消費・廃棄までのトレーサビリティが求められており、対象物の移動経路を可視化できる測位衛星データは有効である。

 ## 宇宙ビジネスに踏み出すには

日本における新規参入の実態

　冒頭で、日本の宇宙産業振興には非宇宙産業からの新規参入が重要であると述べた。新規参入が加速し産業が振興すると、もちろん宇宙産業にすでに参入している企業は恩恵を受けるが、新規参入者側にとっても事業性やESG経営といった面から大きなメリットがある。

　しかし、日本の宇宙産業に新規参入が相次いでいるのかというと、そうとはいえない。宇宙産業の発展・拡大のため新たな宇宙ビジネスにかかわる業界横断的な活動を行うSPACETIDEによると、2021年3月には日本の宇宙スタートアップ企業（ここでは2000年以降設立の企業を指す）の数は54社であったのに対し、2023年4月には85社となっている[13]。また、宇宙スタートアップ企業への投資や政府機関主体のアクセラレータープログラムに参画した一般企業の数は、2021年3月の92社に対し、2023年4月には119社となった[14]。いずれも30社近く増えているが、総数としてはまだ少ない。

　従業員数も同様である。日本航空宇宙工業会によると、宇宙関連事業の従業員数は2020年度に約8500人であった。ピークの1995年度には1万人を超えていたことを踏まえると、2008年度に約5000人と大幅に減っていた頃からは大きく回復しているものの、まだまだ増加の余地がある[15]。

　他方、この実態は、非宇宙産業の企業は宇宙産業に取り組む気がないのでは

13）SPACETIDE「COMPASS VOL.8」。
14）SPACETIDE「COMPASS VOL.8」。
15）日本航空宇宙工業会「宇宙産業データブック」。

なく、「興味はあっても具体的に着手するすべがなく、新規参入できていない」というのが実情である。前述のアンケート調査でもそのことは確認でき、「宇宙ビジネスに取り組んでいない企業」は77.3%、その従業員で「宇宙ビジネスに興味のある個人」は29.6%であった。宇宙ビジネスに興味はあっても、自身の業務に活かせていない個人が一定数いることが明らかになった。

マネジメント層との合意形成

　筆者は、日頃、宇宙ビジネスに興味がある方と話す機会があるが、「社内で新規事業として始めるために意思決定者であるマネジメント層を説得するハードルが高い」という声をよく耳にする。マネジメント層が宇宙ビジネスの魅力を十分に認識していればスムーズだが、そのようなケースはごくまれだろう。そこで、どうすればマネジメント層に宇宙ビジネスを新規事業として了承させられるかという点について、最後に論じたい。

　一般的に社内で新規事業を始めるとき、マネジメント層は経済的価値と社会的価値の2つの側面で検討する。前述のアンケート調査によると、宇宙ビジネスに取り組んでいる企業のマネジメント層は、そうでない企業のマネジメント層よりも、宇宙ビジネスの経済的価値やSDGsへの貢献性を強く認識していることがわかった。さらに、宇宙ビジネスに取り組んでいない企業のマネジメント層の中では、宇宙ビジネスに個人的に興味を持っている人のほうが、興味を持っていない人より、宇宙ビジネスの経済的価値やSDGsへの貢献性を強く認識している傾向にあった。

　特に宇宙ビジネスのSDGsへの貢献性に対しては、宇宙ビジネスに取り組んでいない企業のマネジメント層はあまり認識していなかった（図表4.4-6）。これは、宇宙ビジネスの市場成長性・事業性に関してはMorgan StanleyやGoldman Sachs等の複数の機関が公開レポートで肯定的な見解を示しているのに対し、宇宙ビジネスの社会性・SDGsへの貢献性に関しては情報が十分に整備されていないのが一因と考えられる。

　また前述のアンケート調査で、企業として宇宙ビジネスへの取り組みはないが個人として興味を持っている現場層に、「なぜ社内で新規事業として宇宙ビジネスを始められないか」を聞いたところ、「社内に宇宙ビジネスが創出する社会的価値を訴求できない」が第2位の理由であった（図表4.4-7）。これは、

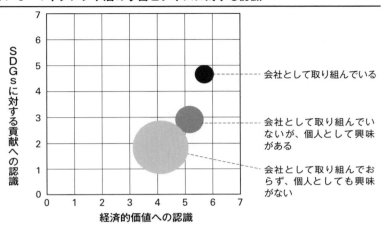

図表4.4-6　**マネジメント層の宇宙ビジネスに対する認識**

会社として取り組んでいる

会社として取り組んでいないが、個人として興味がある

会社として取り組んでおらず、個人としても興味がない

（注）横軸・縦軸の値は認識の強さを7段階で聴取した結果を表し、バブルの大きさはアンケート回答者数を表す

図表4.4-7　**宇宙ビジネスに興味を持つ現場層が抱える課題感**

社内で新規事業として宇宙ビジネスを始められない理由
1位　顧客のニーズがわからない
2位　社内に宇宙ビジネスが創出する社会的価値を訴求できない
3位　宇宙産業のトレンドや競合について情報がない
4位　自社技術の活用方法がわからない
5位　社内に宇宙ビジネスが大きな収益をもたらすことを訴求できない

　宇宙ビジネスに興味を持っている現場層の個人が、自社事業として宇宙ビジネスを進めようとした際、どうしたらSDGsへ貢献できるのかを具体的にイメージできず、マネジメント層を十分に説得できないことを示していると考えられる。

　このような相関関係や現場の声を踏まえると、社内で宇宙ビジネスを始めるには、マネジメント層に対して、市場成長性等を踏まえた経済的価値を訴求するだけでなく、SDGsへの貢献性を具体的に訴求することが有効だといえる。SDGsへの貢献性を具体化するには、本稿で紹介した事例も含めて他社事例を参考にしたり、宇宙関連事業者やユーザー候補等へヒアリングをしたりすると

よい。

　宇宙ビジネスに距離を感じる企業は多いが、その市場は魅力的であり、長期にわたる成長が見込まれる。企業の成長戦略と宇宙ビジネスが結びつき、今後より顕在化していく宇宙ビジネス市場において日本企業・日本政府のプレゼンスが発揮されること、そして、宇宙ビジネスによって地球と社会のサステナビリティが実現されることを期待したい。

人的資本経営 ①
デジタル時代の従業員エンゲージメント

 高まる「人的資本経営」への関心と
従業員エンゲージメント

　2023年3月期決算より、有価証券報告書を発行する企業を対象として「人的資本」の情報開示が義務化された。わが国では約4000社が対象企業となる。

　企業価値の持続的成長を実現するべく、経済産業省が取りまとめた「人材版伊藤レポート2.0」（2022年5月）によれば、これまでの「人的資源（Human Resource）」という呼称は、「既に持っているものを使う、今あるものを消費する」の意味合いを持ち、人件費をコストと捉え、消費をいかに抑えるかという発想であった。一方で、これからの時代は人材を「人的資本」と捉え、価値創造の源泉として、コストではなく投資対象として考えるべきであるとされる。

　人的資本にまつわる情報開示について、内閣官房の「人的資本可視化方針」によれば7分野19項目の開示項目が任意で定義されており、その中には「従業員エンゲージメント」も含まれている。

　2021年に実施したNRI（野村総合研究所）の調査「デジタル時代の従業員エンゲージメントの高め方」では、「eNPS（自身の勤めている企業で働くことを親しい知人や友人に推奨する度合い）」を用いて従業員エンゲージメントを計測し、転職検討状況や働き続ける意向と組み合わせて分析したところ、「退職予備軍」と考えられる人々はeNPSが低く（次ページの図表4.5-1）、eNPSが高い人が勤める企業は3年前と比べて業績（売り上げ）が向上していた（235ページの図表4.5-2）。このように、従業員エンゲージメントは人的資本経営のみならず、退職者の発生や業績の向上にも強く影響を及ぼしている。

　他方、2023年8月に日本生産性本部が発表した「第13回 働く人の意識調査」によれば、働く人のテレワーク実施率は15.5％とコロナ禍以降で最低となり、特に大企業においては半年前の前回調査と比較して10ポイント以上急減したという。また2023年8月には、ウェブ会議システムを提供するZoom Video

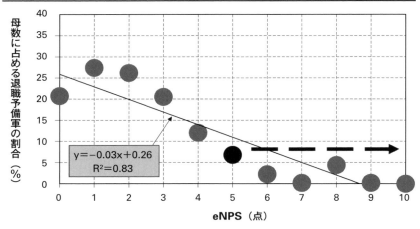

図表4.5-1　**退職予備軍とeNPSの関係**

（出所）NRI「デジタル時代の従業員エンゲージメントの高め方」2021年

Communications自身がフルリモート勤務を中止したことがBusiness Insider
によって報じられ、大きな話題となった。

　なお、学情が2024年3月卒業（修了）予定の大学生・大学院生を対象に実
施したインターネットアンケート調査によれば、就職活動において「出社かテ
レワークか」について6割超の学生が「意識している」と回答し、従業員エン
ゲージメントの前提となる「働き方」をめぐる環境は現在も変動のただ中にあ
る。

　人的資本開示は欧米が先行しており、日本と比べて人材の流動性が高い欧米
圏では、従業員エンゲージメント向上への取り組みも進んでいる。以下では、
従業員エンゲージメントと他の指標との違いを整理した上で、従業員エンゲー
ジメント向上の萌芽事例を紹介する。

 ## 従業員エンゲージメントとロイヤルティ、従業員満足度との違い

　従業員エンゲージメントという概念を初めて提唱したのはボストン大学の心
理学者であるウィリアム・カーン教授であるとされる。彼が1990年に発表し
た論文では、従業員エンゲージメントが高いことを「完全な自分（full self）

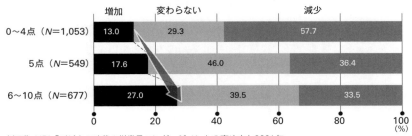

（出所）NRI「デジタル時代の従業員エンゲージメントの高め方」2021年

を発揮できる状態」と定義し、それを可能にする条件として、①自分の仕事に意義を感じていること、②安全に全力で仕事に取り組めると感じていること、③精神的にも肉体的にも最大の力を発揮できると感じていること、の3つを挙げた。つまり単純なハードワークではなく、熱心かつ主体的に仕事に打ち込んでいる状態として定義されている。

　従来、従業員の状態を示す概念としては「ロイヤルティ」や「従業員満足度」などが存在した。一般的にはロイヤルティは従業員から会社に対する忠誠心の度合いであり、その心理状態の前提には企業側にパワーがある非対称性がある。従業員満足度は文字どおり従業員が満足していれば高くなる指標であり、従業員が仕事に対して熱心に打ち込んでいるか、貢献しているかは問われない。それらに対して、従業員エンゲージメントは企業と従業員の双方向的な取り組みとして解釈され、互いの努力によって高めることが双方にとってよい結果をもたらすものとされる。

　たとえばリンクアンドモチベーションの研究機関であるモチベーションエンジニアリング研究所が、慶應義塾大学大学院の岩本研究室と共同で実施した「エンゲージメントと企業業績」に関する2018年の研究によれば、従業員エンゲージメントと調査対象企業の営業利益率、労働生産性との相関性を分析したところ、いずれもプラスの影響がみられたとされている。

　なお、上述のNRIの調査「デジタル時代の従業員エンゲージメントの高め方」でもeNPSと売上高の増減状況を分析しているが、eNPSが高いほど売上高が増加している傾向がある。

　前述の退職予備軍とeNPSの関係の分析と照らし合わせると、従業員エン

ゲージメントが高い企業は売上高・営業利益率・労働生産性が高まる可能性がある一方で、低い企業は離職率が高まり、業績や生産性が低下する懸念があるといえる。人的資本の情報開示といった制度的要請を待たずとも、従業員エンゲージメントは重要な経営課題であり、業績のみならず事業継続性そのものにも影響する概念である。

デジタル化が進む時代における従業員エンゲージメント

　上述のZoom Video Communicationsのフルリモート勤務の廃止は象徴的な事象であったが、日本企業においてもフルリモート勤務の見直しが図られた。しかしながら、フルリモート勤務あるいはハイブリッド勤務を残す決断をした企業も一定数はおり、日本企業の働き方の中にリモート、テレワークという選択肢が定着したといえる。

　働き方の選択肢が増えることは一般的には歓迎されるべき事象だが、従業員エンゲージメントの観点ではどのような影響が生じるのかが懸念される。実際に、マイナビBizが2021年に、2018年〜2021年度入社・新入社員研修を受けたビジネスパーソンに向けて実施した「新入社員のエンゲージメントと職場環境に関する調査」によれば、新入社員は上司や先輩社員とのコミュニケーションが少なくなるほどやりがいを感じない割合が高まり、会社への好感度が下がるとされている。数値でみると、「やりがいを感じる」と答えた人はコミュニケーション頻度について「頻繁にあった」「まあまああった」と回答した割合が71.4％であるのに対し、「やりがいを感じない」と答えた人はそれらの割合は22.9％まで低下する。

　特別な施策を実施していない限り、一般的にテレワークの割合が高まるほど職場での偶発的なコミュニケーションは減少し、機会はオンライン会議などに限られる。入社直後で不安を抱える新入社員が、テレワークによるコミュニケーション不足のために従業員エンゲージメントを低下させてしまい、離職するといった事象が生じている可能性がある。

　デジタル時代への変化と従業員エンゲージメントとの関連におけるもう1つ重要なトレンドとして、「リスキリング」がある。NRIではビジネスモデルそのものを変革するDX（デジタル・トランスフォーメーション）を「DX2.0」

と呼んでいるが、そのように大きな変化が生じた場合、従業員もそれに合わせたスキルの再習得・学び直しが求められる。Adecco Group Japanが日本全国の20代から50代の会社員で、リスキリングがどのようなものかを理解している1600人（各年代男女200人ずつ）を対象に実施した2022年の「リスキリングに関する調査」によれば、リスキリングに取り組んだことによるよい影響として「仕事へのモチベーションが上がった」と回答した人は43.6％だったと発表している。前述のカーン教授によるエンゲージメント向上の条件と照らせば、リスキリングを行える環境を整えることが従業員エンゲージメント向上につながる可能性を示唆している。

デジタル化に伴う環境変化は、これらのテレワークやリスキリングといったトレンドをみてもわかるように、従業員エンゲージメントに影響を与える要因となり得る。

それでは、デジタル化の潮流に適合しながらも、従業員エンゲージメントを維持あるいは向上させるためにはどのような取り組みが挙げられるだろうか。以下はいずれも海外企業の従業員エンゲージメント向上ソリューションの事例であり、それらに共通するキーワードは「データ」である。そしてこれは、デジタル化が進んでいるからこそ活用できるものでもある。

AIを活用した従業員エクスペリエンスプラットフォーム 「Microsoft Viva」

「Microsoft Viva」は統合的な従業員エクスペリエンスプラットフォームであり、従業員に対して社内の有用なツールやニュース、各種リソースへの接続の提供、各種コミュニティへのつながりの提供、従業員の生産性や幸福についてデータ分析に基づく示唆の抽出、従業員の声を収集することによるエンゲージメント状況の理解促進、業務に関連するコンテンツや専門知識の整理、従業員の学習の支援、組織の戦略的なゴールと従業員の結びつきの促進——など、多数の機能を提供している。本プラットフォームは「Microsoft 365」上に構築されていることから、新たなアプリケーションを入れることなく使用でき、「Outlook」や「Teams」とシームレスに連携できるのが大きな特徴である。

またAIを活用して、プラットフォーム上での交流がどの程度発生したのかを数値化したり、マネージャーに対するレスポンス発生状況やその速度からマ

ネージャーの影響力を判定したり、1対1ミーティングの実施状況を前者と比較したりと、ウェブ上でのコミュニケーションだからこそ収集可能なデータをもとにした分析結果が表示される。さらに、そうした分析結果に応じて、次にとるべきアクションが提案され、その結果として従業員エンゲージメントが改善したかどうかを計測することもできる。

Microsoft Vivaを導入した東京都渋谷区では、データ駆動型組織運営を目指して「渋谷区オフィスダッシュボード」を構築し、部署ごとの多忙さの違いや繁閑差といった組織課題をデータに基づいて可視化した。職員の業務量や負荷を正しく可視化すべく、Microsoft 365由来のデータはもとより、オンプレミスにある勤怠情報や各業務システムと連携させる等の工夫もしており、勘と経験に基づく組織運営からの脱却を図っている。

データ分析だけでなく、従業員の行動変容までカバーする「Perceptyx」

「Employee listening platform」として知られる「Perceptyx」は、専門家による監修と多数の検証活動の結果として抽出した質問ライブラリーを活用して各顧客に応じた最適なアンケートを設計・構築し、従業員エンゲージメント、多様性の確保、公平性・包括性、健康・幸福度等の観点で従業員へのパルスサーベイを行うソリューションである。

パルスサーベイ結果をダッシュボードにリアルタイムに反映することで、「燃え尽き症候群」の早期発見や、現在の従業員の負荷状況を把握することが可能となり、マネージャーはアクションの優先順位づけができる。なお、この分析には機械学習技術が使われている。

Perceptyxの直近の特筆すべき動きとして、行動科学を活用したソリューションを展開するHumuの買収が挙げられる（2023年8月）。Humuは「ナッジ（軽くつつく、行動をそっと後押しするの意であり、明示的なインセンティブや強制を伴わずに行動変容を促すこと）」に関する広範なデータセットや分析結果のライブラリーを保有しており、それらをPerceptyxの「People Insights Platform」に統合することで、組織はリーダーと従業員の両方に、各個人またはチームが改善したい行動に合わせてカスタマイズされたナッジが提供できる。従来型の従業員調査では、調査と分析は行ったものの変化を起こ

せないことが多くの企業で課題視されていたが、行動科学に基づくPerceptyx
の取り組みはこのような課題に一石を投じようとするものである。

 ## 従業員エンゲージメントの先進事例の特徴

　日本と比べ人材の流動性の高い欧米圏はかねてより従業員エンゲージメント
について継続的に取り組んできていたが、コロナ禍を機にハイブリッド勤務が
普及し、従業員エンゲージメントの動きが加速しているようにみられる。従業
員エンゲージメントの先進事例の特徴は、グローバル共通のプラットフォーム
を用いている点、従業員の現在の状況を可能な限り標準化された客観的な指標
のデータで横断的に把握しようとしている点、それらをAIや機械学習技術を
用いて分析し、マネージャーが次にどのようなアクションを取るべきか提案し
た上で、改善状況もカバーしている点、そして実際に従業員の行動変容までを
捉えている点——が挙げられる。そして、これらを実現するために重要なファ
クターが「データ」である。

　ところが日本の場合、行動変容までを一足飛びにねらうことはもとより、そ
の前提となる現状の測定さえ不十分な企業が多い。「計測できないものは管理
できない」という言葉もあるように、現在の状況を計測・可視化することは有
効な管理のための第1歩であり、勘と経験によるマネジメントからデータに基
づくマネジメントへ移行すべき時期が来ている。

 ## HR7と従業員エンゲージメント向上のための
データ分析の必要性

　NRIは前述した過去の調査において、日本企業の労働価値観のうち、従業
員エンゲージメントと相関が高い項目を「HR7」として以下のようにまとめ
た。

　① 組織が社会のための投資をしている
　② 組織のミッション・ビジョンを従業員に伝達している
　③ ミッション・ビジョンが働く意義を感じさせてくれる
　④ 経営層がオープンで透明性があり、正直である
　⑤ 誠実さや助け合いが組織文化の中核にある

⑥ 生産性向上・幸福度最大化が図られている

⑦ 従業員の継続的な成長にサポートがある

　先行する取り組みとしては米国調査会社ギャラップが提唱する「Q12」があるが、日本企業を対象として企業推奨度との相関係数を比較すると概してHR7のほうが高く、日本企業に向けた固有指標が求められている。

　実際に両者を比較しても、ギャラップのQ12は「自分が組織内で活躍できるか？」のような項目が多いのに対して、HR7は「自分の働く組織はよい組織か？」型の項目が多く、職場に対する感覚の違いがある。

　たとえば、セールスフォース・ドットコムはGreat Place to Work Institute（GPTW）の「2022年版 働きがいのあるグローバル企業 世界ランキング」で4位、日本版ランキングでは日本法人のセールスフォース・ジャパンが1位（大規模部門〈従業員数1000人以上〉での順位）を獲得しており、従業員の働きがいに注力している企業として知られているが、同社のグローバルでの人事部は「Employee Success」と呼ばれており、従業員との関係性構築を重視していることの象徴となっている。同社は情報の透明性を高め、従業員の声に耳を傾けることを重視しており、たとえば経営陣が方針を示したタイミングや人事が新しい施策を打ち出した際には社内SNSで質疑応答が活発に発生しているという。これはHR7のうちの②や④に該当する。

　また大広が、全国20〜59歳の正社員4120人に向けて実施した「SDGsへの取り組みとワークエンゲージメントの関連調査」では、「『自社でSDGsに関する取り組みを行っている層』のワークエンゲージメントスコア は66.2％となっており、『行っていない層』と比較して16.8ポイントも高い結果となった」と報告している。なお、同調査でのワークエンゲージメントスコアは「自社満足」「業務満足」「やりがい認識」「モチベーション維持」「自社への共感」「自社への愛着」「自社への誇り」「勤続意向」の9項目により算出されたものである。これはHR7の①を裏づける調査結果である。

　とはいえ、HR7の項目のモニタリングだけで従業員エンゲージメントを向上させる施策まで導出するのは難しい。また、企業の特性によっても必要なアプローチは異なる。たとえば日々新しいサービスをローンチし改善を続けるIT企業と、物理的な製品を設計・開発するエレクトロニクス企業、長期的な

視座に立つインフラ企業では、ビジネススピードもKPI（Key Performance Indicator：重要業績評価指標）も企業文化も異なっているはずである。

そのため、自社の従業員エンゲージメントが上下する構造をより科学的なアプローチで解明し、その上で最善策を選定することが求められる。それは、Microsoft Vivaのような従業員エクスペリエンスプラットフォームの活用も一案であるし、あるいはHR7の各項目をさらにブレイクダウンした調査項目を設け、最終的に従業員エンゲージメントが向上させられる施策を検討することも方法の1つである。

たとえば、HR7の「①組織が社会のための投資をしている」は、投資の種類によって左右されるのか、どのような投資であっても従業員エンゲージメント向上に効くのか、「②組織のミッション・ビジョンを従業員に伝達している」はどの程度の伝達度合いが要求されるのかなど、各項目を向上させるにしても、アプローチには複数が考えられる。当然、企業によっても①〜⑦の間の重みづけは変わってくる。

従業員エクスペリエンスプラットフォームによるアプローチ、HR7によるアプローチのいずれにも共通しているのは、「従業員エンゲージメント向上」という目的に対して、当の従業員は日々どのような状況に置かれ何を考えているのか、どのような働きかけであればエンゲージメントにつながる項目が改善するのかを、可能な限り客観的なデータに基づいて分析・判断しようとする点にある。

これまで以上に「マネジメントのプロ」が求められる時代

近年、日本でも「1社で勤め上げる」社員は減少し、転職が当然となっている。人材の流動性が高まる中で、事業継続性の観点でも業績向上の観点でも従業員エンゲージメント向上の重要度は高まっているが、その両方で最も重要な役割と果たすポジションはマネージャーであるとされる。

しかし、いまだ「年功序列文化」が色濃く残り、キャリアの複線化を実現している例も少ない日本企業におけるマネージャーとは、多くの場合、「現場業務に優れた人材」がエスカレーター式に就任する役職であり、それゆえに理論化されたマネジメント手法を用いる例は少ないと思われる。現在でも、自身の

過去の経験と部下との個別のコミュニケーションで得られた情報と、自分自身の経験に基づいてマネジメントを実施している例が大半であろう。

そのようなマネジメントスタイルはカスタマイズ性が高い一方で、きわめて属人的であり、マネージャーのスキルセットや部下の状況・個性によって成果が大きく左右される。これに対して人材の流動性が高く、客観的なマネジメントが求められる欧米圏では、データを用いた従業員エンゲージメント向上の取り組みが着々と進められている。

日本の雇用慣行がどこまで欧米式に近づくかは予測困難であるものの、デジタル化の波そのものが生み出す人材マネジメントへの要求の変化はすぐそこまで迫ってきている。テレワークを含めて働き方が多様化し、また人材の流動性も高まっていく中で、従来型の中長期的関係による密接なコミュニケーションに基づくマネジメントスタイルが有効に機能しなくなる一方、少子高齢化に伴う人材不足もあって、効率性や労働生産性を高める要求はこれまで以上に強いものとなる。それらを踏まえれば、データと科学的方法論に基づくマネジメントでなければ要求に応えられなくなる状況が早晩訪れるだろう。

今後は、図表4.5-3に示したような人事にまつわるデータと、事業数値にまつわるデータの両方を組み合わせた分析とともにマネジメントを行うことが必要になる。従業員エンゲージメントのスコアと売り上げや利益等の事業数値や離職率との関連性、従業員エンゲージメントのスコアとHR7を含む労働価値観に関する指標の関連性といった従業員エンゲージメント向上の施策を検討する分析だけでなく、従業員のパーソナリティと組織の相性に関する分析、従業員の有するスキルと事業数値に関する分析、従業員のキャリアプランや意欲と学習プランのマッチングなど、従業員のプライバシーに細心の注意を払うのは当然として、分析可能な対象は多岐にわたる。いうまでもなくすべてがすぐに効果を発揮するとは限らないが、トライアンドエラーで進めていく価値は十分にある。

日本の国際競争力強化の面でも、「人的資本」に対する「投資」の重要性は従来以上に高まっている。これまで述べてきた業績や労働生産性との相関性に加え、前述のPerceptyxが顧客企業1社と提携して実施した調査でも、従業員エンゲージメントが低いと従業員の離職率は2.5倍高まり、エンゲージメントが高い店舗では売上高が約70%、利益が約6%向上するなど、従業員エンゲー

図表4.5-3　**人材マネジメントに活用し得る人事データ・事業データの例**

人事データ	事業データ
イベントに応じて発生	**組織の主要な事業数値**
・入社時の履歴書・エントリーシート ・昇給・昇格時の面接内容	・売り上げ・利益 ・顧客数、受注実績　等
本人に紐づく情報	**その他のKPI**
・エンゲージメントに関する指標 ・仕事を通じて達成したい目標 ・キャリアプラン ・やりたい業務内容 ・これまでの業務経歴（社内外） ・保有しているスキル・コンピテンシー ・現在従事している業務と評価 ・…	・売り上げ向上 　・顧客の訪問回数、訪問内容 　・VoC（顧客の声）、CS 　・注力案件の受注数　等 ・コスト削減・各種管理 　・インシデント発生数 　・業務時間・残業時間の長さ 　・…

両者を組み合わせて分析
→自社のビジョンや経営戦略に合わせて、データ体系を整備する必要がある

ジメントは事業継続性やパフォーマンスに直結することが報告されている
（Perceptyxの公式ホームページで独自調査の結果として公表）。

　仕事に対する価値観が多様化し、雇用の流動性が高まる中で、データや理論
を用いたスタイルを身につけたマネジメントが求められる社会となっている。
そうした「デジタル時代のマネジメントのプロ」こそが、従業員エンゲージメ
ントを引き上げ、結果として企業業績を牽引していくのである。

4.6 人的資本経営 ②
デジタル時代の非認知能力強化

非認知能力の必要性の高まり

　サステナビリティ経営の観点から人的資本経営の重要性が高まっており、日本でも人的資本についての取り組みが活発となっている。メンバーシップ型に対するジョブ型の導入、人材流動性向上を見据えたリスキリングの推進、生成AIの台頭に伴う人の役割の再定義など、さまざまな動きが生じている。

　人材に関連するそのような動きが活発化する中、企業では、企業価値を向上させるべく生産性向上や離職防止などを踏まえて、学歴、経験、スキルといっ

図表4.6-1　**DX人材に求められる適性要素**

	適性因子（仮説）	概要
1	不確実な未来への創造力	・取り組むべき領域を自ら定め、新分野への取り組みを厭わず、ありたい未来を描き、挑戦する姿勢 ・課題設定力
2	臨機応変・柔軟な対応力	・計画どおりのマネジメントではなく、外部の状況変化や状況を踏まえ、目標を見失わずに、都度ピボットしながら進めていく姿勢 ・当初の計画にこだわりすぎない
3	社外や異種の巻き込み力	・対立する周囲のメンバーを巻き込むだけでなく、外部の「他者」との交わりを多く持ち、自分の成長や変化の糧にできる受容力
4	失敗したときの姿勢・思考	・一時的な失敗は、成功に向けた過程であり、失敗を恐れず、立ち止まらず、糧にして前に進めることができる姿勢
5	モチベーション・意味づけする力	・自ら解決したい・取り組みたい課題を明確にし、自らの言葉で話すことができ、前向きに取り組みたいと感じられる姿勢 ・主体性・好奇心
6	いざというときの自身の突破力	・解決や困難な状況に陥ったときでも、諦めずに、さまざまな方法を模索し、壁を突破するためにリーダーシップを発揮する姿勢 ・責任感

（出所）情報処理推進機構「IT人材白書2020」2020年
https://www.ipa.go.jp/archive/publish/hjuojm0000007e6n-att/000085255.pdf

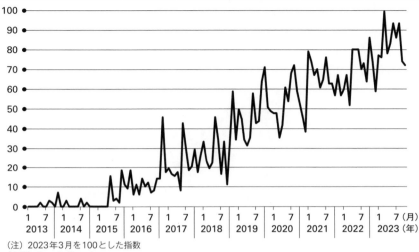

（注）2023年3月を100とした指数
（出所）Google Trends

たこれまでの外形的な要素だけでなく、やり抜く力、コミュニケーション力、自己肯定感などの内面的な要素を人材に求めるようになってきた。たとえば、情報処理推進機構（IPA）の「IT人材白書2020」によると、昨今のDX（デジタルトランスフォーメーション）ブームを支える人材（DX人材）には、「課題設定力」や「主体性・好奇心」などが適性要素であるという（図表4.6-1）。AIが産業界および社会に台頭していく中でも、AIに代替されることが困難な仕事として、複雑な社会的関係性が必要となる高次の思考判断を要する仕事ができる資質能力（コンピテンシー）が求められていることがうかがえる。

　こうした内面的な要素は「非認知能力」と呼ばれ、子どもの成長を促す教育現場ではもちろん、社会人以降の仕事環境においても重要度が増してきている。

　実際に、非認知能力に対する注目度は高まってきている。Google Trends で「非認知能力」というキーワードの検索比率を調べてみると、2015年以降、継続的に増加している（図表4.6-2）。昨今では、国や学者などの専門家だけでなく、子どもを持つ親や、社会人として働いている労働者・就職活動をしている学生なども関心を示していることの証左であろう。

非認知能力に関する日本の教育システムと社会との構造的ギャップ

　一般に、IQや学力といったテストなどで評価している能力を「認知能力（cognitive skills）」、物事に対する考え方、取り組む姿勢、行動など、日常生活・社会活動において重要な影響を及ぼす能力を「非認知能力（non-cognitive skills）」という。

　非認知能力が重要視されるきっかけとなったのは、2000年のノーベル経済学賞受賞者のジェームズ・J・ヘックマンらの研究チームが、幼児期の特別な教育が及ぼす影響について、社会的リターンをもたらしている要素はIQテストで評価されてきた能力（認知能力）ではなく、IQテストで評価されてきた能力以外の能力（非認知能力）であるとし、幼児期に非認知能力を育成することの重要さを経済学の立場から示したことである。この研究発表により、世界中で非認知能力に焦点を当てたさまざまな研究が行われてきた。

　一方、OECD（経済協力開発機構）は、「社会情動的スキル」に着目する。社会情動的スキルとは、「非認知的スキル」「ソフトスキル」「性格スキル」としても知られ、目標の達成、他者との協働、感情のコントロールなどに関するスキルを指す。これらのスキルは、環境の変化や投資によって強化され、結果として個人の将来の成果を生み出す推進力となる。

　日本では、各省庁がそれぞれの立場から、新しい時代に求められる能力概念を定義しており、その定義には非認知能力と解釈できる要素が多く含まれる。非認知能力というワードこそ使わずとも非認知能力（もしくは一部の要素）を指している場合も多い。文部科学省は、新学習指導要領の「育成すべき資質・能力の三つの柱（［知識および技能の基礎］［思考力・判断力・表現力等の基礎］［学びに向かう力、人間性等］）」等で非認知能力育成の重要性を説き、能力向上の取り組みを進めている。経済産業省は「社会人基礎力」を提唱するほか、非認知能力成長支援ツールの実証や導入に補助金を交付するなど、官民が連携した動きも加速している[1]。

　非認知能力に対しては、国や研究者および学校や企業によっても見解が異なり、非認知能力の要素が異なる場合もあるものの、比較的よく活用されている「15の心理特性」を図表4.6-3に示す。

　この15の心理特性は、心理学の中で比較的盛んに研究されており、教育や

	心理特性	概要
1	誠実性	課題にしっかりと取り組むパーソナリティ
2	グリット	困難な目標への情熱と粘り強さ
3	自己制御・自己コントロール	目標の達成に向けて自分を律する力
4	好奇心	新たな知識や経験を探求する原動力
5	批判的思考	情報を適切に読み解き活用する思考力
6	楽観性	将来をポジティブにみて柔軟に対応する能力
7	時間的展望	過去・現在・未来を関連づけて捉えるスキル
8	情動知能	情動を賢く活用する力
9	感情調整	感情の表出を、目的に合わせて調整する能力
10	共感性	他者の感情・状況を理解し、対応を調整する能力
11	自尊感情	自分自身を好ましい存在だと認識する能力
12	セルフ・コンパッション	自分自身を肯定的に捉え、肯定的な対応を行う能力
13	マインドフルネス	今この瞬間に、評価や判断を加えることなく能動的な注意を向ける能力
14	レジリエンス	逆境・ショックから回復する能力
15	エゴ・レジリエンス	日常的ストレス等から回復する能力

（出所）小塩真司編著　川本哲也他著『非認知能力——概念・測定と教育の可能性』をもとに作成

人生に何らかのかたちで「よい結果をもたらす」可能性があるという成果が得られていて、介入による変容の可能性が示されている[2]。

　前述したようにDX人材においても非認知能力の要素が求められており、企業で活躍する人に求められる非認知能力についての研究も盛んである。

　日本生涯学習総合研究所では、同研究所が設定している非認知能力のうち、個々人の持つ能力に関連する非認知能力8つ、すなわち、問題解決力、批判的思考力、協働力、コミュニケーション力、主体性、自己管理能力、自己肯定感、独創力——が企業のパフォーマンスに影響を与える要素としてそれらを因子分析した。その結果、「企業で活躍する非認知能力」とは「協力して成果を

---

1) 経済協力開発機構（OECD）「社会情動的スキル」2015年。
　池迫浩子・宮本晃司・ベネッセ教育総合研究所訳「家庭、学校、地域社会における社会情動的スキルの育成——国際エビデンスのまとめと日本の教育実践・研究に対する示唆」2015年。
　https://berd.benesse.jp/feature/focus/11-OECD/pdf/FSaES_20150827.pdf
　経済産業省「社会人基礎力」https://www.meti.go.jp/policy/kisoryoku/index.html
　国立教育政策研究所「21世紀型能力をはぐくむモデルの検討——21世紀型能力を具体的に授業ではぐくむ観点から教育課程を検討する」https://www.nier.go.jp/05_kenkyu_seika/pf_pdf/20130627_4.pdf
2) 小塩真司編著、川本哲也他著『非認知能力——概念・測定と教育の可能性』北大路書房、2021年。

図表4.6-4　企業で活躍する人に求められる非認知能力の要素

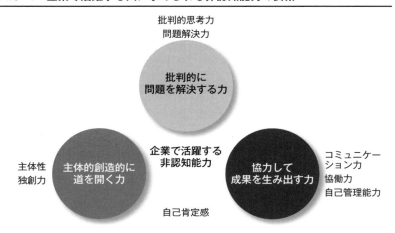

（出所）日本生涯学習総合研究所「企業で活躍するための『非認知能力』〈概要版〉」

生み出す力」「主体的創造的に道を開く力」「批判的に問題を解決する力」とい
う3因子に分けられるとしている（図表4.6-4)。第1因子の「協力して成果を
生み出す力」には、協働力・自己管理能力・コミュニケーション力が、第2因
子の「主体的創造的に道を開く力」には、主体性・独創力が、第3因子の「批
判的に問題を解決する力」には、批判的思考力・問題解決力が属する。自己肯
定感は、「協力して成果を生み出す力」と「主体的創造的に道を開く力」がほ
ぼ同じ重みづけである[3]。

　また、英国の大学評価機関クアクアレリ・シモンズの調査「THE GLOBAL
SKILLS GAP in the 21st Century」によると、企業が重要だと捉えているも
のの満足していない要素としては「問題解決力（Problem-solving)」「コミュ
ニケーション力（Communication)」「適応性（Adaptability)」がある（図表
4.6-5)[4]。

　さまざまな企業の人事担当者との実際の議論でも、問題解決力、コミュニ

3)　日本生涯学習総合研究所「企業で活躍するための『非認知能力』〈概要版〉」2022年 https://
　www.shogai-soken.or.jp/wp/wp-content/uploads/2022/11/non-cog4_202210.pdf
4)　クアクアレリ・シモンズ「THE GLOBAL SKILLS GAP in the 21st Century」2018年
　https://www.topuniversities.com/sites/default/files/qsglobalskillsgapreport.pdf

図表4.6-5　非認知能力要素別の重要度と満足度ギャップ

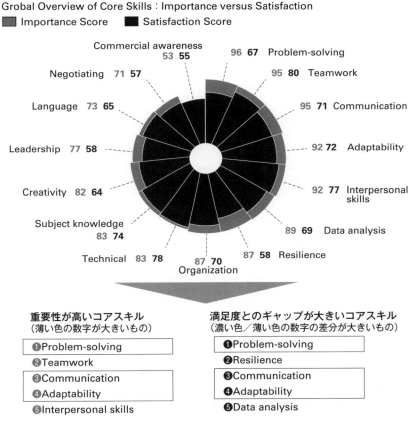

Grobal Overview of Core Skills : Importance versus Satisfaction

■ Importance Score　■ Satisfaction Score

Commercial awareness 53 **55**

Negotiating 71 **57**

Language 73 **65**

Leadership 77 **58**

Creativity 82 **64**

Subject knowledge 83 **74**

Technical 83 **78**

87 **70** Organization

96 **67** Problem-solving

95 **80** Teamwork

95 **71** Communication

92 **72** Adaptability

92 **77** Interpersonal skills

89 **69** Data analysis

87 **58** Resilience

重要性が高いコアスキル
（薄い色の数字が大きいもの）

- ❶Problem-solving
- ❷Teamwork
- ❸Communication
- ❹Adaptability
- ❺Interpersonal skills

満足度とのギャップが大きいコアスキル
（濃い色／薄い色の数字の差分が大きいもの）

- ❶Problem-solving
- ❷Resilience
- ❸Communication
- ❹Adaptability
- ❺Data analysis

（出所）QS「THE GLOBAL SKILLS GAP in the 21st Century」をもとに作成
https://www.topuniversities.com/sites/default/files/qsglobalskillsgapreport.pdf

ケーション力、適応性についての要望・意見が多く聞かれた（次ページの図表4.6-6）。

　一方、採用支援事業者によると、採用人材に対する企業のこれまでの基本は、学歴、経験、スキルなどの認知能力であったが、人口減少や人材流動性の高まりにより採用難易度が高じ、また離職・退職を避けるために、さまざまな調査で離職・退職理由の上位に挙がる「人間関係」や「人と人の相性」をむしろ重視するようになってきている[5]。そしてその一環として、非認知能力に関する

着目した 非認知能力	得られた要件
問題解決力	**強い意志・当事者意識がある** ・社会問題の解決に強い想いがある ・世の中をもっとよくしたい、という強い「パブリックマインド」がある ・当事者意識を持っている **指示待ちではなく、自ら行動できる** ・指示待ちではなく自分で仕事を組み立てられアクションを起こせるか ・自らが考え・行動し、主体的・能動的に動けるか ・どうすれば早くできるかを自分で考え、また上司の指示がなくても動ける自発性 **困難に耐えられる・泥臭く行動できる** ・ガッツの持ち主＝どんな仕事でもつらい局面でも一緒に乗り越えられるか。逃げ出さずに最後まで一緒にやってくれるという信頼感を持てるか ・たとえ失敗したとしても、やりきる意思や力がある ・多少の困難があろうとも、粘り強く自分のやるべきことを最後までやり遂げる責任感を持ち、行動力がある
コミュニケーション力	**傾聴できる・他人の話を自分なりに解釈できる** ・話上手な人よりも、相手の話を正確に理解しようとする人 ・人の話をよく聞ける人 ・常にクライアントの立場に立って考えられる人 **自分の考えを適切に言語化できる** ・自分の考えを自分の言葉で述べられる人 ・考えたことをしっかりと、「自分の言葉」で話せる ・重要なポイントを短く端的に、的確に伝えることができる **関係構築力がある** ・いろいろな人たちとコミュニケーションをきちんと取れる関係性を作れる ・上から目線だったり逆にへりくだったりせず、どんな相手でもフラットな関係性を築ける ・意識して周囲とのコミュニケーションを楽しく仕立てられる人
適応性	**変化や不確実性、困難をポジティブに捉えられる** ・変化を楽しみながら乗りこなせる ・変化を楽しめるか ・未知へのチャレンジにワクワクできるか **自ら学ぶ姿勢があること** ・学び続けられるか。あえて学び直していけるか ・新たな可能性に好奇心を持ち、探求する ・アグレッシブでどんなことにも好奇心を持って取り組める人

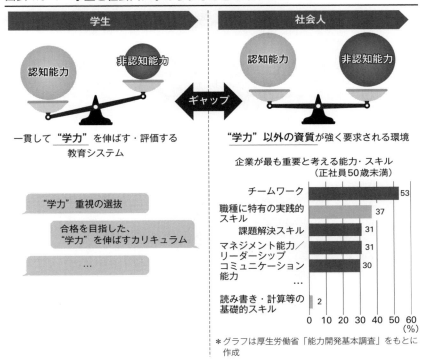

図表4.6-7　学生と社会人に求められることのギャップ

学生

認知能力　非認知能力

一貫して"学力"を伸ばす・評価する
教育システム

"学力"重視の選抜

合格を目指した、
"学力"を伸ばすカリキュラム

…

社会人

認知能力　非認知能力

ギャップ

"学力"以外の資質が強く要求される環境

企業が最も重要と考える能力・スキル
（正社員50歳未満）

チームワーク	53
職種に特有の実践的スキル	37
課題解決スキル	31
マネジメント能力／リーダーシップ	31
コミュニケーション能力	30
…	
読み書き・計算等の基礎的スキル	2

0　10　20　30　40　50　60
(%)

＊グラフは厚生労働省「能力開発基本調査」をもとに作成

素養を見出せる面接方法を企業に推奨するケースが増えている。

　働く人の資質を測定するサービス「SPI」を提供しているリクルート マネジメント ソリューションズでは、従来の「性格特性」に加え、「志向・仕事観」を測定するサービスを導入した。このうち「志向」とは、働く上で重視することや実現したいことに対する考え方を、「仕事観」とは、仕事や組織、働くことに対する考え方を表している[6]。

---

5)　厚生労働省「第6回21世紀青年縦断調査（国民の生活に関する継続調査）結果の概況──5 仕事をやめた者の退職理由」2009年 https://www.mhlw.go.jp/toukei/saikin/hw/judan/seinen09/kekka3-5.html
リクナビNEXT「転職理由と退職理由の本音ランキングBest10」2007年 https://next.rikunabi.com/tenshokuknowhow/archives/4982/
6)　リクルート マネジメント ソリューションズ「【新サービス】従業員向けの適性検査『SPI 3 for Employees』のサービス提供を開始」2022年 https://www.recruit-ms.co.jp/press/pressrelease/detail/0000000366/

図表4.6-8　**子どもの教育に関する支出**

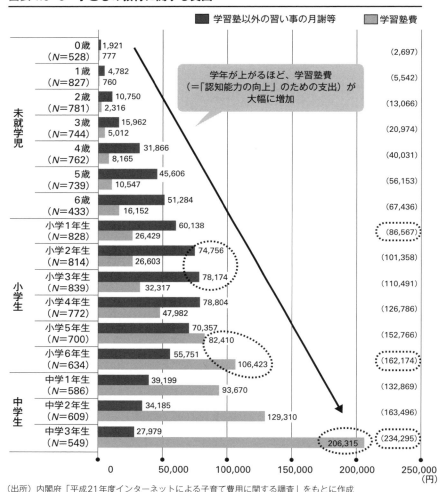

（出所）内閣府「平成21年度インターネットによる子育て費用に関する調査」をもとに作成

　社会人と学生の中間に位置する就職活動中の学生に対する「就職活動と非認知能力に関する調査」（2023年2月）によると、「就活でこの非認知能力について必要だと思いますか？」という質問に36.3％が「そう思う」、50.0％が「やや思う」と回答しており、約9割が就職活動で非認知能力を必要と感じている。また、「非認知能力」の中で、就職活動に最も必要と感じたのは「社会性（協

調性やコミュニケーション力)」（74.3%）、「持続力（あきらめない、粘り強さ）」（36.7%）、「意欲（向上心や1つの物事への集中力）」（34.7%）となっている[7]。

　このように、社会に出てからも、学力以外の資質、すなわち上述の非認知能力が強く要求されるようになってきている。ところが、学生が成長して社会人になっていく過程においては、依然として一貫して学力を伸ばす・評価する教

図表4.6-9　**ある学校で着目している非認知能力の要素**

	育てたいスキル	目指す水準
1	課題設定	・疑問・課題を見出すことができる ・課題解決に必要な仮説を立てることができる ・課題解決に必要な調査の設計をすることができる
2	情報リテラシー	・仮説の検証に必要となる情報を集めることができる ・思考ツールを活用して集めた情報を分析することができる ・仮説を検証するために収集した情報を適切に管理することができる
3	クリティカル シンキング	・情報の信ぴょう性を主体的に判断することができる ・多角的・客観的な視点を持ち自らの判断を内省することができる
4	ロジカル シンキング	・ものごとを筋道立てて考えることができる ・帰納・演繹を使って仮説検証をすることができる
5	データ サイエンス	・データを統計的に処理することができる ・統計的に処理されたデータを考察することができる
6	表現	・資料作成等に必要となるアプリケーションを活用することができる ・プログラミングを活用することができる ・思考を視覚的に表現することができる ・思考を的確な文章で表現することができる ・成果物を使って共感を得る発表をすることができる
7	知識・概念	・深く知りたい領域分野に関する知識・概念が形成されている
8	セルフ コントロール	・公共の精神や社会規範の意識を持っている ・状況を判断して取るべき行動を選択しようとする
9	巻き込み力	・チームでの取り組みを主導しリーダーシップを発揮しようとする ・他者に共感しそのことを表現しようとする ・求心力がある
10	帰属意識	・成果を他者へ還元しようとする ・社会を構成している一員であるという意識を持っている
11	ボーダレス感覚	・国際感覚が身についている ・他者を受容し敬意を持って接しようとする ・広い視野で物事をみようとする
12	バイタリティ	・好き・やりたいという気持ちを持っている ・意外性を大切にし他者の期待・想像を超える結果を出そうとする ・既存のものを組み合わせて新しいものを創り出そうとする ・答えのないものに対し自分なりの答えをみつけようとする ・継続力・持続力を持っている
13	ビジョン	・ものごとの判断や行動に自分がどうありたいかを持っている ・学ぶことの意味・意義を持っている ・自身のことを客観的に理解しようとする
14	アントレ プレナーシップ	・失敗をおそれず何事にもチャレンジしようとする ・どんな環境や状況においても心の余裕を持ち楽しさを見出そうとする

図表4.6-10　岡山県井原市の着目する非認知能力

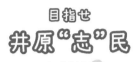

いばら愛	ふるさと井原への愛情を持ち自分自身が井原市民の一員であるということを自覚できている
やり抜く力	つらいことや苦しいことがあってもそれを耐え、自分自身をさらに高めていきながら目標を達成することができる
まき込む力	何かに取り組むとき、他の人たちへ積極的に伝え、お互いの強みを活かし弱みを補いながら共に乗り越えることができる

（出所）岡山県井原市「ひとづくりのまち井原」ウェブサイト（https://hitozukuri-no-machi-ibara.jp/what/）

育システムが採用されているという構造的なギャップがある（251ページの図表4.6-7）。

　学生の年齢・年次が上がるにつれて、習い事の月謝等よりも学習塾費が増えていっており、このことは家計に占める認知能力の優先度が高まっていると捉えることができる（252ページの図表4.6-8）。このように、これまでは、認知能力を伸ばすことに家庭および学生自身が注力していた。

　しかし、近年では、教育の現場である市区町村の教育委員会や学校が、それぞれの立場から、認知能力だけではなく非認知能力に属する能力を育む取り組みに注力し始めている。

　たとえば学校Aでは14の育てたいスキルを定め、253ページの図表4.6-9で

---

7)　創英コーポレーション「就職活動と非認知能力に関する調査」2023年 https://prtimes.jp/main/html/rd/p/000000006.000115169.html
　　創英コーポレーション（https://www.souei.net）

挙げた評価基準をもとに育成を行っている。ただし同校では、これらすべてを一律に伸ばそうというのではなく、生徒個々人の特性に合わせ身につけていくものだとする。

また岡山県井原市では、人づくり事業の一環として、教育委員会が中心となり、これからの時代を生き抜くために必要な資質・能力として「井原"志"民力」を定義し、その育成を目指している（図表4.6-10）[8]。

「非認知能力」育成および測定・可視化という新しい教育サービス

以上のように、非認知能力に対する重要性の高まりを受け、学校、家庭、企業の現場ではさまざまな取り組みが進められている。非認知能力の育成、および測定・可視化サービス提供をしている事業者もある（次ページの図表4.6-11、図表4.6-12）。

非認知能力の育成は、STEAM（科学〈Science〉、技術〈Technology〉、工学〈Engineering〉、芸術・リベラルアーツ〈Arts〉、数学〈Mathematics〉）教育を手掛けるプレイヤーが担っているケースが多い。サービス・プログラムによって内容の差異はもちろんあるが、一定のインプット情報を共有して答えのない問題に1人で取り組む、グループで1つの答えを出す、プレゼンテーションをする、フィードバックをもらう——という経験を通して非認知能力の育成が試みられている。

非認知能力を測定・可視化するサービスも登場している。さまざまなサービスがあるが、官公庁、地方自治体、学校、企業との議論の中で比較的多く話題に上がってきたのは、「Ai GROW」「DiscoveRe Method」「Edv Path」である（次ページの図表4.6-12）。育成現場の声を聞いていると、「非認知能力の評価ができない」「育成ができない」という従来の課題があるが、これらのサービスはそうした課題に対して一定の効果を発揮している[9]。

---

8) 岡山県井原市「よりよい未来をつくる、ひとづくりのまち 岡山県井原市」https://hitozukuri -no-machi-ibara.jp/
9) Ai GROW https://www.aigrow.jp/aigrow
DescoveRe Method https://space-bd-education.com/
EdvPath https://lp.edvpath.jp/

STEAM教育の流れもあって、学校、地方自治体、企業はこれらのサービスやツールを活用してきているが、課題は山積である。代表的な課題は、測定の負荷をどのように軽減できるか、客観性をどのように担保できるか、データをどのように解釈するか――である。単一プログラムの測定にも質問紙形式や課題に対する記述形式などが用いられるが、回答対象者にとって1回あたりの

図表4.6-11 **非認知能力の育成に関するサービス例**

サービス	概要
Steam TagRugby	・算数・数学やプログラミングを活用してタグラグビーで直面する問題解決を図る体験型プログラム
SDGsカリキュラム	・正解のない問題に向き合いながら自分ならではの答えを導き出し、非認知能力を鍛えるプログラム
InterEd	・世界の社会問題を解決するためのアイデア、アクションプランを練り上げることでSTEAMの素養や21世紀スキルを育むプログラム
オンライン国際交流授業	・海外の学生とオンラインで交流し、チームで社会問題に取り組む問題解決型プログラム
観光予報DS	・観光ビッグデータをベースに、町や地域の課題をみつけ、解決アイデアの創出までをサポートするSTEAM学習アプリケーション
なるほど！エージェント	・国算理社、STEAM、SDGs等の動画やイラストの情報を整理し、考えをデザインして伝える練習をする教材
Inspire High	・世界中の大人（ガイド）の動画を視聴し、ガイドから出題される

（出所）EdTech導入補助金ウェブサイトなどをもとに作成

図表4.6-12 **非認知能力の測定・可視化に関するサービス例**

	実績	可視化手法
Ai GROW	・経済産業省EdTech導入補助金に3年連続で採択 ・250校以上で利用	・自己評価式アンケート ・他者評価アンケート
DiscoveRe Method	・経済産業省EdTech導入補助金（2021）に採択	・客観テスト ・自己評価式アンケート
EdvPath	・経済産業省EdTech導入補助金（2021、2022）に採択 ・アカウント数3万突破（2022年5月）	・自己評価式アンケート ・探究プログラムへの回答

回答負荷は大きい。長期的な育成を踏まえれば長期的な経時的測定が必要になるが、その負荷は甚大となるし、質問紙形式や記述式の回答は、やはり主観的にならざるを得ない面もある。そして、得られた測定データをどのように分析し、どのような項目についてどのような水準をどのように解釈するかについては不透明な部分が多い。

　現時点では、こうした課題を解消するための方法論がまだ技術的に十分に確立されてはいないものの、音声や映像などをデータ化して非認知能力についての要素を自動的に抽出・分析するという方法への期待は大きい。

プラットフォーマーとして先行する企業

　非認知能力の測定・可視化・育成するビジネスは、2029年度には5000億円規模に成長する。2023年度時点で非認知能力はあまり意識されていないものの、社会人、とりわけ企業の社員研修の市場が2100億円規模になっている。

　NRI（野村総合研究所）が2023年に実施した「情報通信サービスに関するアンケート調査」によると、非認知能力育成に関する社員研修を「実施している企業」は、2023年度時点で「中小企業」で約30%、「大企業」で約45%である。また、「今後3～5年後に実施または導入する企業」は、「中小企業」で50%以上、「大企業」では60%以上である。企業が非認知能力育成に関心を寄せてきている背景には、ジョブ・PJT（プロジェクト）型の人材確保がより盛んになってきていることに加え、DX人材のニーズも増加し続け、新しいスキルや考え方を常に柔軟に取り入れ活用できる人材を重視するようになっていることが大きい。

　また、2023年度時点で200億円規模である公教育（小・中学校）市場は、2029年度には1100億円強に拡大し、当市場を牽引する（次ページの図表4.6-13）。その背景には、情報および技術が加速度的に変化する環境であっても新たな価値を生み出していける力を培うべく、教育において「学びに向かう力」が重視され始めていることが大きな要因である。

　非認知能力を測定・可視化するビジネス、育成するビジネスが成長するとともに、学生や従業員が高めた非認知能力を評価・証明するビジネスの必要性も高まっていく。2023年時点でもMOOC（Massive Open Online Courses：大

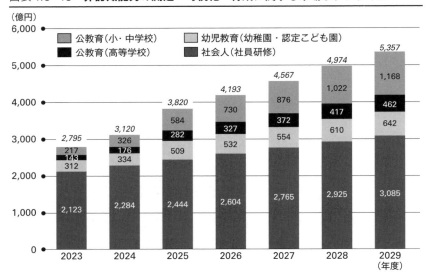

規模公開オンライン講座）等のオンライン教育サービスが台頭してきており、学習実績を証明する「マイクロクレデンシャル」と呼ばれる概念も登場している。マイクロクレデンシャルは、たとえば「Coursera」「edX」「Udacity」等のオンライン学習プラットフォームで提供し、「LinkedIn」も、オンライン講座提供事業者の買収を機に、LinkedInユーザーに個別最適化された学習経験を提供するしくみを構築している。しかも、こうしたマイクロクレデンシャルで取得した単位は従来の大学等の高等教育課程でも認定されるなど、証明された資格として位置づけられるようになってきている。

　OECDによると、マイクロクレデンシャルは、通常の学位課程と比較して「学習期間や学習量が少なく、スキルや学習テーマの点に焦点が絞られ、提供に柔軟性があること」を特徴とする。マイクロクレデンシャルがより柔軟で個別最適化された学習経路を提示するため、アップスキリングやリスキリングの幅広い機会を提供するツールとも考えられており、今後の日本の教育市場、人材・採用市場でも重要性が増していくサービスとみられる（図表4.6-14）[10]。非認知能力に関する市場にも多種多様なプレイヤーが登場する可能性があるが、これから立ち上がる市場であるために、先行した事業者はプラットフォー

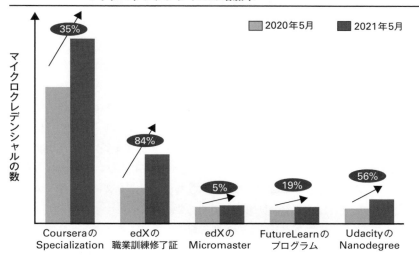

図表4.6-14　**オンライン学習プラットフォームで提供される
マイクロクレデンシャルの増加率**

凡例：■ 2020年5月　■ 2021年5月

マイクロクレデンシャルの数

- Courseraの Specialization：35%
- edXの 職業訓練修了証：84%
- edXの Micromaster：5%
- FutureLearnの プログラム：19%
- Udacityの Nanodegree：56%

（出所）経済協力開発機構（OECD）編著『高等教育マイクロクレデンシャル──履修証明の新たな次元』（2023年）をもとに作成

マーとして影響力を発揮できる。プラットフォーマーへのルートは、技術的な優位性を武器に可視化ビジネスから進めるルートと、備えている非認知能力自体や、非認知能力を育成するサービスの評価・証明ビジネスから進めるルートの2つがある。

 ## 「非認知能力」ビジネスの課題と可能性

　非認知能力のビジネスには「育成」「測定・可視化」「評価・証明」がある。育成ビジネスは、これまでもこれからも個別性が高いサービスが数多く展開されていくだろう。ただし、その効果を謳うには、測定・可視化ビジネスおよび評価・証明ビジネスが欠かせない。

　測定・可視化ビジネスにはまだ白地部分が多い。たとえば、Ai GROWを提

10）経済協力開発機構（OECD）編著『高等教育マイクロクレデンシャル──履修証明の新たな次元』2023年。
JETRO「保有スキル等の見える化手段と活用状況（アメリカ、カナダ、ドイツ）」2020年。

供する大手可視化ツール事業者のInstitution for a Global Societyであっても、その売り上げ規模は数億円にとどまる。技術的な課題を解消して、マイク・カメラ・センサー等を用いて音声データ・動画データを蓄積、分析・可視化を自動化するモデルや、BI（Business Intelligence）ツールを提供できれば、育成ビジネスの現場が求めている負荷軽減・継続性担保・客観性担保を実現できるであろう。その暁には、ビジネスとしての成功も期待できる。

　評価・証明ビジネスもまだ白地の状態である。前述のように、外資のオンライン学習プラットフォーマーがマイクロクレデンシャルのサービスを提供してはいるが、基本的には、日本では他の教育機関・企業・団体が広く活用するまでにはなっていない。マイクロクレデンシャルを共用したい範囲に限られるが、政府、教育機関、企業などのしかるべきステークホルダーと連携・協働する形でその影響範囲を成立・拡大していく必要がある。

　換言すると「マイクロクレデンシャルの経済圏をつくる」ことが肝要なのである。

　非認知能力についての関心や研究・技術開発は今後さらに加速していくであろう。それに伴い国内外で非認知能力ビジネスへの参入が活性化すると見込まれる。そのことは、その他の業界にとって、それらのプラットフォームを活用して自社の従業員の非認知能力を高め事業の競争力を飛躍させることにもつながる。

　大手企業にせよスタートアップ企業にせよ多数のプレイヤーが活動を強化することによって、日本の学生や社会人にとっての成長やキャリアアップを実現し、ひいては日本の国際競争力の向上につながっていく。

Part II

2030年のICT市場規模はどうなるか?

第 **5** 章

関連機器・サービス市場の未来

KEY MESSAGE

■ 携帯電話・PHSの契約回線数全体は微増傾向だが、ハンドセット端末の回線契約数は過去の流れどおり微減傾向にある。一方、IoT（Internet of Things：モノのインターネット）端末などを含むハンドセット以外の端末は微増傾向である。

■ 電気通信事業法の改正による競争環境の是正や料金低廉化の動きは落ち着き、競争環境はシンプルになった。また、日本全体の物価上昇に伴う固定費削減の風潮もあって、高価格・大容量のMNOメインブランドの契約数は低迷。より低廉な料金体系であるMNOのオンライン専用プラン・MNOサブブランドの契約数は上昇トレンドにある。また、2023年12月に新たに予定される電気通信事業法の改正に伴う過度な端末割引規制により、通信と端末の分離が加速する。そうした環境から、わずかではあるがMVNOも復調傾向にある。

■ 一方、5Gの浸透や通信コンテンツのリッチ化・高容量化の実現により、2026年頃からトラフィックが急増すると予想される。そのため、より高容量帯であるMNOのメインブランドへの流入が一定数起こり、減少幅も狭まると予想される。

 市場規模予測

携帯電話・PHS契約回線数

　日本の携帯電話の契約回線数は、2023年度は2億1344万回線。PHSは、2023年3月の公衆PHSサービス終了に伴い、回線数はほぼゼロとなる。2022年度の総務省の公表値[1]と比較すると、携帯電話は約250万回線増加する。こ

---

1) 総務省「携帯・PHSの加入契約数の推移（令和4年3月末時点）」より。

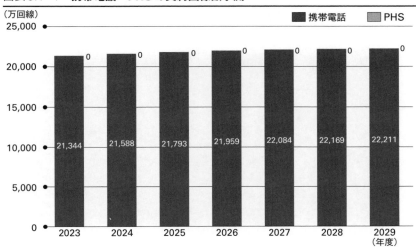

のように、市場全体としては微増ながら拡大を続けており、2029年度には2億2211万回線に達すると予測する（図表5.1-1）。

　図表5.1-1の携帯電話の契約回線数には、ハンドセット端末用回線と、それ

◉ 市場の定義

携帯電話・PHS契約回線数：国内の携帯電話事業者の総契約回線数。スマートフォンやフィーチャーフォン（従来の携帯電話）などのハンドセット端末に加え、タブレットや電子書籍専用端末、デジタルフォトフレームなどの端末、自動車・自動販売機などへの組み込み（モジュール）型の回線を含む。WiMAXおよびAXGPのデータ通信規格は含まない。

「オンライン専用プラン」契約回線数：既存の移動通信事業者（MNO：Mobile Network Operator、NTTドコモ、au、ソフトバンクの3社）が提供する、オンライン専用プラン（「ahamo」「povo」「LINEMO」）。MNOの、いわゆるメインプランに比べて廉価であることが特徴。

「MNOサブブランド」契約回線数：既存の移動通信事業者のサブブランド（「Y! mobile」「UQ mobile」）。

「MVNO」契約回線数：携帯電話事業者から無線通信インフラを借り受けてサービスを提供する仮想移動体通信事業者（MVNO：Mobile Virtual Network Operator、「mineo」など）。なお、携帯電話事業者によるほかのMNOの無線通信インフラを借り受けてのサービス（MNO's MVNO）は含まない。また、MNOとしての楽天モバイルは含まない。

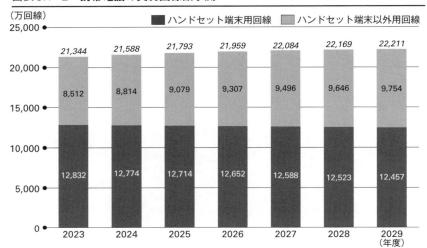

以外のタブレットや組み込み（モジュール）型の回線があり、2023年度はそれぞれ1億2832万回線、8512万回線である。日本の総人口の減少に伴い、ハンドセット端末用回線の契約回線数は横ばいから微減傾向で推移していくと予測している。

　これに対して、ハンドセット端末以外の回線契約数は今後も継続して拡大していく（図表5.1-2）。その要因として、IoT向けのモバイル回線需要の増加がある。本節のIoT向けのモバイル回線需要は微増傾向と予測しているが、5Gが真価を発揮する5G-SA時代になり、その真価の1つである「超多接続」を活かしたサービスなどが登場すると、本節の予測値を大幅に超える可能性がある。

ハンドセット端末用回線数内訳

　2015年頃から、「格安スマホ・格安SIM」（以下、格安スマホ）と呼ばれるサービスが普及し始め、広く認知されるようになっている。2023年度時点で、格安スマホには「MVNO」と「サブブランド」の2種類がある。

　「MVNO」とは、MNOなどから無線通信インフラを借りている事業者であり、MNOに比べ低廉な料金プランを提供しているものの、通信速度や利用可能なサービスに一定の制限がある。「サブブランド」とは、MNOが低価格帯

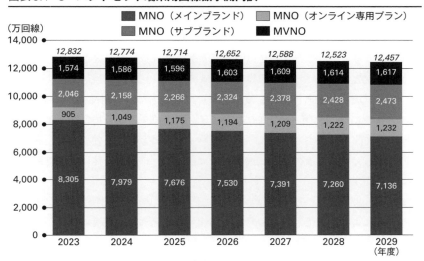

図表5.1-3　ハンドセット端末用回線数予測内訳

（万回線）

■ MNO（メインブランド）　■ MNO（オンライン専用プラン）
■ MNO（サブブランド）　■ MVNO

	2023	2024	2025	2026	2027	2028	2029
合計	12,832	12,774	12,714	12,652	12,588	12,523	12,457
MVNO	1,574	1,586	1,596	1,603	1,609	1,614	1,617
MNO（サブブランド）	2,046	2,158	2,266	2,324	2,378	2,428	2,473
MNO（オンライン専用プラン）	905	1,049	1,175	1,194	1,209	1,222	1,232
MNO（メインブランド）	8,305	7,979	7,676	7,530	7,391	7,260	7,136

（年度）

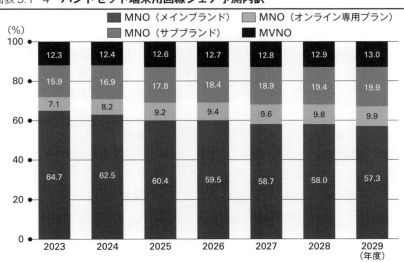

図表5.1-4　ハンドセット端末用回線シェア予測内訳

（％）

■ MNO（メインブランド）　■ MNO（オンライン専用プラン）
■ MNO（サブブランド）　■ MVNO

	2023	2024	2025	2026	2027	2028	2029
MVNO	12.3	12.4	12.6	12.7	12.8	12.9	13.0
MNO（サブブランド）	15.9	16.9	17.8	18.4	18.9	19.4	19.9
MNO（オンライン専用プラン）	7.1	8.2	9.2	9.4	9.6	9.8	9.9
MNO（メインブランド）	64.7	62.5	60.4	59.5	58.7	58.0	57.3

（年度）

で提供しているサービスで、ソフトバンクが提供する「Y! mobile」、KDDIが提供する「UQ mobile」を総称して指す。

　また、2021年には3MNOから、従来の料金プランよりも廉価な「オンライン専用プラン」が登場している。オンライン専用プランとは、NTTドコモが

提供する「ahamo」、ソフトバンクが提供する「LINEMO」、KDDIが提供する「povo」を総称して指す。

2019年度までは、MVNOの存在感は年々高まっていたが、2020年度に楽天がMNOに参入したこともあり、同年度の契約回線数は純減となった。しかしながら、2022年度のMVNO契約回線数は純増に反転。電気通信事業法の改正や、料金低廉化の動きはある程度落ち着いてきたものの、MNOに参入した楽天の苦戦やMNOの通信障害への対策など、MVNOを含めた格安スマホにとってポジティブな面はある。特に、楽天モバイルは料金帯が格安スマホと同等の水準であるため、楽天の事業状況次第では格安スマホ市場全体に大きな影響を及ぼすと想定される。

また、2023年12月に予定される電気通信事業法の改正に伴う過度な端末割引の規制により、通信と端末の分離が加速する。そうした環境の変化から、わずかではあるがMVNOも復調に向かう。さらに、日本全体の物価上昇に伴う固定費削減の風潮もあって、より低廉な料金体系であるMNOのオンライン専用プラン・MNOサブブランドの契約数は上昇トレンドにあり、反対に、高価格・大容量のMNOメインブランドの契約数は低迷する。

一方、5Gの浸透や通信コンテンツのリッチ化・高容量化により、2026年頃からトラフィックが急増することも予想される。そのため、より高容量帯であるMNOのメインブランドへの流入が一定数起こり、減少幅が狭まる可能性もある。

このような要素を考慮すると、2029年度におけるMNO（メインブランド）の契約数は7136万回線（シェア57.3%）、MNO（オンライン専用プラン）の契約数は1232万回線（シェア9.9%）、MNO（サブブランド）の契約数は2473万回線（シェア19.9%）、MVNO契約数は1617万回線（シェア13.0%）になると予測している（前ページの図表5.1-3、図表5.1-4）。

5.2 携帯電話サービス契約チャネル市場

KEY MESSAGE

■社会的なデジタル化の加速やオンライン専用料金プランの登場により、オンラインチャネル比率の高まりは今後も大きく加速する。

- 従来は、接客から契約（販売）までの一連の流れをリアルチャネルメインで提供していたが、少なくとも「契約（販売）」の比重は下がってくる。
- 対して、「接客」はオンラインチャネルにはないリアルチャネルならではの強みといえる。携帯電話のサービスが複雑化している状況の中、スタッフからの直接的な説明を求める消費者も少なくない。一方、ChatGPTなどの生成AI技術によるチャットボットの高精度化により、店頭まで訪れる必然性は薄まっている。

■一方、リアルチャネルならではの役割は存在し、比率は一定程度にはとどまる。

- ITリテラシーが高くない層に対する支援や、端末の体験、非通信領域の強化などリアルチャネルには依然重要な役割が存在する。
- このような状況の中、携帯販売代理店は店舗運営の効率化に加え、新たな収益源確保が求められる。この市場変化により、携帯販売代理店業界の再編が進んでいく。

■オンラインチャネル比率の増加によって、携帯電話を販売する店舗の数は減少傾向にある。回線契約や携帯端末の販売台数によって収益を確保してきた携帯販売代理店にとって、今後の事業が成り立たない可能性が出てくる。

- 現状の代理店運営維持に向けて、リアルチャネルならではの強みを活かし、新たな収入源を得ることも検討していく必要がある。
- 業界全体として、資本力のある大手の携帯販売代理店が他代理店を吸収するケースが増えている。質的な向上・提供サービスの拡張など、従来のリアルチャネルの役割以上の取り組みをしなければこの業界での生き残りは難しく、大手への統合が加速していくだろう。

市場規模予測

端末販売を伴う契約（新規契約・機種変更）

新規契約・機種変更におけるチャネルごとの割合の予測は下記のとおりである（図表5.2-1、図表5.2-2）。

新規契約・機種変更ともにリアルチャネル割合が年々減少していく中、新規契約における家電量販店の割合は増加している。複数の携帯電話事業者を同時に比較したいというニーズに応えることができる家電量販店の需要は今後も高まっていくことが予想される。

端末販売を伴わない契約（料金プラン変更、その他手続き）

料金プラン変更、その他手続きにおけるチャネルごとの割合の予測は下記のとおりである（272ページの図表5.2-3、図表5.2-4）。

リアルチャネル比率が年々減少しオンライン化が進む傾向は、前述の端末販売を伴う契約と同様である。一方、端末販売を伴う契約よりもオンラインチャネル割合が高い。端末販売を伴う契約においては、実際の端末に触れた上で購入端末を選びたいというニーズがあるため、リアルチャネル比率が高くなっているからと考えられる。

◉ 市場の定義

　　本節では、携帯電話サービスの各種契約手続きを実施するチャネルについて述べる。「チャネル」とは、各種契約手続きを行う場所・経路のことを指す。本節で取り扱う市場における各キーワードの定義は下記のとおり。

リアルチャネル：・携帯電話事業者が運営するショップ（店舗）
　　　　　　　　　・家電量販店などの併売店
　　　　　　　　　・催事場などでの出張販売
　　　　　　　　　・その他（訪問販売など）

オンラインチャネル：・携帯電話事業者が運営するオンラインショップ
　　　　　　　　　　・料金比較サイトなどのウェブポータルサイト
　　　　　　　　　　・コールセンター

各種契約手続き：・新規契約（MNPを含む）
　　　　　　　　　・機種変更
　　　　　　　　　・料金プラン変更
　　　　　　　　　・その他手続き（料金支払いなど）

図表5.2-1 新規契約における利用チャネル割合予測

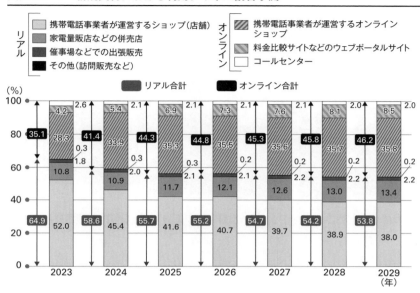

図表5.2-2 機種変更における利用チャネル割合予測

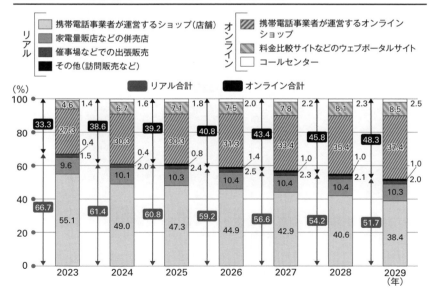

図表5.2-3　料金プラン変更における利用チャネル割合予測

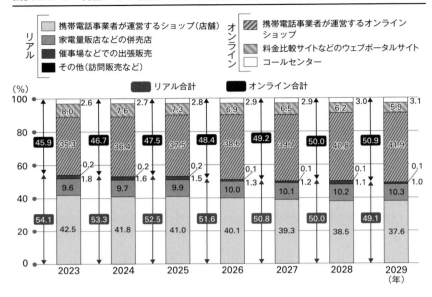

図表5.2-4　その他手続きにおける利用チャネル割合予測

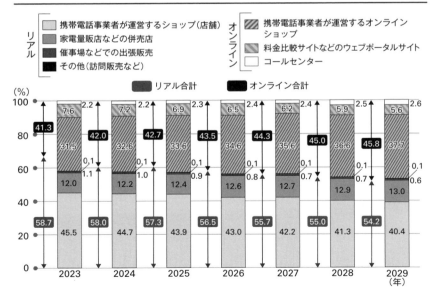

各チャネルの役割の再定義の必要性

　社会的なデジタル化の加速により、オンラインチャネル比率が増加していくことが前述の予測数値から明らかになった。そうした状況下において、各チャネルの役割の再定義が必要である。

　今後、オンラインチャネル比率が増えていく中、リアルチャネルの存在意義をいま一度見直す必要がある。従来は、接客から契約（販売）までの一連の流れをリアルチャネルメインで提供していたが、少なくとも「契約（販売）」の比重は下がってきている。一方、「接客」はオンラインチャネルにはないリアルチャネルならではの強みとされる。携帯電話のサービスが複雑化している状況の中、「誰かに説明してもらいたい」という消費者のニーズに応えるのがリアルチャネルにおける店頭スタッフの役割の1つであった。しかし、ChatGPTなどの生成AI技術を活用したチャットボットによって、複雑な情報へのリーチのしやすさは格段に上がっている。その結果、複雑な料金体系の説明を受けるためだけに店頭まで訪れる必然性は薄まっている。

　とはいえ、リアルチャネルでしか果たせない役割はまだ残っている。端末実機の確認や操作説明などは、端末を展示しているリアルチャネルでしかできない。また、上述のようなチャットボットではなく、スタッフからの直接的な説明を求める消費者も少なくない。また、ITリテラシーが高くない高齢者など、オンラインでの契約に不慣れな消費者にとってはリアルチャネルの存在意義は十分にある。リアルチャネルは、コミュニケーションが備わった直接的な接点を持つことで消費者のニーズに応えることができ、それはオンラインチャネルよりも秀でている特徴である。単純な販売だけであるならオンラインに圧倒的な強みがあるため、「接客」という質的な要素を強化すべき時期にきている。

　また、事業者のメイン商材であった回線・端末の販売から提供サービスを拡張することで、リアルチャネルの存在意義がみえてくる。たとえば、KDDIは2023年9月から通信と金融のセットサービス「auマネ活プラン」を始めている。このサービスは、本プランの契約者が対象の金融サービスを利用することで、さまざまな特典が受けられるというものである。加えて、2023年9月より、投資など資産運用に関する知識を店舗で学べる「auマネ活セミナー」を開始している。このように、携帯電話事業各社の非通信領域は強化されてい

き、各種セミナー開催などといった非通信領域における店舗活用の動きも拡充されていくだろう。代理店にとっては、このような事業を効率的に行うことで、新たな収益源を確保することが重要である。

携帯販売代理店業界再編の波

現状、オンラインチャネル比率の増加によって、携帯電話を販売する店舗の数は減少傾向にある。回線契約や携帯端末の販売台数によって収益を確保してきた携帯販売代理店にとって、今後の事業が成り立たない可能性が出てくる。実際、ノジマによるコネクシオの買収、ラネットによるTDモバイルの事業吸収など、比較的規模の大きい代理店でも、より大手の代理店に吸収されるケースが発生している。特に、ノジマ・ラネット（ビックカメラの子会社）のような量販店系代理店は、家電販売も含めたこれまでのノウハウを活かし、携帯電話販売とのシナジーを強化することで店舗数を拡大し、より効率的に収益を増やすねらいだと推測される。上述のとおり、質的な向上・提供サービスの拡張など、従来のリアルチャネルの役割以上の取り組みをしなければこの業界での生き残りは難しく、大手への統合が加速していくだろう。

5.3 携帯電話端末市場

■携帯電話端末市場は、中長期的に減少傾向が続く。市場縮小の主な
　要因は、人口減少や買い替え期間の長期化などである。

■2025年度までは辛うじて3000万台以上を維持するが、これは3G
　停波に伴うフィーチャーフォン（従来の携帯電話端末）からスマー
　トフォンへの買い替え需要によるもので、2026年度には3000万台
　を切ると予測している。2026年度以降は、それ以前と比べて減少率
　も高くなり、2029年度には2794万台にまで減少する。

市場規模予測

　日本国内における携帯電話端末市場は、携帯電話端末の販売台数減少により
中長期的に減少していく。

　携帯電話端末の販売台数について、2029年度までに約2794万台にまで落ち
込むと予想しているが（次ページの図表5.3-1）、その要因としては、人口減少
による国内の買い手減少や、携帯電話端末の買い替え期間の長期化が挙げられ
る。人口減少についてはいうまでもないが、買い替え期間長期化の主な要因と
しては、新モデルの革新性・目新しさに陰りがみえることやスマートフォンの
耐久性が向上していること、端末の価格が上昇していること、政府による規制
などが挙げられる。

　2007年にアップルが初代「iPhone」を発売して以来、スマートフォンはさ

● **市場の定義**

　日本国内で販売・取引される新品、および中古のスマートフォン、ならびにフィー
チャーフォン（従来の携帯電話端末）を合算した市場を携帯電話端末市場と定義す
る。本稿でのスマートフォンとは、アンドロイド端末やアップルの「iPhone」などの
6インチ程度までとする。なお、それ以上の大画面タッチパネルを搭載した「iPad」
のような機器は「タブレット」とし、本市場には含めない。

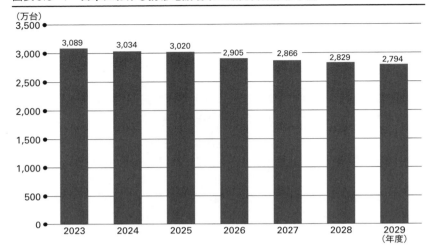

図表5.3-1 **日本における携帯電話端末の販売台数推移予測**

（万台）

年度	販売台数
2023	3,089
2024	3,034
2025	3,020
2026	2,905
2027	2,866
2028	2,829
2029	2,794

まざまな進化を遂げ、人々に新しい体験・価値をもたらしてきた。最新機種の情報や発売には大きな注目が集まり、新機種が出るたびに買い替える消費者も少なくなかった。しかし、近年、スマートフォンの仕様向上には陰りがみられ、最新機種が前機種と比較して大きく変化している例は少ない。唯一「折り畳み」による非連続進化の可能性は残されており、直近ではスマートフォンメーカー各社からフォルダブルスマートフォンが発表・発売されている。たとえば、OPPOは2022年12月に「OPPO Find N2 Flip」「OPPO Find N2」を発表し、2023年8月にも後継機となる「OPPO Find N3 Flip」を新たに発表した。ほかにも、グーグル、ファーウェイ、Honor、モトローラが、2023年に入ってから新たなフォルダブルスマートフォンを発表している。

このような高額なスマートフォンを購入する消費者も一定数存在するものの、ただし、消費者全体としてはイノベーター層の割合が減少している。そのため、消費者の間では最新機種に買い替える魅力が薄まっている。

また、ユーザー体験に大きな変化がない一方で、バッテリー性能など端末の耐久性が上がっていることも、「壊れないから使い続ける」につながり、買い替え期間の長期化に影響しているだろう。関連して、SDGs実現の有効な手段の1つとされる「サーキュラーエコノミー」の動きも進んでおり、端末関連部品の流通はこれまで以上に活発になるに違いない。実際、米国や欧州では、す

でに「Right to Repair（修理する権利）」が広がっている。修理する権利とは、消費者の所有する製品が故障した場合、メーカーを通さずに自身で修理できる権利をいう。これまで修理はメーカーの独占で、消費者は、修理費用や新品への買い替えの要不要までもコントロールされていた。修理する権利が広まれば、製品を修理しながら長く使えるようになる。

　さらに、スマートフォンメーカーが、高騰した部品価格を製品に転嫁していることも、需要をさらに減少させる要因になっているだろう。スマートフォンの価格上昇は世界的に起こっており、それゆえにスマートフォンの販売台数は日本のみならず世界で減少を続けている。

　携帯電話事業者を変更する際の端末の持ち込み数の増加も、買い替え期間の長期化を後押ししている。従来、携帯電話事業者が端末にSIMロック（携帯電話事業者が販売する端末に自社のSIMカードでしか通信ができないよう制限をかけること。解除は可能だが、申請や契約期間の制限、手数料の支払いなどが必要な場合が多い）をかけるという商慣習があり、現在利用中の端末を継続して使い、携帯電話事業者だけを変更することが難しかった。しかし、総務省が「移動端末設備の円滑な流通・利用の確保に関するガイドライン」を改正したことにより、2021年10月以降発売の端末に対しては原則SIMロックが禁止された。そのため、携帯電話事業者を変更する際に、併せて新品端末に買い替える人の割合は減少していく。

　一方で、市場を押し上げる要因としては、3G停波によるフィーチャーフォンからスマートフォンへの買い替え需要が挙げられる。auはすでに2022年度末に停波しているが、ソフトバンクとNTTドコモはまだ停波していない。両社はそれぞれ2024年1月と2025年度末での3G停波を公表しており、それに伴いマイグレーション（移行）施策を展開しているため、一時的に端末買い替えの需要は増加するだろう。それでも、すでに消費者の大部分はスマートフォンに移行しており、3G停波が市場全体の販売台数に与える影響は小さいと想定され、減少傾向のトレンドを回復させるまでには至らない。

　なお、規制関連では、2023年5月30日に総務省から電気通信事業法の見直し案が提出され、端末値引き上限にさらなる規制が設けられる可能性が高まっている。2019年10月施行の改正電気通信事業法で導入された「携帯電話の通信料金と端末代金の完全分離」では、通信契約とセットで端末を販売する際の

値引き上限が2万円（税別）と定められたが、単体販売される端末の値引き（白ロム割）は規制対象ではなかった。一方で、今回の見直しでは、値引き上限が4万円（税別）に引き上げられるものの、白ロム割も上限の対象となり、実質的には規制強化となる。NRI（野村総合研究所）としては、この規制が施行されることになったとして、買い替える端末がハイエンド端末からミドルエンド端末に流れるものの、販売台数自体に大きな変化はもたらさないとみている。

5.4 コネクテッドテレビ市場

KEY MESSAGE

■コネクテッドテレビ保有世帯は、2029年度には約4800万世帯まで拡大し、実際にインターネットに接続して利用する世帯は約4000万世帯まで増加する。

■販売されているテレビの多くがスマートテレビとなっており、買い替え需要とともにスマートテレビは普及拡大する。ストリーミングプレイヤーは、テレビよりも処理能力や操作性が優れていること、安価であること、テレビに最適化されたサービス・アプリが増えていることなどにより、コネクテッドテレビ市場の拡大を牽引する。

■テレビを直接的あるいは間接的にインターネットに接続する世帯が増えることで、テレビ視聴者は、放送波経由なのかインターネット経由なのかを意識せずに視聴することになり、テレビ画面上における映像コンテンツの競争が本格化する。データに基づくターゲティング広告がコネクテッドテレビでも可能になっており、テレビ局と動画共有・動画配信サービス事業者の間では、テレビ広告費の獲得競争が繰り広げられる。

 市場規模予測

　コネクテッドテレビの保有世帯数は、2022年度で約3700万（推計）である。買い替え需要も影響して、2029年度には約4800万までに増大する（次ページの図表5.4-1）。また、インターネットに接続する世帯は、2022年度は約2200万（推計）であるが、2029年度には約4000万程度まで拡大する。

　テレビメーカーは、高精細であることに加え、多彩な機能が搭載されていることをテレビの差別化ポイントとしてアピールしている。その中でも、無料で楽しめる「TVer」や「YouTube」「ABEMA」に加え、コロナ禍において認知度が一気に高まった「アマゾン・プライムビデオ」「Netflix」「Hulu」

図表5.4-1　**コネクテッドテレビの保有世帯数予測**

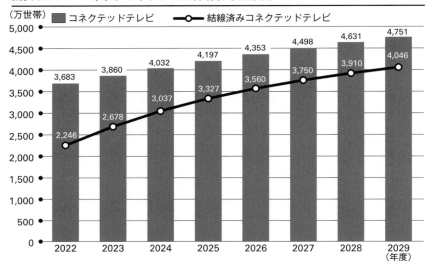

「U-NEXT」などの、視聴可能な動画配信サービスの豊富さを売りにしている。これらはテレビをインターネットに接続することが前提となっており、消費者も「テレビはインターネットにつなぐもの」という認識が一般的になっている。

　家庭内には、メインテレビのほかに寝室などに設置する2台目テレビや、現行のメインテレビであっても処理能力を理由に操作性の悪いテレビを保有する世帯は多い。自宅で動画配信サービスを視聴する機会が増えたことで、テレビで簡便に視聴するためのストリーミングプレイヤーを保有する世帯もコロナ禍

● **市場の定義**

　「コネクテッドテレビ」とは、インターネットに直接的に接続するテレビや、そのテレビとつなぐことで間接的にインターネットに接続できる端末を指す。本節では、日本国内のインターネットに接続できるコネクテッドテレビ保有世帯数に加え、実際にインターネットに接続している世帯数も予測する。コネクテッドテレビには、インターネットに直接的に接続できるスマートテレビや、ストリーミングプレイヤー、ブルーレイプレイヤー、ゲーム機などを介してテレビをインターネットにつなぐ形態がある。なお、ケーブルテレビ事業者や通信事業者が提供するSTB（セットトップボックス）で同様の機能を実現するサービスを利用する世帯は予測に含めない。

で増加した。主要な端末には、グーグル「Chromecast with Google TV および Chromecast（スティック型。以下、Chromecast）」、アマゾン・ドット・コム「Fire TV Stick（スティック型）」、アップル「Apple TV（STB型）」がある。

　ストリーミングプレイヤーは、テレビよりも処理能力が高いこと、操作性が優れていること、安価であることから普及が拡大している。音声認識によるアシスタント機能や4K対応など高性能・高機能化も進む。スマートフォンやタブレットでしか利用ができなかったサービス・アプリも、多くがストリーミングプレイヤーに対応し始めている。ChromecastやFire TV Stickなどには主要な動画配信サービスの専用ボタンも装備されてきており、操作性の向上が図られている。

5.5 有料映像サービス市場

KEY MESSAGE

- 地上波放送、有料放送プラットフォームサービス、動画配信サービス（有料・無料）といった映像サービスは、スマートフォン、タブレット、パソコンのみならずテレビでの視聴も一般的になりつつあり、それぞれの端末同士の競争がいっそう激しくなる。

- 2029年度の有料放送プラットフォームサービス加入世帯数は、約1100万になる。有料放送プラットフォームサービス事業者は、加入者ニーズにあったチャンネル数に絞り、加入者数を維持する。一方で、事業の主体はインターネットサービスへとシフトし、動画配信サービスや生活に関係するサービスなどとのセットプランで加入者の維持を図る。そのため、有料放送サービス中心の構造からインターネットサービス等の事業収入が中心になっていく。

- コロナ禍をきっかけに、有料動画配信サービスの視聴習慣は一定程度醸成された。ただし、With・Afterコロナ時代には加入者数の成長も緩やかになり、加入者数の維持と複数サービス利用者の獲得競争が成長の中心になる。2029年度の有料動画配信サービス市場規模は約6300億円になると予測される。

市場規模予測

有料放送プラットフォームサービス市場

有料放送プラットフォームサービスの加入世帯数は、すでに減少傾向となっている（284ページの図表5.5-1）。

「①有線放送サービス（同軸のケーブルテレビ、および光ファイバー経由であっても同軸のケーブルテレビと同じ放送方式）」に加入している世帯は2022年度時点で約760万（推計）である。チャンネル数を絞ったプランへの加入が継続すること、解約防止施策の展開が進められるが効果も限定的であり、2029

● 市場の定義

　本節は、映像サービス市場の中でも、消費者が事業者に対して利用料を支払い、映像コンテンツを視聴するサービスを対象に市場を予測する。ここでは、「有料放送プラットフォームサービス市場」「有料動画配信サービス市場」の2つの市場を予測の対象とする。

有料放送プラットフォームサービス市場：顧客管理、課金、番組情報、販売促進などの業務を含む、有料放送サービスを提供するプラットフォームサービスの加入世帯数を予測する。本市場の加入世帯は、①有線放送サービス加入世帯、②衛星放送（BS放送あるいはCS放送を活用した有料放送）サービス加入世帯、③IP（Internet Protocol）放送サービス加入世帯の合計数である。

　①は同軸ケーブルや光ファイバー経由の有料放送プラットフォームサービス（地上波放送やBS放送の再送信のみのプランは除く）を利用する世帯、②は衛星経由の有料放送プラットフォームサービスを利用する世帯、③は光ファイバーなど閉域のIPネットワーク経由の有料放送プラットフォームサービスを利用する世帯である。なお、インターネットで提供される、いわゆる「IPリニアサービス」は含めない。

有料動画配信サービス市場：消費者が、パソコン、モバイル端末（スマートフォンやタブレット等）、テレビなどを用い、自分がリクエストした映画、アニメ、海外ドラマ、アダルトといった映像コンテンツを、インターネット経由で視聴するために、有料動画配信サービス提供事業者（以下、動画配信サービス事業者）に支払う合計金額を「有料動画配信サービス市場」と定義する。

　有料動画配信サービスには、

①毎月一定額を支払うことで、配信されている映像コンテンツすべてが視聴し放題になるサービス（SVOD、広告入りSVOD）

②特定の映像コンテンツごとに規定料金を支払うことで、一定期間（1週間程度）視聴できるサービス（TVOD）

③特定の映像コンテンツを1本ずつ購入して期限なく視聴できるサービス（EST）

──があり、本節では①②③すべてを対象とする。

　なお、対象サービスとしては、オンデマンド配信だけではなく、「DAZN」のようにスポーツなどの映像コンテンツをインターネット上で生中継（ライブストリーミング）するサービス、「WOWOWオンデマンド」のように放送をインターネットで同時に配信する有料サービス（放送サービスも視聴可能だが、動画配信サービスを視聴することを目的に支払っている視聴者）も対象とする 。

　また、「アマゾン・プライムビデオ」のように、他のサービスとセットになっているサービスは、支払い額のうち視聴者が映像コンテンツに対して支払っていると認識している金額を市場に含める。「YouTube」や「ABEMA」のように通常無料で利用できるサービスにおいては、プレミアム会員費用は含めるものの、スポンサー企業が動画配信サービス事業者に支払う広告・宣伝・販売促進費は対象外とする。

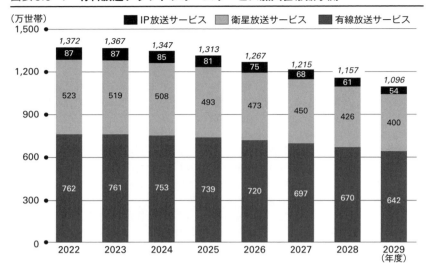

図表5.5-1　有料放送プラットフォームサービス加入世帯数予測

（万世帯）　■ IP放送サービス　■ 衛星放送サービス　■ 有線放送サービス

年度	2022	2023	2024	2025	2026	2027	2028	2029（年度）
合計	1,372	1,367	1,347	1,313	1,267	1,215	1,157	1,096
IP放送サービス	87	87	85	81	75	68	61	54
衛星放送サービス	523	519	508	493	473	450	426	400
有線放送サービス	762	761	753	739	720	697	670	642

年度には約640万と減少が予想される。当該サービスは、放送サービスの成長そのものが鈍化していることから、通信サービスや同サービスを活用した生活関連サービスの提供へとシフトしていく。通信サービスについては、「地域DX」をキーワードに、生活者向けのみならず、地場企業や自治体向けの取り組みがいっそう進む。

「②衛星放送サービス」には、スカパーJSATが提供する「スカパー！」と「スカパー！ プレミアムサービス」、および「WOWOW（その他のプラットフォームサービス経由は含まない）」──の3種類がある。衛星放送サービスの加入世帯は、2022年度時点で約520万（推計）である。サービスメニューの見直しなどを継続的に進めているが、新規加入の拡大にはつながらず、解約数も増加しており、2029年度の衛星放送サービスの合計加入世帯数は、約400万にまで減少すると予測する。当該サービスも、加入者数の拡大が見込みにくいことから、現行の加入者を対象にした会員向けのサービスの強化などで、解約を阻止する取り組みが進む。

「③IP放送サービス」の加入世帯数は、2022年度時点で約90万（推計）である。IP放送サービスも他サービスと同様に減少が続き、2029年度には50万になると予想している。通信事業者は有料動画配信サービスへと舵を切っており、

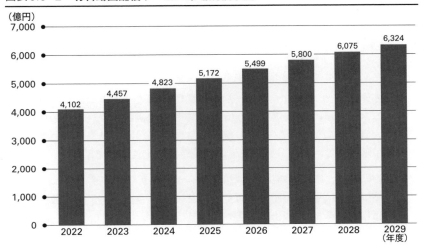

図表5.5-2　**有料動画配信サービス市場規模予測**

（億円）

- 2022: 4,102
- 2023: 4,457
- 2024: 4,823
- 2025: 5,172
- 2026: 5,499
- 2027: 5,800
- 2028: 6,075
- 2029（年度）: 6,324

放送サービスは通信サービスの付加サービスという色合いが強くなっている。

有料動画配信サービス市場

「Paravi」の「U-NEXT」へのサービス統合、TBSホールディングスによるU-NEXTの持分法適用会社化、「Hulu」と「ディズニープラス」のセットプランの開始など、2023年における有料動画配信サービス市場は話題に事欠かない。話題性のあるコンテンツが多く提供され、同サービスのテレビ視聴も増えることで、引き続き幅広い世代での視聴を後押ししている。提供されているコンテンツが有料動画配信サービスによって異なることも、複数サービス利用を増やしている。その結果、2022年度には約4100億円（推計）だった市場規模は、2029年度には約6300億円まで拡大する（図表5.5-2）。

利用者の拡大は緩やかになっていくものの、複数サービスに加入する利用者が引き続き増え、市場拡大を牽引する。ただし、支払い金額の増加、サービス・アプリの切り替えや視聴したいコンテンツへのアプローチが煩雑になることで、複数サービスの利用にも限界が出てくる。昨今では市場の成長鈍化に伴い広告付きの定額制サービスも提供を開始しており、そのようなサービスへ一定程度切り替えが進むものと予想される。

5.6 **テレビ放送・動画配信広告市場**

- ■①放送コンテンツのインターネット配信の拡大（放送コンテンツ視聴のネット移行）、②放送コンテンツ以外の動画配信サービスの利用拡大（放送コンテンツ自体の視聴割合の低下）により、テレビ放送の視聴時間は減少し、動画配信の視聴時間の増加傾向は続く。

- ■この傾向は、従来、特に30代以下の若年層が牽引してきたが、20～30代の動画配信の視聴時間は飽和しており、今後は、テレビ放送を視聴している40代以上へと広がる。

- ■こうした視聴の変化を受け、若年層の認知獲得を目的とした広告費だけでなく、中高年層の認知獲得を目的とした広告費も、テレビ放送広告から徐々に動画配信広告へと移行し、テレビ放送広告は、2029年には1兆6041億円まで減少し、動画配信広告は7968億円に増加すると予測する。

 市場規模予測

　電通「2022年　日本の広告費」によると、総広告費は、コロナ禍からの回復に伴う行動制限の緩和、社会・経済活動の回復などに伴い、2022年に前年比4.4%増であったものの、テレビ広告費は2021年の東京オリンピック・パラリンピックの反動もあり前年比2.0%減の1兆8019億円。動画配信広告は、前年比18%増の3456億円であった。

　今後は、テレビ放送の視聴時間減少と、広告付き動画配信の視聴時間増加が、若年層から中高年層へと広がることで、従来の若年層の認知獲得を目的とした広告費だけでなく、中高年層の認知獲得を目的とした広告費も、テレビ放送広告から徐々に動画配信広告へと移行すると考えられる。その結果、テレビ放送広告は、2029年には1兆6041億円まで減少し、動画配信広告は7968億円に増加すると予測する（288ページの図表5.6-1）。なお、広告市場は景気変動

の影響を強く受けるため、広告市場全体については、内閣府「中長期の経済財政に関する試算」（2023年7月25日）の「ベースラインケース」の「名目GDP成長率」をもとに予測している。

なぜテレビ放送の視聴時間減少と、広告付きの動画配信の視聴時間増加が、中高年層へと広がるのか。要因は2点ある。

1点目は、放送コンテンツのインターネット配信の拡大である。「TVer」などのサービス拡大によって、一部の若年層のようにそもそも放送コンテンツを観る機会が少ない年代ではなく、放送コンテンツを好む年代においてテレビ放送からの移行が進むであろう。事実、NRIの実施したアンケートによると、「放送の見逃し配信サービスの視聴時間が今後増える」と考えているのは30代以上の層が中心であり、年代が高くなるほど新たに利用したいと考える人が多い傾向にある。

● 市場の定義

本節では、消費者の動画コンテンツ視聴の変化について主に述べる。消費者が動画コンテンツを視聴する際、その動画の前・中・後に広告が表示される。それらの広告の総額を「テレビ放送・配信広告市場」と定義する。本市場は、地上波放送のテレビCMに代表される「テレビ放送広告」と、動画共有・配信サービス上で表示される「動画配信広告」の2分野がある。これらはともに、動画という手段により商品・サービスへの認知を獲得するために主に利用されるという点で共通する。

テレビ放送広告：電通の「テレビメディア広告費」の定義に準じ、国内の①地上波テレビ広告費と、②衛星メディア関連広告費で構成される。①は、全国民間放送地上波テレビの電波料および番組制作費とテレビCM制作費（事業費は含まない）、②は、衛星放送やケーブルテレビなどに投じられた媒体費および番組制作費である。テレビ放送の広告費を対象としているため、テレビ放送事業者のコンテンツが主体であっても、「TVer」などのインターネットサービスの広告費は含めない。

動画配信広告：CCI ／ D2C ／電通／電通デジタル／セプテーニ・ホールディングス「2022年 日本の広告費 インターネット広告媒体費 詳細分析」のビデオ（動画）広告市場の「インストリーム広告」の定義に準じる。動画配信サービスにおいて動画コンテンツの前・中・後に挿入される動画の広告に広告主が支出している広告費である。ディスプレイ広告やインフィード広告などのアウトストリーム広告は含めない。広告付きの動画配信サービスには、「YouTube」をはじめとする動画共有サービスと、上述のTVerなどのテレビ放送事業者の配信サービスがある。さらに、「Netflix」などの有料動画配信サービスでも広告付きプランが提供されており、有料動画配信サービス上の動画配信広告の広告費も含める。

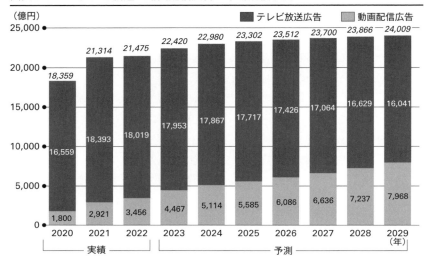

図表5.6-1　テレビ放送・動画配信広告の市場規模予測

（億円）

■ テレビ放送広告　　■ 動画配信広告

（注）2020〜2022年のテレビ放送広告費は電通「2022年 日本の広告費」、動画配信広告費は、CCI ／ D2C ／電通／電通デジタル／セプテーニ・ホールディングス「2022年 日本の広告費 インターネット広告媒体費 詳細分析」の「ビデオ（動画）広告のインストリーム広告費」。2023年以降はNRIの予測値

　2点目は、放送コンテンツ以外の動画配信サービスの利用者の裾野が拡大するからである。「YouTube」などの動画共有サービスや「アマゾン・プライムビデオ」「Netflix」などの有料動画配信サービスの利用時間は、20〜30代ではすでに高止まりになっているが、40代以上では拡大が続いている。そして、これをさらに加速するのが、「有料動画配信サービスの広告付きプラン」の動きである。このサービスが拡大すると、広告付き動画の視聴時間が大きく増加すると考えられる。さらに、視聴端末としてコネクテッドテレビの存在感が高まっていく点も見逃せない。テレビでの視聴を好む傾向は30代以上で高く、コネクテッドテレビの普及も、動画配信サービス利用の裾野の広がりを促進するだろう。

5.7 インターネット広告市場

KEY MESSAGE

- 新型コロナウイルスの5類感染症移行を受けて人流が回復しつつある一方で、今後もインターネットの利用を前提としたニューノーマルが続くと考えられる。よって、企業のデジタル広告に対する出稿意欲は依然として高く、インターネット広告市場は、マスメディアや交通広告などの従来の広告を取り込みながら大幅な成長を続けている。

- インターネット広告市場は、利用者や利用時間の増加が引き続き見込まれる動画配信サービスやSNS広告を中心に、今後も順調に成長を続け、2025年には3兆円を超える（次ページの図表5.7−1）。

- インターネット広告の成長は、生成AIの活用によって、インターネット広告出稿へのハードルが低下することでも加速していく。

- 一方で生成AIの登場は、検索結果に連動して広告を表示することでユーザーに訴求するという既存の検索連動型広告のしくみが使われなくなっていく可能性も秘めている。今後、デジタルプラットフォーマーによって新たな検索連動型広告の形態——いわば「AI回答連動型広告」が生み出され、広告主は既存の検索連動型広告と併用していく可能性がある。

 ## 市場規模予測

2022年のインターネット広告市場は2兆6709億円、前年比で約15.1％の増加となった。広告種別では、「市場の定義」③の運用型広告は1兆3331億円、運用型広告の1つで特に大きな割合を占める②の検索連動型広告は9766億円、①の予約型広告は2647億円、④の成果報酬型広告は965億円だった。

2022年の国内広告市場は、ウクライナ情勢や世界的な物価高騰をはじめとするGDP変動要因に影響を受けながらも、新型コロナウイルス感染症拡大に

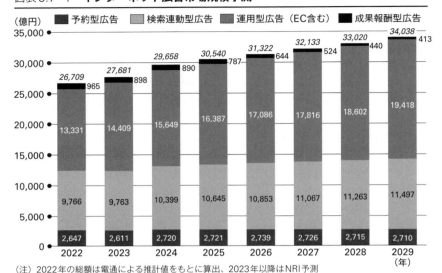

図表5.7-1 **インターネット広告市場規模予測**

（億円）　■ 予約型広告　■ 検索連動型広告　■ 運用型広告（EC含む）　■ 成果報酬型広告

	2022	2023	2024	2025	2026	2027	2028	2029
総額	26,709	27,681	29,658	30,540	31,322	32,133	33,020	34,038
成果報酬型広告	965	898	890	787	644	524	440	413
運用型広告（EC含む）	13,331	14,409	15,649	16,387	17,086	17,816	18,602	19,418
検索連動型広告	9,766	9,763	10,399	10,645	10,853	11,067	11,263	11,497
予約型広告	2,647	2,611	2,720	2,721	2,739	2,726	2,715	2,710

（注）2022年の総額は電通による推計値をもとに算出、2023年以降はNRI予測

よる市場の落ち込みから回復した2021年の好調を引き継ぎ、過去最高の7兆1021億円を記録した。デジタル化された社会が日常としてすでに定着しており、ゆえにインターネット広告市場の力強い成長を支える原動力となっている。

● **市場の定義**

　本節では、広告市場の中でもAdTech（アドテクノロジー）によって生み出されるインターネット広告市場を予測する。インターネット広告とは、Webサイトやアプリ等への広告掲載など、インターネットやモバイル端末を介した広告で、そうした広告の媒体費の総額をインターネット広告市場と定義する。

　広告の種別は、①広告の枠を指定して決められた枠に配信する「予約型広告」、②検索エンジンでユーザーが検索したキーワードに連動して掲載される「検索連動型広告」（リスティング広告。次の③「運用型広告」の1つ）、③その他広告枠や入札額、ターゲットなどをリアルタイムに変動させながら出稿する「運用型広告」、④あらかじめ設定されたアクションをユーザーが広告に対して行った場合、一定の報酬がメディアなどに支払われる「成果報酬型広告」──とした。

　なお、広告の対象は、テキスト、映像、音声（音楽やナレーション）を使用する広告表現全般とし、コンテンツの制作費は含めない。

2022年のインターネット広告全体の媒体費は前年比で約15.1％成長した。2021年に記録した20％超の成長率と比較するとやや見劣りするが、前年は、新型コロナウイルスの感染拡大の影響による2020年の広告市場の落ち込みに対して大きな反動があったためである。

　2021年は、4マス（テレビ、新聞、雑誌、ラジオ）の総媒体費をインターネット広告の媒体費が初めて上回った歴史的な年でもあったが、2022年も前年以上に大きく差をつけ、ネット広告の媒体費がマスメディアの総媒体費を上回っていることから、2023年のインターネット広告市場の好調ぶりがうかがえよう。これは、2023年に新型コロナウイルスの感染症法上の位置づけが5類感染症へと移行したことで人流が回復しつつある一方で、アフターコロナに移行しつつある現在においてもコロナ以前の生活に完全に逆戻りすることはなく、引き続きオンライン会議ツールや動画配信サービスの利用など、インターネットの利用を前提としたニューノーマルが定着しているからである。また、消費者のこうしたネット移行の動きを受け、企業のデジタル化もいっそう進んでいる。たとえばテレビ広告費は前年比2.0％減の1兆8019億円に対し、動画配信広告は前年比18％増の3456億円まで成長を遂げるなど、従来の企業広告がインターネット広告市場に包括されていく傾向は強まっている[1]。

　そして、インターネット広告市場は今後も成長を続けていく。コロナ禍の反動、また、社会全体のデジタル化（DX：デジタルトランスフォーメーション）が相当に進行した直近数年の間にみられた20％前後の高成長こそ望めないものの、本章6節で取り上げたように、放送コンテンツ視聴のネット移行や放送コンテンツ自体の視聴割合の低下により、さらなる利用者・利用時間増が見込まれる動画配信広告や、動画コンテンツとの親和性が高いSNSなどを中心に、運用型広告は引き続き好調が期待され、これらが市場の成長を牽引する。運用型広告は、2029年には約2兆円規模になると予測する。

　そのほか、第2章4節で触れたように、AIは今後産業構造を大きく変革させる強力な存在となり得る。

　まず、生成AIの活用により、企業がデジタル広告を出稿するハードルが下がる可能性がある。生成AIの生成能力を用いて一定水準以上の質のクリエイ

1）　テレビ放送・動画配信広告市場の詳細は本章6節を参照されたい。

ティブ作成が可能となったことで、ノウハウやコストの面でこれまで広告出稿を見送らざるを得なかった中小零細企業や個人が、新たな広告主として参入することが考えられる。こうした中小零細企業の広告活動活発化により、市場はロングテール化していくと見込まれる。

　また、生成AIの登場により、検索のあり方が変わる可能性がある。ChatGPTをはじめとする対話型AIを用いることで、消費者はAIとのチャット画面上で、検索したい事柄への一定の回答を得ることができる。これにより、人々があえて検索画面上でウェブページを探す必要性は薄まり、検索結果に連動して広告を表示することでユーザーに訴求するという既存の検索連動型広告のしくみが使われなくなっていくやもしれない。すると、現在のインターネット広告市場全体で3割以上を占める検索連動型広告の成長率が今後低減していくおそれがあるが、それに対して、たとえばマイクロソフトでは提供するネット検索エンジン「Microsoft Bing」にAIを搭載し、一部の検索連動型広告をAIの回答結果に移行させる実験を進めており、グーグルでも類似の実験に乗り出す意向を示している。今後、デジタルプラットフォーマーによって新たな検索連動型広告の形態──いわば「AI回答連動型広告」が生み出され、広告主はそれを既存の検索連動型広告と併用していく可能性がある。

　さらに、プラットフォーマーに限らず、広告代理店や事業者でも生成AIの活用が始まっている。足元の活用方法は、広告クリエイティブを大規模生産するなど、効率を追求する方向であるが、今後は、消費者の感性・情緒を刺激するような良質な広告体験を生み出す方向へと技術が活用されていくことを期待したい（広告業界における生成AIの活用動向や今後の期待について、詳細は第2章4節を参照）。

　以上のとおり、インターネット広告市場全体でみると、生成AIのもたらす影響は一定の不確定要因として残るが、上述した運用型広告の好調が予想される。また、広告主側の出稿意欲も依然として高いことから、市場としては引き続き拡大するであろう。

5.8 XR市場

KEY MESSAGE

- XR機器市場は、消費者向けには高い認知を持ちつつも広がり切れていない。事業者向けにおいても、萌芽事例はありつつも導入は先進企業にとどまる。

- XR機器市場は将来的に、VR、ARともにMRへと変化していく。「Apple Vision Pro」を皮切りに、空間コンピューティングとしてコンテンツ消費の機器にとどまらない、現実世界と仮想空間を融合するインターフェイスとして確立していく。

いまだ盛り上がりに欠ける消費者向けXR機器市場
—— 一部で熱狂的な使用が見られるVR、
一方でARは機器としてではなく、技術としての市場浸透が進む

「VR元年」といわれ、ハイエンドからローエンドまで、一般人でも手が出せるような価格となった2016年から7年、VRの浸透は、いまだ一部にとどまり、一般に広く普及しているとまではいえない。さまざまなメディアミックスで人気を博す「ソードアート・オンライン」からスティーブン・スピルバーグ監督によるSF映画「レディ・プレイヤー1」まで、人々が夢に描くバーチャル空間を実現させるVR機器は、その認知度とは裏腹に市場として伸び悩んでいる。

直近では累計売上台数が500万台を超える「PlayStation VR」の後継機である「PlayStation VR2」が2023年2月に発売されるなど、市場の拡大が期待されたものの、4月までの販売実績で初代PlayStation VRのローンチ時と比べて若干多い60万台であった。全世界で4000万台を超える販売台数を誇る「PlayStation 5」の周辺機器としてはまだまだ広がり切っていない、といえるだろう。

それだけでなく、VR機器がインターフェイスとしての役割を果たすと考えられていたメタバースも、2023年においてもまだ広がりをみせていない。機

器性能向上だけでなく、デジタル空間の構築においても技術的な課題が散見される。

　もちろん、すでにVRには熱狂的なファンがいることも事実である。ときおり報道される「VRで生活する人」は確かに存在しており、余暇時間のほとんどをVR機器を装着したVR空間上で過ごし、睡眠もVR機器を装着したままとる、といった事例である。しかし、これが一般的でないことはいうまでもない。

　とはいえ、まだ悲観すべきではない。ガートナーが毎年発表している「ハイプ・サイクル」では、VRやARはいま「幻滅期」にあり、今後数年をかけて市場へ広まっていくとしている[1]。一方、VR機器がインターフェイスとなるとされたメタバースは、現在は「黎明期」で、世の中の主流になるまでには10年以上がかかるとされている[2]。これから拡大していく市場として、長い目で見ていく必要がある。

　VR機器同様に、市場としてまだ立ち上がっていないのがAR機器である。各社からARグラスは出されているものの、スマートフォンの代替となるよう

● **市場の定義**

　XRとは、VR、AR、MRなど、現実世界と仮想空間を融合して新しい体験を生み出す技術の総称である。

VR：「Virtual Reality」の略称で、「仮想現実」と訳される。3次元コンピュータグラフィックス（3DCG）で作成された奥行きのある立体的な仮想空間を、専用の非透過型視覚装置を通じて視ることで、使用者がその映像の内部にいるかのような感覚（自己投射性、いわゆる没入感）を得ることができる。また、使用者の動きや操作によって仮想空間に変化も生じる（相互作用性）。

　本稿では、「Meta Quest 2」「HTC VIVE」「PlayStation VR2」などの、パソコン接続を含むハイエンドなVR向けヘッドセットをVR市場と定義し、その市場規模を推定している。VR機器には、このほかスマートフォンをディスプレイとする「Galaxy Gear VR」、カードボード製の簡易ゴーグルもある。

AR：「Augmented Reality」の略称で、「拡張現実」と訳される。VRとは異なり、透過型のレンズを通じて、現実世界に映像を重ねることで、使用者はあたかも現実の世界に物体が現れたかのような感覚を得ることができる。また、本書ではAR機器に近い製品としてMR（Mixed Reality＝複合現実）機器も市場に含む。AR・MR機器には、中国のエンリアル（Nreal）とKDDIが共同で開発した「NrealLight」や、マイクロソフトの「HoloLens 2」などを含む。

な機能・特徴を持つ機器はまだ出ていない。一部では、モニターを代替するようなタイプが人気を得ており、2022年には10万台近くを出荷する等、実績を積みつつあるが、こちらもまだ一般的な普及にまでは至っていない。

　他方でARは、その技術・機能はさまざまなシーンで活用が進みつつある。ARゲームである「ポケモンGO」や「モンスターハンター Now」等が市場を推進するだけでなく、SNSの顔フィルターや、ECでの家具設置イメージ、アパレルの仮想試着等、その用途は多岐にわたっており、ARの持つポテンシャルの高さがうかがえる。

先進企業では導入が進みつつも
一般化しない事業者向けXR機器市場

　前項では主に消費者向けのXR機器についてみたが、ここからはtoB、すなわち事業者向けXR機器の現況を述べていきたい。結論からいうと、XR、特にMR機器には幅広い業種に効果が見込まれるものの、その導入は先進企業にとどまり、一般的には広く浸透していない。

　そこでまずVR機器の企業への導入の動きをみていきたい。将来的には「企業メタバース」、つまりVR空間上での労働等も考えられるが、現在VRが活用されているのは主に研修の高度化である。以下に例を2つ挙げる。

- アクセンチュアのVR機器導入
  経営コンサルティング会社アクセンチュアでは2021年、6万台のVRヘッドセットを導入し、新入社員向けの研修に用いるとしている。

- バンク・オブ・アメリカのVR機器導入
  金融機関バンク・オブ・アメリカでは、2021年、同社の約4300の金融センターの研修用にVRトレーニングを導入したとしている。同トレーニングは約5万人の従業員が使用し、20種類のカリキュラムがあるという。

　これらは、新型コロナウイルス感染症拡大によるリモートでのコミュニケーションが必要であった当時の社会的事情もあるものの、VRの持つ臨場感ばかりでなく、バーチャルという非現実感によるロールプレイングへの心理的ハー

---

1) ガートナー「日本におけるユーザー・エクスペリエンスのハイプ・サイクル：2021年」（2021年）。
2) ガートナー「先進テクノロジのハイプ・サイクル：2022年」（2022年）。

ドルの低さと企業研修との親和性が評価されたからだろう。

　次にAR・MR機器について、企業の導入の動きを述べていく。AR機器としては製造業や建設業、インフラ業界等において、その録画、通信・通話機能を活用した作業者と管理側との作業確認用途が多かったが、これらは現実と仮想空間を融合させるものではない。

　AR機器そのものではないものの、ARを活用している事例としては、医療向けにライカマイクロシステムズの提供している「GLOW800 拡張現実（AR）蛍光システム」が挙げられる。同システムでは、血液や患部をハイライトして視覚的にわかりやすく表示することで手術をサポートする。また、MR機器の活用としては、マイクロソフトの「HoloLens 2」を導入した川崎重工業の「インダストリアルメタバース」が挙げられる。川崎重工業では、マイクロソフトが提供するクラウドソリューション「Azure」を活用し、仮想空間上に工場のデジタルツインを構築、仮想空間上での工場の過去・現在・未来の動作状態を把握することで、トラブルの発生を未然に防ぎつつ、遠隔地と議論ができるような環境を構築している。この試みは遠隔地にいるエキスパートのアドバイスや支援を受けられるだけでなく、作業工程に対し視覚的なサポートを受けながら作業を進めることができる。

　──以上のように、事業者向けのXR機器はいくつかの萌芽事例が生まれつつも、まだ一般化はしておらず、特定の業界・業種向けや特定用途に限った活用が進む。ただしこれらは、機器が高額であるだけでなく、XRのアプリケーション開発の難度もあって、直近で浸透が劇的に進むとは言い難い。

XR機器市場の低迷の要因

　それでは、XR機器市場はなぜいまだ市場への浸透が進まないのか。前項で高額であることにも触れたが、大きくはXR機器でできることと、それに対して実際にできる技術とのマーケティング的なすり合わせができていないからである。もちろん、これらはVR、AR・MR機器それぞれで異なり、ひとことでは片づけられないが、本節ではあくまで大枠を把握する、という観点で述べていきたい。

　たとえば、VR機器はメタバースのインターフェイスとなる、と前述した

が、これは多くの方の一般認識だろう。しかし、メタバースで考えられる「大規模同時多接続」「空間性のある3Dデジタル世界」「没入感を損なわない高画質・操作性」で、しかも「経済性」「創造性」があるデジタル空間は、現状の技術ではまだ難しい。数十万円するゲーミングPCをもってしても、VR空間での描画の解像度やフレームレート、オンライン上の同期等に限界がある上、それらの世界をコンテンツとして構築・開発する際には大きなコストがかかる。そうしたことから、VRといえばほぼゲームやアダルトといった「コンテンツ体験機器」でしかない。

　一方で、前項でVRの研修活用が進んでいると述べたように、VRが現実世界と仮想空間を融合するインターフェイスと考えれば、ほかにも用途はある。将来的な絵姿としてメタバースを描きつつも、足元ではどのような人々のどういった課題を解決することができるのか、VR機器の持つ付加価値と照らし合わせ、人々へ訴求していくことが必要である。

 ## これからのXR機器市場
── VR機器もAR機器も、MR機器へと変化していく

　これまで、XR機器市場が現状では大きく伸長していない、と説明してきた。しかし、まったく新しい体験を提供するXR機器は、今後は人々の生活に大きな位置を占めるとも予想する。ただしそれは、VR機器がメタバースのインターフェイスとしてではなく、MR機器として現実世界と仮想空間を融合するインターフェイスとなっていくとみている。

　ここまで、AR機器とMR機器は近しい機器として扱ってきたが、これはMR機器がまだ立ち上がり期で、代表的な製品もマイクロソフトのHoloLens 2しかなかったからである。AR機器とHoloLens 2の共通点は、どちらも「光学シースルー方式」であることで、具体的には、使用者はレンズ越しに外の世界を直接見て、そこに仮想空間の情報が重畳表示される。ただし、この方式では、仮想空間との情報の重ね合わせに遅延やズレが生じたり、映像表現として視野角や輝度に制限があったり等のデメリットがある。

　こうした中で、VR機器がMR機器に近づくアプローチが進められてきている。それが、「ビデオシースルー方式」である。この方式では、使用者は外の世界を直接見ることはない。機器正面に搭載されるカメラで現実世界と仮想空

間の情報を融合させ、VRならではの没入感と、現実世界の情報もデジタル処理されたCGの精度の高さがメリットである。方式自体は以前からあったものの、現実世界と投影情報の遅延による「VR酔い」等のデメリットが指摘されていた。このデメリットが、最新技術により解決されつつあり、VR機器からMR機器へのアプローチの姿がより鮮明になってきている。

その「VR機器からMR機器へ」の変化の事例を2つ示したい。

- 「**Meta Quest 3**」

  VR機器として最大の成功を収めた前モデルMeta Quest 2の後継機で、2023年10月10日に発売された。VR機器としてはスタンドアロン、つまりパソコン等の接続を必要としないモデルで、前モデルと比較して全体的に性能を向上させているが、特に大きな変化がパススルー機能の向上である。旧機種であるMeta Quest 2のパススルーはモノクロ表示であったが、本機ではフルカラーとなっているほか、2022年に発売された高級モデル「Meta Quest Pro」の約3倍の解像度といった大幅な強化が加えられた。

- 「**Apple Vision Pro**」

  アップルが2024年に発売するとしているMR機器である。ビデオシースルー方式でスタンドアロンのほか、ほかのVR、AR機器のチップがクアルコムの「Snapdragon」を用いるのが主流なのに対し、本機はアップルが独自に手掛けるパソコン用の「M2」チップおよび専用チップ「R1」を使用しており、他機と比較して大幅に高い処理能力を有する。加えて、LiDARや深度センサーを内蔵しており、高精度なハンドトラッキングや視線トラッキングを実現、操作にコントローラーも必要としない。以上から、単なるゲームやコンテンツ表示だけでなく、パソコンとしての利用を前提にしており、アップルでは本機により「空間コンピューティングの時代」が到来するとしている。

このように、VR機器的なアプローチからMRを実現していく動きが出てきている。次項では、これらが生み出すXR機器市場規模が今後どうなっていくのかを予測する。

市場規模予測

　前項までの市場概況を踏まえて、日本国内のVR、AR・MR機器の出荷台数は、2029年には約139万台になると予測する（図表5.8-1）。およそ3年ごとに発売される各社の新製品（メタ・プラットフォームズが2023年に発売するMeta Quest 3や、アップルが2024年に発売するApple Vision Pro）による拡大と、2027年頃にはそれらの後継機による伸長を見込んでいる。

　これまで、長い間市場拡大がささやかれつつも普及にまで至っていなかったこの市場が、Meta Quest 3やApple Vision Proによって大きく変わるのか。本予測においては、Meta Quest 3やApple Vision Proだけで市場を押し上げ、一気に普及するのは難しいとみている。しかし、2027年頃にそれらの後継機が出ると市場の大きな拡大が見込めるのではないか。

　これには、主にApple Vision Proの価格がポイントとなる。NRI（野村総合研究所）が2023年7月に実施した「情報通信サービスに関するアンケート調査」によると、Apple Vision Proを「購入したい」、または「少し購入したい」と考える人は8.5％と少数であった。アンケートで、「購入したいと思わない」層にその理由を聞くと、59.7％の人が「価格が高すぎる」と回答をしている。約50万円の機器と聞くと多くの人が手にするにはハードルが高い。もち

図表5.8-1　**日本国内のVR、AR・MRの市場規模（機器出荷台数）予測**

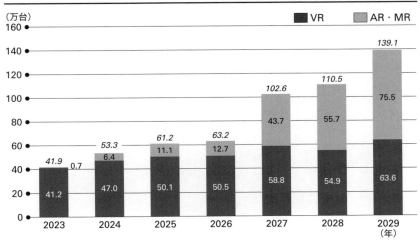

ろん、スタンドアロンかつパソコン並みの性能を持ち、モニターが不要という点では、パソコンと巨大モニター数台分とみれば「適正な価格」とも考えられないわけではないが、なかなかのイニシャルコストである。また、「普及」という点では、価格だけでなく人々の生活スタイルに見合うかも重要となってくる。スマートグラスのような眼鏡型とは異なり、ヘッドセット型の機器は顔全面を覆う。Apple Vision Proでは外向きの画面に使用者の表情を映し出す機能もあるが、とはいえ従来にはない見た目となるだろう。この点について、「不安に思う・違和感を覚える」ことはないかを前述のアンケートで聞いたところ、約60%が「不安に思う・違和感を覚える」「少し不安に思う・少し違和感を覚える」と回答した。コロナ禍を経て、マスクで顔がみえないスタイルに慣れてきた人々にも、ヘッドセットが顔全体を覆っている姿は異様にみえるようである。そうした生活スタイルが浸透していくかどうか──。機器側の最適化と人々の順応への時間もみていく必要がある。

　市場全体に話を戻すと、BtoCとBtoB両市場で予測できるのは、中長期的にはMR機器がVR機器の機能を満たし、出荷台数も同様にMR機器が増加していくということである。予測上はAR機器とMR機器を明確に分けていないため、AR・MRの出荷台数が増加していくようになっているが、中身は主にMR機器の伸長を見込んでいる。前項でも述べたように、ビデオシースルー方式によるVR機器のMR機器化が進んできており、今後は設計思想として、VR機器もAR機器も、MR機器としての完成度を高める方向へ向かい、現実（リアル）と仮想（デジタル）の融合を目指す機器として、最終的にはスマートフォンやパソコンを代替していく。

<table>
<tr><td>**5.9**</td><td>**プライバシー Tech 市場**</td></tr>
</table>

KEY MESSAGE

- プライバシー Tech 市場の規模は約1250億円（2023年度）から約3000億円（2029年度）に拡大し、2023～2026年度は年成長率約20%の見込み（次ページの図表5.9-1）。

- 個人情報保護委員会は、データマッピングやプライバシー影響評価（PIA）のガイドやツールを提供して、企業のプライバシーガバナンス構築を推進。

- 企業は増大する業務に対応するため、プライバシー Tech の利用意向が強まっている。

市場規模予測

　2023年度時点のプライバシー Tech の市場規模は約1250億円であり、2029年度には2.3倍の約3000億円に成長することが予想される。特に2023年度から2026年度にかけては、毎年の成長率は約20%となる見込みである。

　市場規模の内訳をみると、2023年では1253億円のうち、約2割がコンサル

◉ 市場の定義

　プライバシー Tech とは、企業や行政機関などが、個人情報を含むパーソナルデータの保護対策を効率化、高度化するために利用するソリューションサービスである。同意の管理、保有するパーソナルデータの管理、開示等請求への対応、インシデント発生時の対応など、個人情報保護法の遵守やプライバシー保護のために利用されるソリューションサービスはすべてプライバシー Tech に含まれる。

　本節では、ソリューションサービスの導入や保守・運用に加え、一体的に提供されることの多いコンサルテーションサービス（弁護士への相談を含む）を含め「プライバシー Tech 市場」として定義する。コンサルテーションサービスには、プライバシー保護を担当する社内組織の設立、プライバシーポリシーや規程類の整備、プライバシーリスクの評価プロセスの整備、開示等請求やインシデント発生時の対応プロセスの整備、役職員の教育を含む。

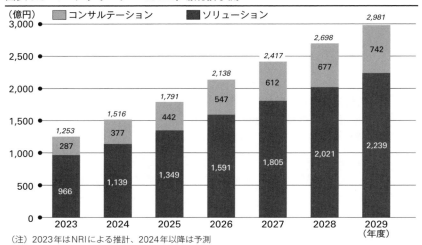

図表5.9-1　**プライバシー Tech 市場規模予測**

（注）2023年はNRIによる推計、2024年以降は予測

テーション、約8割がソリューションであり、この割合は2029年度に至るまでほとんど変化しないと予想される。考えられる理由として、ソリューションの導入が進むにつれ、プライバシーガバナンスに関する一部の業務を省人化できる一方、各企業に合わせた、より高度なガバナンスの構築に向けて専門家へのコンサルテーションを利用するニーズは変わらず生じ続けることが挙げられる。

　NRI（野村総合研究所）が2023年7月に実施した「情報通信サービスに関するアンケート調査」では、大企業に対し、プライバシーガバナンス構築に関する取り組み状況について尋ねた。多くの取り組みにおいて、「すでに対処している」と答えた割合は35%前後であり、最も取り組みが進んでいる「プライバシーポリシーの策定」は43%、最も取り組みが遅れているのは「越境移転への対応」で26%であった。

　プライバシー保護の動きは欧米を中心にこれまで進んできたが、日本においても企業の積極的なガバナンスの構築を後押しする取り組みが加速しつつある。2022年10月に個人情報保護委員会は「データマッピング・ツールキット[1]」

---

1)　個人情報保護委員会事務局「データマッピング・ツールキット（個人情報保護法関係）
　　https://www.ppc.go.jp/files/pdf/data-mapping_tool-kit.pdf

を公表し、取り扱うデータを部署横断・企業全体で整理し、取り扱い状況等を可視化するデータマッピングの取り組みを推し進めている。また、企業が事業を企画・設計する段階から個人情報やプライバシー保護の観点を考慮するプロセスであるプライバシー影響評価（PIA）についても以前から実施が推奨されており、次回の個人情報保護法の改正の前にも、さらなる取り組みを求める動きが活発化していくと考えられる。

　制度や当局の動向を受け、多くの企業がプライバシーガバナンスに取り組む意向を強めつつあると考えられる。一方、関連業務の増加によるリソースのひっ迫は現実的な課題であろう。直近3年間の市場規模の成長率の高さは、効率化を期待してソリューションを導入したいと考える企業の多さを反映しているといえる。

5.10 セキュリティ市場

KEY MESSAGE

- セキュリティ市場は、2022年の約1兆1000億円から堅調に拡大し、2029年には、約1兆3900億円に迫る（図表5.10‑1）。

- 直近は、新型コロナウイルスの感染拡大がもたらした働き方改革によるセキュリティ特需が一巡したほか、デジタルトランスフォーメーション（DX）の取り組みの加速が牽引するセキュリティ市場拡大には力強さがみられない。

- セキュリティなし崩しのままDX推進に舵を切る事例が後を絶たず、システムの脆弱性という基本的な問題を突かれて、ランサムウェアによる被害や、クラウドサービスの設定ミスによる情報漏えい被害などが多発している。

- 今後、DX推進によりデータの利活用や流通の機会が増える中で、取り扱うデータの蓄積量が多いシステムや、システムを利用する取引先の裾野が広いシステムがサイバー攻撃の格好のターゲットになり得るため、セキュリティベンダーにおいては、リスク管理手法のよりいっそうの高度化や、限られた予算の範囲内でセキュリティ効果を最大化するための効率重視の対策を推進することが、これまで以上に必要になる。

市場規模予測

働き方改革による特需は一巡

ここ3〜4年間は、新型コロナウイルスの感染拡大の影響に伴い、テレワークやウェブ会議、クラウドサービスの利用拡大が、企業におけるセキュリティ対策のさらなる充実強化を後押しし、特需となって市場拡大を牽引してきた。

しかし現在、その効用は薄れつつあり、これまで市場拡大の牽引役の役割を果たしていたエンドポイントでの攻撃検出や対処を可能とするEDR（Endpoint

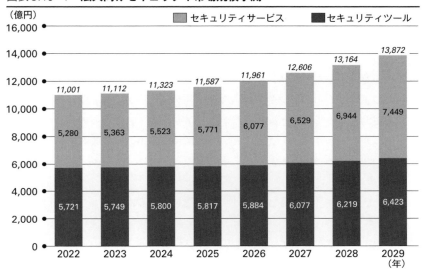

Detection and Response) や、テレワークには欠かせないVPN機器、従業員によるクラウドサービスの利用の可視化や一元管理を可能とするCASB（Cloud Access Security Broker）などの分野では、市場の伸びの鈍化傾向が顕著である。

DX加速による市場拡大は期待ほどではない

DX推進によりデータの利活用や流通が増える一方ではあるが、企業側においては、費用削減の意識が強まっており、その矢面に立つセキュリティについては、財布の紐が緩むどころか、堅いのが実情である。事前にシステムのリスクを洗い出すための脆弱性診断やペネトレーションテスト、システムリリース

● 市場の定義

本節では法人を顧客とするセキュリティ市場を対象とする。本市場は、①セキュリティツール市場と、②セキュリティサービス市場に分かれる。

このうち①は、アプライアンス（ここではセキュリティ用途に特化した機能を搭載したハードウェア・機器）およびソフトウェアから構成され、②は、セキュリティシステムの設計・構築、運用アウトソーシング（外部委託）、およびSaaS（Software as a Service）形態で提供されるソフトウェアから構成される。

後のサイバー攻撃によるインシデントを検出し対処するためのセキュリティ運用監視などの分野が堅調さを維持していることからも明らかなように、セキュリティ投資は、効率重視で必要最小限にとどまっているのが現状である。

またDX推進そのものでも、IoTやメタバース、ブロックチェーンなどの新しい技術を活用したビジネスに勢いがついていないことが気になるところである。このような新しいビジネスからセキュリティ市場が恩恵を受ける範囲はかなり限定的となっており、セキュリティコンサルティングなどの分野が新しいビジネスのセキュリティを支えるという好循環が本格的に生まれるには、まだ先が長い。

セキュリティなし崩しの事例が後を絶たない

DX推進の中で、コストパフォーマンスやタイムパフォーマンスがよりいっそう重視され、セキュリティに関して起こり得るリスクや脅威を予測して必要となる対策を講じる力が弱体化していることが懸念される。その最たる例は、他人の証明書の誤交付や、保険証の誤登録、マイナポータルでの他人の情報の閲覧などさまざまなトラブルが相次いでいるマイナンバーカードである。セキュリティなし崩しのまま進めようとするDXに対して、セキュリティ担当部門などがいざというときにしっかりとブレーキを踏むことが重要である。

これまで社内の専用端末からの閲覧等しか認められてこなかった社内のセキュアなサーバー環境で厳重に管理されてきた重要なデータが、DX推進を通じて、ある日からインターネットツールやSaaSアプリケーションなどを介して、社外からでも扱えるようになったり、専門端末以外の端末からでも扱えるようになったりする。このようにこれまでできなかったことがいとも簡単にできるようになるのは、セキュリティを緩めるからにほかならない。こうしたセキュリティを楽観視する取り組みや風潮は強まっており、後々DXの負債として扱われる可能性がある。

また、データにアクセスする機会やデータにアクセスする端末が増えるだけでなく、それらを監視・管理する体制の整備が追い付かず、監視・管理に十分な目が行き届いていないなど、セキュリティなし崩しの状態のまま運用されているケースもみられ、問題であるといわざるを得ない。

DX推進企業自らが独自の判断基準を用いて、適切なデータ保護方法を選択

する中で、誤ったデータ保護方法を採用したDX推進が新たな脆弱性を作り込み、セキュリティ上のDX負債を生み出す機会となることが懸念される。

DX推進がもたらすセキュリティ被害

　DX推進がもたらした結果として、ECサイトや会員向けサービスサイトが不正アクセスを受け、クレジットカード情報や個人情報が漏えいする被害や、病院や港湾などを含め重要インフラをねらったランサムウェアによる被害は年々拡大している。警察庁の調べによると、ランサムウェア被害の拡大は、「VPN機器からの侵入」によるものが62%、「リモートデスクトップからの侵入」によるものが19%と多くなっている。サイバー攻撃が高度化・巧妙化する中で、その多くがシステムの脆弱性という基本的な問題を攻撃者に突かれて被害に遭っている。

　また、クラウド環境で保存・管理されているデータが公開状態になるなど、クラウドサービスのセキュリティ設定のミスやアクセス権限設定の不備に起因する情報漏えいや障害などの事故も多発している。そのような事故では、サイバー攻撃の高度化・巧妙化にかかわらず、新たな技術の活用や新たな業務プロセスの構築を進める過程において、リスク対応への過信や油断、セキュリティ軽視の姿勢が被害を招く結果となっている。

　今後は、DX推進によりデータの利活用や流通の機会が増える中で、取り扱うデータの蓄積量が多く、業界のビジネス活動を支援するデータプラットフォーム事業者のシステムや、裾野が広く、多くの取引先によって支えられている業界のサプライチェーン全体を統合的に管理するシステムがサイバー攻撃のターゲットになり得る。このため、リスク管理手法のよりいっそうの高度化や、限られた予算の範囲内でセキュリティ効果を最大化するための対策・技術の合理的な選択と集中、特に複数の脅威に対して有効となる共通対策を中心に、カバー範囲という効率重視の対策を推進することが重要となる。

セキュリティ市場を牽引する今後の起爆剤

　セキュリティ市場を牽引する今後の起爆剤として注目されるのは、経済安全保障推進法に基づき、2024年春に運用開始予定の重要インフラ事業者を対象としたシステム事前審査制度である。重要インフラ事業者による届け出をもと

に、基幹システムの導入や更改の際に、政府関係機関がセキュリティリスクを事前に審査し把握する。

　セキュリティベンダーは、重要インフラ事業者のシステムのセキュリティ対策の実装や運用の委託先となっているケースがほとんどであるため、事前審査を受ける際の支援の中心的な役割を果たすことが想定される。

　また、事前審査の期間は原則30日以内とされるが、政府関係機関のみで審査をすべて充足するには自ずと限界が生じるため、セキュリティベンダーが政府関係機関による審査を支援する役割を果たすことも想定される。

　そのほかにも、政府関係機関側は、デジタル文書の発行元の確認やデータの完全性を保証するしくみである「リモートeシール」に対する国の認定制度や、IoT製品のセキュリティ適合性評価制度の構築など、セキュリティ需要を喚起するための施策の導入を相次いで検討しており、セキュリティベンダーにおいては官製主導による需要創造をいかに効果的に取り込めるかが重要である。

セキュリティベンダーの注力ポイント

　今後、セキュリティベンダーにおいては、サイバーセキュリティに関する脅威情報の収集・分析や、脅威を検出した際の初動対応や被害の未然防止、局所化など、多様な局面で高度なセキュリティアナリストの専門的な知見を学習データとして利用した生成AIを活用する機会が増えるものと想定される。生成AIは、業務効率化のみならず、新たな攻撃情報や脆弱性情報をいち早く把握し、分析の高度化によるサイバー攻撃の迅速な検知や、適切な対策の選択・指示につなげるセキュリティ上の効果を期待できるため、今後、他社との競争領域になるものと想定される。

執筆担当

はじめに　　　亀井　卓也

全体監修	亀井 卓也	全体構成	亀井 卓也、入江 加奈子

執筆者紹介

株式会社野村総合研究所（https://www.nri.com/jp/）

野村総合研究所（NRI）は、1965年に日本初の民間シンクタンクとして誕生して以来、長年にわたり、企業戦略の提案や政策提言、システム開発・運用を行ってきた。新しい社会のパラダイムを洞察し、その実現を担う「未来社会創発企業」として、企業の経営革新・業務の実行支援、公共セクターへの政策提言などを行う「コンサルティング・ナレッジサービス」と、システムインテグレーションやアウトソーシングサービス、共同利用型システムなどの提供を行う「システムソリューションサービス」の2つの事業により、課題設定からその解決までのトータルソリューションを提供している。

ICT・コンテンツ産業コンサルティング部

約50名のコンサルタントが、日本およびアジアを中心とする海外の通信事業者、放送事業者、IT関連の流通業、端末・デバイスメーカー、事務機器メーカー、コンテンツプロバイダー、サービスプロバイダー、ソリューションプロバイダーなどに対して経営管理・事業戦略・マーケティングなどに関連したコンサルティングサービスを提供している。また、政府・公共団体の政策立案のための調査研究も行っている。

亀井 卓也	専門は情報通信分野における経営管理・事業戦略・制度設計（部長）
森田 哲明	専門は小売流通業、サービス業における事業戦略立案、HRテック・Edテック・ヘルステックを含むデジタルビジネス開発および実行支援（グループマネージャー）
中山 太一郎	専門は放送メディア、製造業における、事業戦略、経営管理、マーケティング戦略（プリンシパル）
岸 浩稔	専門はテクノロジーマネジメントによるイノベーション創出（プリンシパル）
光谷 好貴	専門は情報通信分野、製造分野における事業戦略、新規事業開発およびマーケティング戦略（プリンシパル）
藤浪 啓	専門はエレクトロニクス、ITソリューション分野における経営戦略、事業戦略、技術戦略、コーポレートファイナンス（プリンシパル）
山口 毅	専門は情報通信分野、放送メディアにおける事業戦略およびマーケティング戦略（プリンシパル）
山本 以誠	専門はサイバーセキュリティ分野やリスクマネジメント分野における事業戦略、政策立案（プリンシパル）
渡辺 翔太	専門は情報通信分野における事業戦略、政策立案（プリンシパル）
芦田 萌子	専門はアクセシビリティ分野や個人情報・プライバシー保護に係る調査研究、政策立案（シニアコンサルタント）
伊藤 大輝	専門は情報通信・ヘルスケア分野の事業戦略・新規事業開発および実行支援（シニアコンサルタント）
澤田 和志	専門は情報通信、放送メディア分野における技術戦略、標準化政策調査・研究（シニアコンサルタント）

瀬戸口 美織	専門は小売・メディア・サービス業における事業戦略、新規事業立案（シニアコンサルタント）
薗田 一幹	専門は情報通信・放送メディア分野における事業戦略、新規事業立案、およびマーケティング戦略（シニアコンサルタント）
只腰 千真	専門はデジタルプラットフォーム規制やデータ保護・流通に関する国内外の制度・政策調査（シニアコンサルタント）
名武 大智	専門は情報通信・コンテンツ分野の事業戦略・新事業開発および実行支援（シニアコンサルタント）
平岩 杏奈	専門は個人情報・プライバシー保護、サイバーセキュリティ分野における政策立案および実行支援（シニアコンサルタント）
本多 立駒	専門は情報通信、ゲーム、コンテンツ分野における事業戦略および実行支援（シニアコンサルタント）
村田 岳	専門は小売・メディア・サービス業における事業戦略、新規事業立案、大型政策における実行支援（社会システムコンサルティング部　シニアコンサルタント）
山岸 京介	専門はゲーム・Web3等コンテンツ分野における事業戦略・新規事業開発および実行支援（シニアコンサルタント）
四元 正太郎	専門はマスメディア、ソーシャルメディア、サービス業。および全社改革、事業インキュベーション、マーケティング戦略の策定・実行（シニアコンサルタント）
石松 岳浩	専門は宇宙・製造業・消費財領域におけるグローバル戦略策定・実行支援、衛星データを含むビッグデータの解析によるDX支援（コンサルタント）
浦口 凌央也	専門は情報通信・航空・宇宙分野における市場環境分析・標準化戦略および実行支援（コンサルタント）
尾張 恵美	専門はデータ関連の公共政策、特にデジタルプラットフォーム規制やプライバシー保護に関する国内外の制度・政策の調査・研究（コンサルタント）
久保 文乃	専門はコンテンツ分野における事業戦略および実行支援（コンサルティング人材開発室　コンサルタント）
鈴木 潤	専門は情報通信・サービス業における事業戦略および実行支援（コンサルタント）
高安 里緒	専門は個人情報・プライバシー保護に係る調査研究、実行支援（コンサルタント）
土井 大和	専門は情報通信、メディア、サービス業における事業戦略・新事業開発および実行支援（コンサルタント）
蓮本 魁	専門は情報通信、ゲーム分野、ディープテック分野（宇宙、核融合）における事業戦略、新規事業開発（コンサルタント）
星 美緒	専門は情報通信、消費財、サービス業におけるマーケティングおよび事業戦略（コンサルタント）
松永 拓磨	専門は情報通信、コンテンツ分野における事業戦略および実行支援（コンサルタント）
松本 周子	専門は情報通信、メディア・コンテンツ分野における事業戦略、マーケティング戦略（コンサルタント）

※上記の所属・役職は2023年7月末時点のものである。

ITナビゲーター2024年版

2024 年 1 月 2 日発行

編　　者──野村総合研究所　ICT・コンテンツ産業コンサルティング部
発行者──田北浩章
発行所──東洋経済新報社
　　　　　〒103-8345　東京都中央区日本橋本石町 1-2-1
　　　　　電話 = 東洋経済コールセンター　03(6386)1040
　　　　　https://toyokeizai.net/

カバーデザイン……竹内雄二
印　　刷…………港北メディアサービス
製　　本…………積信堂
編集担当………藤安美奈子
©2024　Nomura Research Institute, Ltd.　　　Printed in Japan　　　ISBN 978-4-492-50347-8